学术研讨会现场

学术研讨会部分专家学者合影（二排左五：耿余、左六：邹元江、左七：田志平、左八：梅玮、右三：李菁、右四：海震、右六：颜全毅）

研讨会后专家、学者合影（前排左二：谭铁志）

中方学术主持人傅谨(右七)发言

学术研讨会嘉宾梅葆玖致辞

学术研讨会现场周丽娟（右三）在主持

学术研讨会现场（从左至右：吴迎、梅葆玖、赵伟明、傅谨）

外国专家学者在研讨会上（左起：欧唐·玛铁、科什诺娃·娜塔莉娅、库普佐娃·欧尔加、叶可佳）

李湛在学术研讨会上发言（从左三起至右：李湛、谢尔巴克夫·瓦吉穆、娜塔莉亚·玛克罗娃）

傅谨、徐琪（左二）与外国专家会间交流

傅谨与叶可佳会间交流

周丽娟与欧唐·玛铁会间交流

刘维（梅派传人）与科什诺娃·娜塔莉娅会间交流手势动作

历史回眸

1935年梅兰芳访苏抵达莫斯科时在车站接受献花,同行的有张彭春、余上沅等(梅兰芳纪念馆供图)

1935年梅兰芳在莫斯科向列宁墓献花圈(梅兰芳纪念馆供图)

梅兰芳与苏联艺术大师斯坦尼斯拉夫斯基（梅兰芳纪念馆供图）

1935年梅兰芳与苏联艺术大师梅耶荷德（梅兰芳纪念馆供图）

梅兰芳在苏联拍摄《虹霓关》电影片段,导演为爱森斯坦
(梅兰芳纪念馆供图)

梅兰芳在招待会表演"剑舞"(梅兰芳纪念馆供图)

梅兰芳在苏联拍摄电影时与张彭春（后排右一）、余上沅（后排左一）、苏联导演爱森斯坦（前排左二）及剧作家特列季亚科夫（后排中间）等合影（梅兰芳纪念馆供图）

梅兰芳发表在1935年3月14日《消息报》上的文章

本文集为北京市哲学社会科学规划研究基地项目
《1935年梅兰芳访苏演出研究》的阶段性成果
（项目编号 13JDWYA012）

东西文化的对话

——纪念梅兰芳1935年访苏演出八十周年国际学术研讨会论文集

傅 谨 周丽娟 主编

学苑出版社

图书在版编目（CIP）数据

东西文化的对话：纪念梅兰芳1935访苏演出八十周年国际学术研讨会论文集 / 傅谨，周丽娟主编 . -- 北京：学苑出版社，2019.5

ISBN 978-7-5077-5683-8

Ⅰ . ①东… Ⅱ . ①傅… ②周… Ⅲ . ①梅兰芳（1894-1961）－纪念文集 Ⅳ . ① K825.78-53

中国版本图书馆 CIP 数据核字 (2019) 第 079970 号

出 版 人：	孟　白
责任编辑：	周　扬
出版发行：	学苑出版社
社　　址：	北京市丰台区南方庄2号院1号楼
邮政编码：	100079
网　　址：	www.book001.com
电子邮箱：	xueyuanpress@163.com
经销电话：	010-67601101（营销部）　010-67603091（总编室）
印 刷 厂：	北京建宏印刷有限公司
开本尺寸：	710mm×1000mm　1/16
印　　张：	22.125
字　　数：	300千字
版　　次：	2019年5月第1版
印　　次：	2019年5月第1次印刷
定　　价：	78.00元

前 言

傅 谨
（中国戏曲学院戏曲研究所所长、学术委员会主任、教授）

2015年是梅兰芳访问苏联80周年，我们在北京举办了"纪念梅兰芳访苏八十周年国际学术研讨会"，梅兰芳研究领域的数十位著名学者、青年才俊与来自俄罗斯、法国、丹麦等国的学者参加了会议。这次会议虽然规模不大，学术水平却非常之高。我们在会后和参会学者一直保持联系与沟通，经过三年左右的精心编辑，终于完成了这部会议论文集。

众所周知，梅兰芳在中国现当代文化艺术领域具有无可比拟的崇高地位。然而正如梅葆玖先生在这次会议上的致辞所说，至少在我们主办这次会议的2015年前，相关的学术会议并不太多，更不用说以梅兰芳出国访问演出为主题的学术会议。这些都凸现出一个令人深思的现象，即梅兰芳研究的水平与梅兰芳的地位与贡献是很不相称的。受梅公子葆玖先生委托，我和我的团队从2014年开始整理编撰《梅兰芳全集》，其间更深感梅兰芳研究领域还有太多尚未开拓的空间，即使《全集》整理出版，也只走出了梅兰芳研究基础工作的一小步。

梅兰芳研究的重点当然应该聚焦于表演艺术方面，但是却没有必要也不应该局限于此。梅兰芳不仅是伟大的京剧表演艺术家，他还是中华文明的伟大使者，他在中华文化对外传播中的成就与影响，很少有人可与之相比，因此有关梅兰芳多次出国访问演出的研究，具有重要的学术价值；如果考虑到中国文化与世界的交流日益成为热点，梅兰芳出国访问演出的成功经验，或可为当下中国文化走出去提供极具参考价值的借鉴，因此这一研究更有突出的现实意义。

梅兰芳1930年在美国的访问演出，近年来越来越受学界和艺术界关注，随着相关研究的推进，许多历史的舛误也逐渐得到矫正。但是梅兰芳1935年赴苏联这次更具世界影响的访问演出，还没有引起足够多的重视。在某种意义上，梅兰芳是20世纪真正对西方艺术发展产生了明确且重要影响的中国艺术家，在20世纪后半叶欧美戏剧的发展轨迹中，不时可以见到梅兰芳的印记，其原因就是由于他这次苏联的重要出访。这次成功出访不仅引起了苏联当时所有重要的文学艺术界大师的浓厚兴趣，对此后席卷西方戏剧界的反写实主义趋势也提供了极为关键性的启示。但是，一方面由于当时中苏关系和其后的中俄关系始终非常复杂，同时还因为国内外戏剧研究专家的忽视，有关这次访问演出的研究一直未能找到清晰的学术方向，大量重要文献尘封已久。我们在北京举办这次学术研讨会，就是为了让梅兰芳这次访问的价值与重要性引起更多学者同行关注，并且为该领域的研究提供最基本的路径。

收录在这本会议论文集里的文章，都是学者们多年研究的结晶，希望能引起大家的兴趣。当然，即使有这部文集，梅兰芳访苏还有太多未曾开发的话题，包括苏联各界欣赏梅兰芳演出后评论的搜集还只是个开端，策划了梅兰芳这次重要演出并陪同他出访的张彭春、余上沅等戏剧学者以及为梅兰芳的成功访问演出做了大量准备工作的各界贤达的贡献，还有待总结。这些都在呼唤着学术界的进一步研究。

最后，特别要对梅葆玖先生的鼎力支持表示由衷的感谢，遗憾的是先生未能亲睹文集的出版。我想梅葆玖先生的在天之灵应该为之感到欣慰，传承乃父的艺术并推动梅兰芳的研究，是他晚年倾力而为的两件大事，我们有缘参与其间，亦备感荣幸。

2019年4月

致　辞

梅葆玖

（梅兰芳之子、著名京剧表演艺术家）

今天，我非常高兴能够参加纪念我父亲访苏演出八十周年国际学术研讨会，为纪念我父亲1935年访问苏联而召开的研讨会以前没有正式开过，我也很少参加关于家父艺术研讨的会议。其实早在1930年，我父亲就到美国访问演出了，1935年又访问了苏联，说到出国演出，我父亲还三次到日本巡演，分别是新中国成立前的1919年、1924年，以及新中国成立后的1956年。如果说梅兰芳访美演出的成功使西方人重新认识了中国戏剧，那么梅兰芳访苏演出的成功不仅仅停留在表演艺术的传播上，而且使两国的艺术界对京剧艺术有了更系统的理论阐释和更严密的解读。

2014年，为纪念我父亲"双甲子"诞辰，以北京京剧院梅兰芳京剧团为班底，集结当今优秀的梅派传人，由我带队，从老家泰州出发，沿着我父亲在国内及世界巡演的路线，进行为期一年多的全球巡演。我们在日本、美国、俄罗斯等梅兰芳曾率团演出过的国家巡演。在俄罗斯，虽然距离我父亲在莫斯科和列宁格勒演出已经过去了80年之久，又经历了苏联解体的动荡，但从剧场的秩序，到观众的现场反应，都让我深深感受到，极具文化修养的当代俄罗斯观众对中国京剧艺术并不陌生，我相信这和80年前我父亲那次具有学术性的演出有着一种传承的联系。我自己现在的岁数比较大了，因此，没有能够演出当年我父亲在苏联演出的《虹霓关》和《打渔杀家》，当年布莱希特是把这两出戏当作分析京剧表演的基本元素来解读的。

1935年3月29日，那一天刚好是我一周岁的生日，世界著名导演爱森斯坦认为《虹霓关》一剧尤其有代表性，就拍摄了电影《虹霓关》，流传至今。这一事件被后人称为伟大的爱森斯坦拍摄了伟大的梅兰芳。后来陶玉芝老师教会了我演唱《虹霓关》这出戏，父亲知道后，在上海时，就安排我和他一同演出，我演头本，父亲演二本。1950年6月3日，我和父亲在上海中国大戏院同台演出《虹霓关》，头本我主演的是东方氏，二本我父亲主演的是丫鬟。头本的丫鬟是一位很有名的演员刘淑华老师演的，二本的东方氏是芙蓉草老师演的，王伯党由姜妙香出演。那一年我才17岁，是一个小东方氏，当时父亲已经57岁了。《虹霓关》这出戏很有意思，此戏在100多年前是东方氏一角从开头演到结尾，刀马旦应工，丫鬟是青衣应工。由于王瑶卿老师认为我父亲的性格不太适合演东方氏，所以才让他头本演东方氏，二本演丫鬟，父亲表演得都非常好。当年的演员每人都要下功夫钻研一两出戏，作为自己的代表作。不要十样会，只要一招鲜，十样都会但没有一出是自己的经典代表作，那是不行的。余紫云老先生的代表作是《虹霓关》，时小福先生的是《汾河湾》，他们都是一招鲜，这两出戏是他们各自最拿手的戏。《虹霓关》是一出非常经典的传统老戏，是旦角演员一定要学的一出戏，能演这出戏，才说明演员的功力是全面的。《虹霓关》的故事情节让人联想到莎士比亚的一些名作，非常相像。100多年前演出的京剧剧目中就有《虹霓关》。当时京剧是俗文化，连作者都找不到，究竟这出戏是谁创编的，我们现在也不知道。80年前，苏联那么多的权威专家围绕着我父亲表演的《虹霓关》写评论文章，我觉得是有道理的。今天，我们一起回顾研讨我父亲访苏80周年，我认为可以把我父亲在苏联演出的剧目《虹霓关》作为比较重要的内容来剖析。

最近，为了给《梅兰芳全集》写短序，我看了傅谨先生20多篇有关梅兰芳的著作和论文，包括《京剧"梅兰芳时代"能否重现？》《重新解读梅兰芳，提供一种不同的视角》，文中提出"选择重新梳理大师留给今人的文化思索"和"梅兰芳是中国文化传统血脉延续的标志性人物，也是中国文化成功地向世界传播的标志性人物"，说明梅兰芳的血脉在延续，也在世界传播，这些都是中国梦的体现，是传统文化继承传播的非常精彩的记忆，非常精彩的篇章。

今天，在傅谨先生的提议下，我们在这里召开这次研讨会，我想这也是继承和弘扬以梅兰芳为代表的中国文化的一个实际举措。

2014年，我们在纽约林肯中心演出、在华盛顿中心演出，面对的70%都是外国观众，其余的是中国观众。第一天演出的《贵妃醉酒》《霸王别姬》《廉锦枫》，都是完全按照传统的方式演的。第二天，美国《纽约时报》用大版面评论梅兰芳剧团演出的成功，说梅兰芳代表中国的艺术，一点微词都没有，这很难得。1930年，我父亲在美国东部和西部演出了半年，以至于现在的戏剧理论家都知道当年梅兰芳演出的盛况，所以这篇评论文章很难得，写的评论都是褒扬梅兰芳的艺术，没有一句微词。《纽约时报》一般是不太说我们好话的，所以这些评论很有意义。这也说明梅兰芳的艺术在世界上是超越党派之争的，因为他们在艺术上都是同样的一个标准。同一年，我们在俄罗斯演出《穆桂英挂帅》，谢幕时，全体观众起立，热烈鼓掌，看得出，他们对这个戏完全都能理解。所以传统戏不管在俄罗斯、美国还是其他国家，都是被认可的。

今天，我非常高兴地参加这个研讨会，衷心地祝愿研讨会能够取得圆满成功，并且能够在世界上产生影响。将来我也可以写一些关于父亲的演出和研讨会等方面的文章，这样能更好地体现出我父亲一生在艺术上的成功和世界对他的评价。

2015年4月10日

贺 词

赵伟明

(中国戏曲学院副院长、教授)

    尊敬的主持人傅谨教授，尊敬的各位来宾朋友们，首先，我代表巴图院长向尊敬的梅葆玖先生表示衷心感谢，向远道而来的俄罗斯等国的各位专家和京内外、校内外的专家学者表示热烈欢迎。80年前梅兰芳大师用精妙的京剧敲开了苏联的大门，两国的艺术家与观众相互对话、相互欣赏、共同交流，谱写了一段历史佳话，今天我们在这里聚会就是本着前有先行者、后有再来人的这样一个思想来研讨和发表自己的观点。在这里插播一个小消息，中国戏曲学院与列宾美术学院要以梅先生80年前访问苏联的演出和两国艺术家的交流为主题，联合创作一批绘画和视觉艺术作品，今年将要展出，这也是很值得期待的一件事。

    我们非常相信这两天的研讨会一定会更加实在、丰富、多彩，有成果、有收益，预祝研讨会圆满成功，祝各位专家、学者、京内外、境内外的老师朋友们身体健康，一切顺利，工作愉快。谢谢大家。

2015年4月

目 录

档案及原始文献的挖掘与考证 / 1

梅兰芳在苏联的剧院里看见了什么？
著者 〔俄罗斯〕娜塔莉娅·玛克罗娃（Наталья Макерова）
译者 周丽娟 / 3

记录和未记录的：从档案资料看梅兰芳访苏
海 震 / 19

4月14日（周日）苏联对外文化交流协会座谈会
——发言者与发言内容的种种谜团
著者 〔丹麦〕李湛（Janne Risum）
译者 冯伟、宋瑞雪 / 31

梅兰芳1935年访苏档案考　陈世雄 / 73

苏联媒体报道情况分析研究 / 113

梅兰芳在苏联：1935年的巡演及其在苏联媒体上的反响
著者 〔俄罗斯〕O.H.库普佐娃（О. Н. Купцова）
译者 周丽娟 / 115

梅兰芳与列宁格勒文艺学术界交流在苏联期刊中的反应
〔俄罗斯〕叶可佳 / 129

梅兰芳表演美学解释的苏联视野
——以1935年苏联的报刊评论为核心　邹元江 / 139

梅兰芳等与苏联文化艺术界的交流与互动及相互借鉴研究 / 159

"梨园魔法师"遇《樱桃园》导演
——梅兰芳与康斯坦丁·斯坦尼斯拉夫斯基在莫斯科的会见
著者 〔法〕欧唐·玛铁（AUTANT-MATHIEU）
译者 周丽娟 / 161

梅耶荷德的表演艺术对东方传统戏剧经验的借鉴
著者 〔俄罗斯〕谢尔巴克夫·瓦吉穆（Щербаков Вадим）
译者 周丽娟 / 171

梅兰芳与爱森斯坦
著者 〔俄罗斯〕克雷曼·瑙姆（Клейман. Наум）
译者 周丽娟 / 177

梅兰芳与苏联芭蕾
著者 〔俄罗斯〕科什诺娃·娜塔莉娅（Коршунова Наталья）
译者 周丽娟 / 189

由"身体"展开的中西戏剧审美对话
——论梅兰芳1935年访苏演出　耿　余 / 199

梅耶荷德戏剧理论与实践中的东方元素　徐　琪 / 219

1935年梅兰芳剧团访问苏联的理论及实践价值研究 / 233

纯粹的艺术传播者
——谈梅兰芳1935年访苏成功背后的点滴　梅　玮 / 235

梅兰芳在美苏表演中的前期工作
——语言文化差异的处理　汪卿孙 / 245

梅兰芳访苏演出实现的审美传递　田志平 / 253

张彭春随梅兰芳访苏演出的相关研究　黄殿祺 / 261

梅兰芳访苏游欧的深远影响　秦华生 / 277

1935年梅兰芳剧团访问苏联成功的原因初探　周丽娟 / 281

附录一 / 305

东西方文化的对话
——纪念梅兰芳访苏演出八十周年国际学术研讨会综述　李　菁 / 305

附录二 / 313

中外学者在京纪念梅兰芳访苏演出80周年 / 313
俄罗斯网站转载新华网俄文报道 / 315
中外学者在京纪念梅兰芳访苏演出80周年 / 317
纪念梅兰芳访苏80周年学术研讨会召开 / 318
文化互动　影响深远
——纪念梅兰芳访苏演出80周年国际研讨会侧记 / 319
中外专家在京交流梅兰芳访苏演出成果 / 323
"国戏"学术研讨纪念梅兰芳访苏80周年 / 324
中外学者纪念梅兰芳访苏演出80周年 / 325
纪念梅兰芳1935年访苏演出80周年国际学术研讨会在京举行 / 328

档案及原始文献的
挖掘与考证

梅兰芳在苏联的剧院里看见了什么？

著者　〔俄罗斯〕娜塔莉娅·玛克罗娃（Наталья Макерова）
　　　（梅耶荷德故居纪念馆馆长）
译者　周丽娟（中国戏曲学院教授）

梅兰芳领导的中国剧团在莫斯科和列宁格勒演出了哪些剧目已经很清楚了，因为在苏联的媒体中有广泛的介绍。然而梅兰芳和他的同事们观看过哪些苏联戏剧及其他艺术几乎不清楚，本文意在探讨梅兰芳在苏联的剧院中究竟看到了什么。这不是一个简单的问题。

在媒体简短的新闻报道中，往往只是一行字提到，梅兰芳到过哪儿，他看到了什么，参加了哪些公开见面会等。不仅资料不完整，尤为重要的是，当时他们观看时详细的场景及中国客人对苏维埃艺术有哪些认知几乎一点都不知道。

由前一个问题自然地引出了第二个问题，梅兰芳和他的同事们在观看后有哪些感想？实际上，如果不计正式欢迎时的致辞和巡演结束后的答谢讲话，在苏联媒体上没有任何梅兰芳公开地对记者的谈话。

似乎是，那些与梅兰芳有过交往的苏联导演的生平及创作的编年史和大事记或许是可以回答这些问题的重要的文献资料。然而从少量的新闻报道中，以及由于受到自身编年史类题材的限制，虽然在И.Н.维诺格拉茨卡雅（И. Н. Виноградская）、А.В.费夫拉里斯基（А. В. Февральский）等人出版的著作中有梅兰芳与К.С.斯坦尼斯拉夫斯基（К. С. Станиславский）、В.Э.梅耶荷德（В. Э. Мейерхольд）、А.Я.泰伊罗夫

（А. Я. Таиров）会见的内容，但要从这些资料中得出艺术大师们就艺术问题相互交流见解的某些重要结论还是做不到。

依据这些搜集到的纷繁复杂的资料，仍然不能再现完整的场景，笔者明白了，必须寻找到梅兰芳在苏联期间的官方活动计划。

众所周知，巡演的组织者是沃克斯（ВОКС），即苏联对外文化关系协会[1]（Всесоюзное общество культурной связи с заграницей）。这是苏联的一个社会组织，建立于1925年［1958年更名为苏联友好协会联盟（Союз советских обществ дружбы）］。

1935年沃克斯发行了小册子《梅兰芳与中国戏剧——致在苏联的巡演》[2]，其中有А.阿罗舍夫（А. Аросев）的文章《向伟大的演员致敬》、Б.瓦西里耶夫（Б. Васильев）的《梅兰芳——伟大的中国舞台艺术大师》、С.爱森斯坦（С. Эйзенштейн）的《梨园魔法师》[3]和С.特列季亚科夫（С. Третьяков）的《五亿观众》。[4]

笔者在俄罗斯联邦国家档案馆（ГАРФ）中找到了沃克斯的档案，其中就有为梅兰芳及其剧团巡演的准备、组织和运作等方面的资料（档案号：Р 5283.Оп.8，ед.хр.267，269）。今天我第一次公布出来，包括以下文件：《沃克斯成立接待梅兰芳委员会的决议》《接待梅兰芳及其剧团的工作计划》，而最重要的是《接待梅兰芳及其同事们的工作日志、谈话记录》，亦即为梅兰芳服务的翻译人员每天的工作报告。（所有的这些文件按照原始的拼写法和标点符号公布。——笔者注）

下面是第一份文件：

---

[1] 苏联对外文化关系协会、苏联对外文化交流协会和苏联对外文化协会，实则同一机构。因为目前对这一机构没有统一的中文译法，且学界对这一机构的中文翻译在理解上不同，所以书中保留了两种译法。
[2] 《梅兰芳与中国戏剧——致在苏联的巡演》，莫斯科、列宁格勒，沃克斯1935年版。
[3] 也有人译作《梨园仙子》。——译者注
[4] 该小册子中的作者А.阿罗舍夫即А.Я.阿罗舍夫、С.爱森斯坦即С.М.爱森斯坦、С.特列季亚科夫即С.М.特列季亚科夫。——译者注

沃克斯成立接待梅兰芳委员会的决议

为接待梅兰芳，沃克斯成立委员会，组成人员如下：委员会主席——沃克斯会长 А.Я.阿罗舍夫、中国驻苏联大使颜惠庆博士。

委员会成员：国家音乐、杂剧、杂技企业联合公司[1]总经理 Я.С.加涅茨基（Я. С. Ганецкий）、共和国人民演员 К.С.斯坦尼斯拉夫斯基、В.И.聂米罗维奇-丹钦科（В. И. Немирович-Данченко）、В.Э.梅耶荷德、А.Я.泰伊罗夫、功勋艺术活动家 С.М.爱森斯坦和作家 С.М.特列季亚科夫。

1935年3月10日［存档表3号（Ла/3）］

1935年3月10日，制定了接待梅兰芳及其剧团的初步工作计划。然而，就在刚定下日程安排的第二天，即11日，多方进行了最后的磋商，制定了新的计划，这就是我们后来看到的最接近付诸实施的计划。内容如下：

接待梅兰芳及其剧团的工作计划

3月12日——在火车站迎接梅兰芳。

3月13日——在大剧院（Большой театр）[2]观看芭蕾舞剧《三个胖子》（Три толстяка）。

3月14日——11点半至12点半游览莫斯科；2点——沃克斯小型宴会，观看电影《恰巴耶夫》；晚上——中国大使馆。

3月15日——上午11点参观戏剧展览，阿伯拉姆·埃夫罗斯（Абр. Эфрос）、切尔尼亚夫斯基（Чернявский）和林德（Линде）（埃夫罗斯是戏剧评论家和戏剧史学家，切尔尼

---

[1] 简称戈梅茨（ГОМЭЦ）。——译者注
[2] 即国家模范大剧院（ГАБТ）。——译者注

亚夫斯基和林德是沃克斯的工作人员——笔者注）陪同；晚上——伊朗驻苏联大使馆招待会，在莫斯科卡美尔泰伊罗夫剧院（Московский Камерный театр Таирова）观看《埃及之夜》（Египетские ночи）。

3月16日——自由活动日。乘车游览城市——列宁山、列宁墓—献花圈[1]；晚上——戈梅茨的戏剧《在马戏团的圆形屋顶下》（Под куполом цирка）。

3月17日——布置舞台。晚上——沃克斯音乐招待会，观看作曲家普罗科菲耶夫（Прокофьев）的演奏表演、奥普拉兹佐夫（Образцов）的木偶表演。

3月18日——上午——莫斯科模范艺术剧院（МХАТ）观看《樱桃园》（Вишневый сад），出席剧院招待会；晚上——现实主义剧院（Реалистический театр）的话剧《贵族们》（Аристократы）、Н.奥赫洛普科夫（Н. Охлопков）的招待会。

3月19日——早上——排演；晚上——中国大使馆招待会，演出《刺虎》。

3月20日——早上——排演；晚上——"艺术家俱乐部"招待会，张彭春教授做讲座，梅兰芳等演员们演示戏剧表演功法。

3月21日——自由活动日。早上——排演；晚上——鲍格莫洛夫（Богомолов）招待会。

3月22日——下午3点至6点，梅兰芳剧团试演。

从3月23日起，即3月23日至27日，梅兰芳剧团每天在音乐厅（Мюзик-холл）剧院公演。演出结束后，在中国大使

---

[1] 国内普遍的说法是梅兰芳抵达莫斯科的第二天，即3月13日拜谒列宁墓，但从沃克斯《接待梅兰芳及其剧团的工作计划》中可以看到是安排在3月16日，当时苏联的《真理报》《消息报》等报纸对梅兰芳活动的报道也证实是3月16日拜谒列宁墓。——译者注

馆为接待梅兰芳委员会和外交使团成员举办晚宴。

3月22日——开演之前切尔尼亚夫斯基同志致辞。

3月23日——阿罗舍夫同志致辞。

3月24日——特列季亚科夫同志致辞。

3月25日——切尔尼亚夫斯基同志致辞。

3月28日——白天——参观国立全苏电影学院（ВГИК），观摩С.М.爱森斯坦教学；晚上——看过戏后参加М.М.利特维诺夫（М. М. Литвинов）纪念伊杰（Иден）的招待会。

3月29日——白天——在联盟新闻纪录片厂（фабрика "Союзхроника"）拍摄由爱森斯坦导演的电影（着戏装）；晚上——在大剧院观看芭蕾舞剧《天鹅湖》（Лебединое озеро），这是扎克鲁特金（Закр.）纪念伊杰的演出。

3月30日——白天——拜访К.С.斯坦尼斯拉夫斯基，并观摩《塞尔维亚的理发师》（Севильский цирюльник）的排演；晚上——在瓦赫坦戈夫剧院（Театр им. Евг. Вахтангова）观看话剧《人间喜剧》（Человеческая комедия）。

3月31日——白天——；晚上——在梅耶荷德剧院（Театр им. Мейерхольда）观看话剧《茶花女》（Дама с камелиями）。之后，乘车去列宁格勒。

[存档表3号　1935年4月11日]

这份计划所涉及的是梅兰芳在莫斯科的第一阶段，它让我们弄清楚了以下事实：

1. 梅兰芳及其剧团抵达和在莫斯科的准确日期是3月12日至3月31日。

2. 拟定给梅兰芳观看的莫斯科主要剧院的演出及确定的给他们看的剧目。

3. 梅兰芳巡演的确切日期是3月22日至27日，巡演的确切地点是"音乐厅"剧场。

4. 与苏维埃戏剧艺术、电影艺术活动家见面和参观展览等情况，以及在当时必须出席的外交招待会和参观的名胜古迹等。

遗憾的是，在俄罗斯联邦国家档案馆中，笔者没有找到4月1日至4月11日在列宁格勒的巡演计划，以及4月12日梅兰芳返回莫斯科至4月20日赴柏林期间的计划。

最有价值和最可信的，就是上文提到的《接待梅兰芳及其同事们的工作日志、谈话记录》，即从3月14日起至4月20日为梅兰芳担任主要翻译的З.哈尔科夫斯基（З. Харьковский）每天记录的工作报告，上面有印章，写着"不得公开"。

由于报告的时间有限，不能公布所有《日志》的内容。因此，我只选择了涉及戏剧的部分。

接待梅兰芳及其同事们的工作日志

我为他们工作是从3月14日开始的。

35年3月14日——《莫斯科工人报》的代表问他们的观感，他们委婉地拒绝了，说自己在莫斯科的时间尚短。

35年3月15日——参观戏剧展览，这个展览给梅兰芳留下了深刻的印象。梅兰芳说："我仿佛置身于奢华的盛宴中，所有的菜肴都是那样的好吃和精美，我都不知道该停在哪儿了，我陶醉了。连展览的布置都是那样的好。它使你感觉到，你走过了展览所反映的那些时代。"

35年3月16日——晚上在音乐厅观看《在马戏团的圆形屋顶下》，张（彭春）仔细地看，但他不是看剧，而是看演出大厅（这里也是梅兰芳要演出的地方）。

35年3月18日——早晨在莫斯科模范艺术剧院观看《樱桃园》。与剧院演员克尼佩尔-契诃娃（Книппер-Чехова）、莫斯克温（Москвин）等见面。在演出结束后，他（指梅兰芳）真诚热烈地鼓掌，大幕升降约10次。然后是他们小规模的排演。之后是在现实主义剧院观看话剧《贵族们》，这部话剧给他们留下了深刻的印象。

3.哈尔科夫斯基

存档表3号

1935年3月20日

不得公开

接待梅兰芳及其同事们的工作日志继续记录

1935年3月20日——在音乐厅排演。

1935年3月21日——晚上排演。

1935年3月22日——试演,梅兰芳紧张。

1935年3月23日——首场演出,梅兰芳感到演出成功了。

1935年3月24日——上午在扎瓦茨基剧院(Театр Завадский)。〔观看《免纳税者的学校》(Школа неплательщиков)。——笔者注〕

3.哈尔科夫斯基

存档表3号

1935年3月27日

不得公开

接待梅兰芳的工作日志

第1页:

3月28日——爱森斯坦邀请剧团到国立全苏电影学院,给他们放映了电影《战舰波将金号》(Броненосец Потемкин)……,他们喜欢这部电影的现实主义特征,他们还喜欢在这部电影里,不仅有演员,而且还有普通的类型合适的人参加演出。

3月29日——全天在联盟新闻纪录片厂拍摄梅兰芳演出的几个片段。(摄影机经常坏)梅兰芳从未那么长时间带着妆,但还是出于礼貌而忍受着。……晚上本应去大剧院(观看芭蕾舞剧《天鹅湖》——笔者注），但太累了，没能去成。

3月30日——拜访К.С.斯坦尼斯拉夫斯基。三人[1]同斯氏进行了简短的交谈，他们很满意，带着"现代俄罗斯戏剧之父（他们这样称呼斯氏）"的赞美离开了。

晚上，在瓦赫坦戈夫剧院观看话剧《人间喜剧》，他们再一次重点谈到了我国戏剧经典剧目的丰富。

3月31日——打包和做去列宁格勒的准备，出发之前在梅耶荷德剧院观看话剧《茶花女》。在我看来，与他们看到的任何其他作品相比，他们更喜欢В.Э.梅耶荷德的戏剧，但他们克制住没有明显地表现出对这些戏剧评价的差别。

在列宁格勒的工作记录：

4月1日——我们抵达列宁格勒［巡演是在维堡区文化宫（Выборгский Дворец Культуры）[2]——笔者注］……他们谨慎地回答着媒体的采访，尽量不对单个剧目和演出做出评论。通常是张彭春用差不多同样的话来回答。

4月2日——晚上是第一场演出。

4月3日——参观艾尔米塔什博物馆，只是粗略地看了一下，时间很短，他们感到特别遗憾。

4月4日——梅和余参观儿童村，张教授和С.М.特列季亚科夫全天加工35年4月14日（在大剧院的告别演出——笔者注）演出[3]的剧情简介，准备张教授4月6日的讲座。

4月5日——参观戏剧学校（中等舞台艺术学校——笔者注），他们特别喜欢二年级的舞蹈课。

1　梅兰芳、张彭春、余上沅。——译者注
2　当时的名称是维堡区文化之家（Выборгский дом культуры）。——译者注
3　国内普遍的说法是最后一场演出的时间为4月13日，实际情况是4月13日23时40分入场，24时演出开始，故作者说4月14日是最后一场演出。——译者注

4月6日——观看芭蕾舞剧《胡桃夹子》(Щелкунчик)。

第2页（续）：

1935年4月7日——观看木偶剧，特别有兴趣，以至于留下来看了一场。梅兰芳等看到了木偶与他们自己表演方面的许多相似之处，主要的是以手的动作来表达感情。

［感谢圣彼得堡 Е. 杰缅娜木偶剧院（Театр кукол им. Е. Деммени）的同行们，由于他们热情地给我提供了信息，使我得以弄明白。1935年4月7日在共和国功勋演员 Евг. 杰缅娜（Евг. Деммена）领导下的彼得鲁什卡木偶剧团演出的是 А.П. 契诃夫（А. П. Чехов）的《婚礼》(Свадьба) 和《外科诊室》(Хирургия)。晚上7点30分开演，在莫霍娃街（Моховая ул.）35号的少年剧院（ТЮЗ）演出。——笔者注］

1935年4月10日——参观从前的亚历山大琳娜剧院（Александринский театр）并观看话剧《舰队覆灭》(Гибель эскадры) 中的一幕，印象很好。晚上观看话剧《理查三世》(Ричард III)［模范大剧院（БДТ）］。

1935年4月11日——晚上观看话剧《为生命祈祷》(Мольба о жизни)［国家剧院（Госдрама）小剧场］。

列宁格勒的翻译记录下了梅兰芳等在该市观看戏剧时留下的印象，我以此内容来补充 З. 哈尔科夫斯基的日志。

4月1日至11日中国剧团在列宁格勒巡演

沃克斯列宁格勒管理局翻译 Д. 阿韦林诺娃（Д. Аверинова）

在列宁格勒观看的戏剧中，他（指梅兰芳——笔者注）非常关注在少年剧院 Е.С. 杰缅娜木偶剧的演出，以至于到了表示要再次欣赏的程度，并且在和学龄前观众看演出时对少年剧院木偶剧场的技术设备很感兴趣。

在观看芭蕾舞剧《胡桃夹子》时,他们的兴趣点在魔幻色彩的表演场景,也就是第二场(出现一群老鼠和鼠王的场景——笔者注)的表演场景;在芭蕾舞演出的其他时候,他们主要关注经典舞蹈和技巧动作表演。

在国家剧院[1]和模范大剧院观看的话剧《舰队覆灭》的片段和《理查三世》,与11日在国家剧院小剧场观看的Ж.杰瓦利(Ж. Деваль)的《为生命祈祷》相比,给他们留下的印象比较浅。对于观看的最后一场演出,他[2]、张教授和余教授共同的看法是,与他们在苏联观赏的其他戏剧作品相比较,这个剧是最精彩的。

因此,可以这么说,我们对于剧团的领导们还可以得出以下的结论:

张教授——大学教哲学的老师,从意识形态上来说他的观点带有佛教色彩。

余教授——中国的莎士比亚专家,他感兴趣的是苏联的莎士比亚学、莎士比亚戏剧在苏联演出的数量和他们的表演原则。他对翻译讲的阿塞拜疆戏剧的生存状况感兴趣,在那里是穿着阿塞拜疆的民族服装演出《哈姆雷特》(Гамлет)。

不得公开

接待梅兰芳的工作日志(莫斯科)

4月13日——早晨与戈梅茨的代表开会。白天排演;晚上在大剧院告别演出。演出的三出戏都很棒,他们三人都很满意。他们请特列季亚科夫和爱森斯坦同志到自己那儿喝茶。

4月14日——参观梅耶荷德剧院。

4月15日——5点45分,剧团成员和张彭春教授乘车赴

---

1 即国家普希金剧院。——译者注
2 指梅兰芳。——译者注

符拉迪沃斯托克（海参崴）。

梅博士、余教授和剧团成员吴[1]参观莫斯科模范艺术剧院，观看《图尔宾一家的日子》(Дни Турбиных)。

4月16日——在沃克斯出席电影《金色的湖》(*Золотое озеро*)的试映仪式，然后在革命剧院（Театр Революции）观看瓦赫坦戈夫（Вахтангов）版的《图兰朵公主》(*Принцесса Турандот*)。他们不是很喜欢，余甚至称其为滑稽草台戏。

4月17日——参观戏剧博物馆并与馆方商定了彼此交换展品的清单，随后参观国立特列季亚科夫画廊；晚上在大剧院观看《叶普盖尼·奥涅金》(*Евгений Онегин*)，梅博士很喜欢这部歌剧，但他说他不能理解俄罗斯的音乐。

4月18日——在斯坦尼斯拉夫斯基剧院观看歌剧《鲍里斯·戈东诺夫》(*Борис Годунов*)，梅表现出很满意，余则大概比较难受。

4月20日——11点45分，他们赴柏林。当火车起动时，梅兰芳轻松地叹了一口气。余说："他很愉快，因为访苏取得了成功。"总而言之，用他们的话来说，他们对一切都很满意，梅允诺，回国后他要对朋友们介绍苏联，讲他们在这里所受到的很好的接待。

毫无疑问，翻译关于梅兰芳及其同事们在看戏时简短的即兴插话还不能说是完整地概括了中国客人真正的意见，然而多亏有了这些文件，我们至少能够总结出他们对演出的某些认知。由于苏联媒体上缺乏系统的报道资料，笔者认为，这些见证者的叙述是重要的并且再现了中国专家在苏联的生动场景。

因此，根据文献资料找到的梅兰芳和他的同事们观看剧目的线索，可

---

[1] 吴邦本。——译者注

以整理出梅兰芳在苏联的剧院里究竟看到了什么。

3月13日——晚上：在国家模范大剧院观看芭蕾舞剧《三个胖子》。[В.А.奥兰斯基（В. А. Оранский）根据尤里·奥廖沙（Юрий Олеша）同名作品创作的音乐，芭蕾舞剧本的作者和导演是И.А.莫伊谢耶夫（И. А. Моисеев），艺术设计Б.А.马特鲁宁（Б. А. Матрунин），指挥Ю.Ф.费尔（Ю. Ф. Файер）。1935年2月19日或者3月1日在大剧院首次上演。]

3月15日——晚上：在莫斯科卡美尔泰伊罗夫剧院观看《埃及之夜》。（此处是根据塔斯社的报道，但在翻译的《日志》中还不能确认。——笔者注）[1935年1月29日首演《埃及之夜》，包括А.С.普希金（А. С. Пушкин）的同名作品、Б.绍乌（Б. Шоу）的《恺撒和克列奥帕特拉》（*Цезарь и Клеопатра*）及В.卢戈夫斯基（В. Луговский）翻译的У.莎士比亚（У. Шекспир）的《安东尼·克列奥帕特拉》（*Антоние и Клеопатра*）的若干片段组成。艺术设计В.伦金（В. Рындин），音乐设计С.普罗科菲耶夫（С. Прокофьев）。克列奥帕特拉由А.科宁（А. Коонен）饰演，恺撒由Л.费宁（Л. Фенин）饰演。]

3月16日——晚上：在音乐厅观看《在马戏团的圆形屋顶下》。

3月18日——早上：在莫斯科模范艺术剧院观看А.П.契诃夫的《樱桃园》。[1904年1月17日在该剧院首演，导演是К.С.斯坦尼斯拉夫斯基和聂米罗维奇-丹钦科，艺术设计В.А.西莫夫（В. А. Симов）。剧中人物：克尼佩尔-契诃娃扮演拉涅夫斯卡雅（Раневская），莉莉娜（Лилина）扮演阿尼亚（Аня），安德烈耶娃（Андреева）扮演瓦里亚（Варя），斯坦尼斯拉夫斯基扮演加耶夫（Гаев）。]晚上：在现实主义剧院观看Н.波戈金（Н. Погодин）的话剧《贵族们》。[1935年首演，总导演Н.奥赫洛普科夫，艺术设计Б.克诺布洛克（Б. Кноблок）。]

3月24日——早上：参观Ю.扎瓦茨基（Ю. Завадский）领导的戏剧学校，观看Л.韦尔涅伊尔（Л. Вернейль）和乔治·彼尔（Жорж Берр）的《免纳税者的学校》。（1935年首演，总导演Ю.扎瓦茨基。）

3月30日——早上：在位于列昂季耶夫斯基小巷的К.С.斯坦尼斯拉夫斯基的家里拜访斯氏，梅兰芳观摩《塞尔维亚的理发师》的排演。晚上：在 Евг.瓦赫坦戈夫剧院观看奥·德·巴尔扎克的话剧《人间喜剧》。[1934年首演，А.科兹洛夫斯基（А. Козловский）、Б.史楚金（Б. Щукин）担任主演，艺术设计是И.拉比诺维奇（И. Рабинович），指挥Б.索克洛夫（Б. Соколов），作曲Д.肖斯塔科维奇（Д. Шостакович）。]

3月31日——晚上：在梅耶荷德剧院［即国家梅耶荷德剧院（ГосТИМ）］观看话剧《茶花女》。[1934年3月19日首演，导演В.Э.梅耶荷德，艺术设计И.列伊斯基科夫（И. Лейстиков），音乐设计В.舍巴林（В. Шебалин）。剧中主要人物：玛格尔丽特·戈季耶（Маргерит Готье）由Н.赖赫（Н. Райх）扮演，阿尔曼·久瓦尔（Арман Дюваль）由М.И.察廖夫（М. И. Царев）扮演。]

在列宁格勒：

4月6日——晚上：在国家模范歌剧芭蕾舞剧院（ГАТОБ）观看《胡桃夹子》。[1934年首演，芭蕾舞剧导演是瓦西里·瓦伊诺年（Василий Вайнонен），指挥叶甫盖尼·姆拉温斯基（Евгений Мравинский），艺术设计伊万·谢列兹尼奥夫（Иван Селезнёв）。剧中主要人物：玛莎（Маша）由加林娜·乌兰诺娃（Галина Уланова）扮演，胡桃夹子王子（Щелкунчик-принц）由康斯坦丁·谢尔盖耶夫（Константин Сергеев）扮演。]

4月7日——观看共和国功勋演员Евг.杰缅娜领导的彼得鲁什卡剧团演出的根据А.П.契诃夫作品创作的《婚礼》和《外科诊室》。（导演Евг.杰缅娜。）

4月10日——白天：在国家普希金剧院（Госдрама им. Пушкина，从前的亚历山大琳娜剧院——笔者注）观看А.考涅楚克（А. Корнейчук）的戏剧《舰队覆灭》的一幕。[1935年首演，导演是Л.维维延（Л. Вивьен）。] 晚上：在模范大剧院观看《理查三世》。[1935年2月27日在该剧院首演，К.К.特韦尔科伊（К. К. Тверской）和В.Я.索夫罗诺夫（В. Я. Софронов）、Г.И.古列维奇（Г. И. Гуревич）联合导演，В.Я.索夫罗诺夫和Г.И.古列维奇主演，艺术设计是А.Г.特施勒（А. Г. Тышлер）。]

东西文化的对话

4月11日——晚上：在国家剧院小剧场观看Ж.杰瓦利的《为生命祈祷》。[1935年4月2日首演，导演是В.科日奇（В. Кожич）和Л.鲁德尼科（Л. Рудник）。剧中主要人物由Н.切尔卡索夫（Н. Черкасов）和叶夫根尼娅·采列比尔科（Евгения Церебилко）出演。]

在莫斯科：

4月15日——晚上：在莫斯科模范艺术剧院观看М.А.布尔加科夫（М. А. Булгаков）的《图尔宾一家的日子》。[1926年10月5日首演，艺术指导К.С.斯坦尼斯拉夫斯基，导演伊利亚·苏达科夫（Илья Судаков），艺术设计Н.乌里扬诺夫（Н. Ульянов）。剧中角色：阿列克谢·图尔宾（Алексей Турбин）由Н.赫梅廖夫（Н. Хмелёв）扮演，叶连娜（Елена）由В.索科洛娃（В. Соколова）扮演，尼科尔卡（Николка）由И.库德里亚夫采夫（И. Кудрявцев）扮演，塔尔贝格（Тальберг）由В.韦尔比茨基（В. Вербицкий）扮演，拉里奥辛科（Лариосик）由М.扬申（М. Яншин）扮演，舍尔温斯基（Шервинский）由М.普鲁德金（М. Прудкин）扮演，冯·施拉特（Фон Шратт）由维克托·斯坦尼岑（Виктор Станицын）扮演，斯图津斯基（Студзинский）由Е.卡卢日斯基（Е. Калужский）扮演，梅什拉耶夫斯基（Мышлаевский）由Б.多布龙拉沃夫（Б. Добронравов）扮演，盖特曼（Гетман）由В.叶尔绍夫（В. Ершов）扮演。]

4月16日——晚上：在革命剧院观看瓦赫坦戈夫版、К.高齐（К. Гоцци）的《图兰朵公主》。[1922年首演，导演Евг. 瓦赫坦戈夫，演出导演鲍里斯·扎哈瓦（Борис Захава）、尤里·扎瓦茨基（Юрий Завадский），艺术设计伊格纳季·尼温斯基（Игнатий Нивинский）、Н.西佐夫（Н. Сизов），音乐设计А.科兹洛夫斯基（А. Козловский），女装设计娜杰日达·拉马诺娃（Надежда Ламанова），男头饰设计И.阿列克谢耶娃（И. Алексеева）。]

4月17日——晚上：在大剧院观看П.И.柴可夫斯基（П. И. Чайковский）的歌剧《叶普盖尼·奥涅金》。[指挥В.库巴茨基（В.

Кубацкий），主演 Л.巴拉托夫（Л. Баратов），芭蕾舞导演 А.切克雷金（А. Чекрыгин），艺术设计 И.拉比诺维奇。]

4月18日——晚上：在斯坦尼斯拉夫斯基剧院[国立共和国人民演员斯坦尼斯拉夫斯基歌剧院（Государственный оперный театр имени народного артиста республики К. С. Станиславского）]观看 М.П.穆索尔格斯基（М. П. Мусоргский）的歌剧《鲍里斯·戈东诺夫》。[1929年3月5日首演，这是比较接近作者文稿的改编本。结构编排 К.С.斯坦尼斯拉夫斯基和 И.М.莫斯克温（И. М. Москвин），音乐指导 В.И.苏克（В. И. Сук），指挥 М.Н.茹科夫（М. Н. Жуков），导演 Б.И.韦尔希洛夫（Б. И. Вершилов）、В.В.扎列斯卡雅（В. В. Залесская）、З.С.索科洛娃（З. С. Соколова）、М.Л.梅尔策（М. Л. Мельцер）、В.Ф.维诺格拉多夫（В. Ф. Виноградов）、П.И.鲁缅采夫（П. И. Румянцев），艺术设计 С.И.伊万诺夫（С. И. Иванов）。]

现在，当我们成功地还原出梅兰芳在莫斯科和列宁格勒观看过的戏剧的完整情况，就能参考梅兰芳的意见，继续研究和分析这些戏剧。这是一个值得进一步科学地探讨的课题。

（原文发表于《戏曲艺术》2017年第3期，收入本书中略有改动）

记录和未记录的：
从档案资料看梅兰芳访苏

海震（中国戏曲学院图书馆馆长、教授）

梅兰芳1935年访苏演出不但是梅兰芳艺术生涯中的一件大事，也是中西文化交流中的一个大事件。但遗憾的是，在2015年纪念梅兰芳访苏80周年之前，不但有关的研究很少，一些关键资料也有缺失。虽然早在1993年和2001年即有名为《梅兰芳访苏档案》的梅兰芳访苏往来电文和李小蒸翻译的《1935年苏联艺术家讨论梅兰芳艺术记录》发表，但有关的研究并未随之出现。直到2015年梅兰芳访苏80周年，有关的文章和论文才开始集中出现，其中陈世雄的《梅兰芳1935年访苏档案考》[1]揭示了梅兰芳访苏档案的一些史实，是有关梅兰芳访苏研究的重要学术成果。

为从档案资料的角度研究梅兰芳访苏，本文主要分析以下6份资料：

1.《梅兰芳访苏档案史料》（一）、（二），刊《民国档案》2001年第3、4期，是梅兰芳访苏前后有关的往来电文及信函，还有一份国民政府行政院的训令，共92件。原件藏于中国第二历史档案馆。

2.《1935年3月苏联戏剧界人士为梅兰芳访苏演出举行的座谈会发言纪要》，刊《中外文化交流》1993年第1、2期。该文是邢秉顺根据苏联《电影艺术》期刊1992年第1期《艺术的强大动力》翻译。

3.《艺术的强大动力：1935年苏联艺术家讨论梅兰芳艺术记录》，刊

---

[1] 载于《戏剧艺术》2015年第2期。

《中华戏曲》1993年第14辑。该文是李小蒸根据苏联《电影艺术》期刊1992年第1期《艺术的强大动力》翻译,后由《中国京剧》1997年第3、4、5期转载。

4.陈世雄《梅兰芳访苏档案考》附录中的《全苏对外文化交流协会为了对梅兰芳剧团对苏联的访问进行总结而举办的晚会》"记录稿",刊《戏剧艺术》2015年第2期。作者2014年在俄罗斯国家档案馆查看了梅兰芳访苏档案,其论文介绍了座谈会参加者,并对座谈会记录稿及有关资料进行了分析。

5.《梅兰芳游俄记》[1],刊《文史资料选编》第27辑,收入傅谨主编《梅兰芳文集》第七卷。据许姬传所写的序,此文章为梅兰芳、李斐叔(梅剧团赴俄秘书)和许姬传合写。游记以梅兰芳为第一人称写作,全文仅记述了赴俄前的筹备过程,写作于1949年以前(具体时间不详)。

6.梅兰芳纪念馆收藏的当时部分中文报刊对梅兰芳访苏报道的抄录件,该钢笔手抄本封面写作《梅兰芳游俄记》。

一、史实、记录及回忆:对往来电文、座谈会纪要和回忆资料的分析和鉴别

往来电文和座谈会纪要都是非常重要的档案资料,但也要经过分析、鉴别,回忆资料更是需要与其他资料对照比较才能使用。在前面提到的几种资料中,往来电文无疑是最重要的档案资料。

(一)梅兰芳访苏电文涉及的几个史实

第一,赴苏演出并非梅兰芳提前有计划前往,而是苏联对外文化交流协会听说梅兰芳赴欧洲表演的消息(其实此消息不确,梅兰芳当时有赴欧

---

[1] 《梅兰芳游俄记》,参见中国人民政治协商会议北京市委员会编《文史资料选编》(第27辑),北京出版社1986年版。

"游历"而不是演出的计划），邀请梅兰芳顺道访苏演出。有关档案如下：

> 驻苏使馆1934年3月21日致外交部电云："苏俄对外文化协会闻梅兰芳赴欧表演消息，迭向本馆表示欢迎，亟盼顺道过俄，一现色相。"

第二，梅兰芳访苏经费由上海士绅杜月笙等人赞助10万元，梅兰芳自己承担3万元，国民政府行政院补助5万元，才顺利成行。行政院补助的5万元是由驻苏大使颜惠庆向外交部申请，后经行政院院长汪精卫同意上会研究后，经国民党中央政治会议通过，由财政部拨款。

第三，国内部分报刊曾反对梅兰芳赴苏演出，被国民政府"中央宣传委员会"禁止。有关档案资料如下：

> 1935年1月17日外交部致驻俄使馆电云："社会一部分人士对梅氏艺术能否受俄人欢迎虽曾表示顾虑，揭载报端。"
>
> 1935年1月19日驻俄使馆致外交部电云："惟国内一部分报纸反对梅氏，俄外部已接有报告。窃意此事在未定之前，国内意见容有见仁见智不同，现梅氏为友邦敦请、政府资助出国奏艺之人，事关全国戏剧毁誉，已非梅氏个人得失，国内各派似应以对外为重，勉抑异议，共襄其成。可否会商中央宣传委员会劝令反对报纸停载攻击文字，免予友邦热心此事者以难堪。"
>
> 1935年1月27日外交部致驻俄使馆电云："取缔反对梅兰芳赴俄演剧事，经函准中央宣传委员会复称，已转饬各报及各新闻检查所遵照矣。"

（二）3份访苏座谈会发言纪要分析

在梅兰芳访苏过程中，邀请方苏联对外文化交流协会为梅兰芳访苏演出举办了座谈会。与座谈会有关的中文资料有3份，以下逐一进行分析。

东西文化的对话

第一,发表在《中外文化交流》上的《梅兰芳访苏座谈会发言纪要》其实不是完整的座谈会纪要,而是对座谈会发言的选译。分析如下:

首先,此纪要没有参加座谈会发言人名单,而根据陈世雄的论文《梅兰芳1935年访苏档案考》,参加此座谈会并发言的还有其他人。

其次,根据随文发表的"座谈会原始记录片断"图片看,应该有原始记录存在,但翻译者邢秉顺只是选译了部分发言。从网上检索可知,译者曾在外文出版社波斯文组、中国驻伊朗大使馆和苏联大使馆工作,已发表的译文和译著主要都是波斯语翻译,俄文翻译似并非其所长。

再次,翻译者没有就其对原始记录的取舍做任何说明。显然,翻译者没有把此文的翻译作为一个学术工作来做。此文连载的第二部分换了题目,改为《一份珍贵的历史记录》,不经反复查找很难找到。这可能也与发表译文的期刊《中外文化交流》并非学术刊物,译者也非学术中人有关。由于此文不是完整的会议纪要,未能全面反映座谈会发言情况,所以史料及研究价值有限。

第二,《艺术的强大动力:1935年苏联艺术家讨论梅兰芳艺术记录》是一份相对比较完整的座谈会记录稿,由瑞典艺术家拉尔斯·克莱贝尔格整理,译者李小蒸的译文相对质量较高。有了此译文,《中外文化交流》刊登的邢秉顺的译文基本可以忽略不看。此版记录稿及译文的具体情况如下:

首先,与邢的译文不同,此译文包括克莱贝尔格所写的说明性"前言",其中提到在找到会议纪要之前,他曾写过一个剧本形式的梅兰芳访苏演出座谈会的"臆想记录"。[1]

其次,译文中包括了邢译"纪要"没有提及的张彭春在会上的两次发言。张彭春是中国早期话剧活动家和导演、南开大学教授,在梅兰芳访苏过程中起了重要作用。

---

[1] 这部克莱贝尔格编写的名为《仙子们的学生》的剧本,曾被梅兰芳之子梅绍武翻译改名为《斯坦尼斯拉夫斯基、梅耶荷德、爱森斯坦、戈登·克雷、布莱希特等艺术大师论京剧和梅兰芳表演艺术》,发表于1988年《中华戏曲》第7辑。参见陈世雄《梅兰芳1935年访苏档案考》,《戏剧艺术》2015年第2期。

再次，李小蒸译文的翻译质量比邢秉顺的译文高出许多。邢文漏译、误译之处甚多。而且，李小蒸译文将原稿中记录不全之处也照原文译出，是一份有学术价值的译稿。

第三，陈世雄《梅兰芳访苏考》附录中的《全苏对外文化交流协会为了对梅兰芳剧团对苏联的访问进行总结而举办的晚会》"记录稿"，是到目前为止有关梅兰芳访苏演出座谈会记录稿最全的译文。陈世雄在俄罗斯国家档案馆查看梅兰芳访苏档案后，发现邢秉顺和李小蒸所翻译的发表在苏联《电影艺术》杂志上的《艺术的强大动力》并非是座谈会发言的完整记录稿，而是经过瑞典艺术家拉尔斯·克莱贝尔格编辑并有删节的文稿。

陈世雄《梅兰芳访苏考》中有对座谈会参加者名单的翻译和介绍，分析了梅兰芳访苏档案的性质、形态和内容，并根据与其他档案资料的对比、补充，研究了座谈会记录稿中被删节的梅耶荷德在座谈会上的发言。论文还分析了被标记为"不宜外传"的苏联陪同人员对张彭春访苏期间言行的记录，对我们了解当时的苏联有直接帮助。

（三）《梅兰芳游俄记》及手抄本的资料价值和局限

《梅兰芳游俄记》（以下简称《游俄记》）由"游俄动机、接洽经过、筹备情形、国人的策励、启行的一瞥"五部分构成。虽然只记述了梅兰芳赴俄演出前的筹备工作，未及写出赴俄后演出、交流及参观游览的情况，但其内容与访苏电文和演出座谈会纪要相互补充，亦有其史料价值。如《游俄记》第一部分"接洽经过"节录了梅兰芳给戈公振写的一封信（在电复戈公振之后），进一步说明了他对访苏演出的想法："苏戏剧有悠远的历史，近年以来更努力演进，蔚为大观，而音乐与舞蹈之精美，尤负盛名。兰芳久欲一睹此新国家对于戏剧上之新建设，既承苏联对外协会之邀约，深为欣幸。……兰芳虽庸愚，但对出国表演，虽不敢云代表我国戏剧艺术，亦冀对于本国一部分文化，多少有所阐扬，始不负此行。"[1] 从信中的上述表述，可见梅兰芳对访问有所期待，对演出亦有一定信心。

---

[1] 傅谨主编《梅兰芳全集》（第七卷），北京出版社、中国戏剧出版社2016年版，第9页。

东西文化的对话

《游俄记》篇幅较多的是"筹备情形"和"国人的策励"两部分。上文介绍梅兰芳访苏往来电文时提到杜月笙等人赞助访苏经费10万元，《游俄记》则具体提到赞助者是上海的"中国戏剧协进会"的史量才、杜月笙、钱新之、陈光甫、冯幼伟诸位。[1] 关于张彭春和余上沅与梅兰芳同去苏联的原委，《游俄记》中也有具体交代。书中提到张彭春在梅兰芳访美中是以"总指挥"的身份"布置训练以及对外交涉等事务"，[2] 梅很想请他一同去苏联。由于张彭春时任天津南开中学校长和南开大学教授，后来教育部商请南开大学校长张伯苓（张彭春兄长）为张请假两月，张才得以"总指导"的身份同行。"副指导"余上沅则是梅兰芳转托胡适商请的。"国人的策励"部分收录了当时的《中央日报》《大公报》和《申报》刊登的有关梅兰芳赴苏行前的消息。如《中央日报》1935年1月14日的一条消息的标题是："汪院长宴梅兰芳　邀苏联驻华代办作陪　席间商赴俄表演事"，消息提到作陪的还有教育部长、行政院秘书长等人，显示出时任行政院院长兼外交部部长的汪精卫及国民政府对梅赴俄演出的重视。

与《游俄记》相比，梅兰芳纪念馆所收藏的《梅兰芳游俄记》钢笔手抄本，只是一些中文报纸对梅兰芳访苏报道和采访的抄录，没有记录所抄录的这些报道和采访的资料出处（即抄录自哪几份报纸），而且没有记录抄录者的名字及抄录时间。从所抄录的报道内容看，都是对梅兰芳访问的正面报道，没有任何负面内容。显然，这份《梅兰芳游俄记》其实只是对1935年1月6日至9月3日国内报刊对梅兰芳访苏的报道、采访等消息的抄录，既不是跟随梅兰芳访苏者的回忆，如齐如山口述《梅兰芳游美记》类似的资料，更不是梅兰芳访苏随行人员对其访苏过程的专门记录。从其内容只有正面消息和有关报道，完全没有负面内容判断，它可能是与"梅党"有关的人所抄录，在某种程度上类似喜爱梅兰芳艺术之人出于爱好所抄录供自己和同好翻看的抄本，其性质与追星族将自己喜欢的明星照片和消息报道剪贴成册供自己欣赏的剪报类似，资料价值很有限。

---

[1] 傅谨主编《梅兰芳全集》（第七卷），北京出版社、中国戏剧出版社2016年版，第21页。
[2] 傅谨主编《梅兰芳全集》（第七卷），北京出版社、中国戏剧出版社2016年版，第23页。

二、如何利用和研究档案资料：
对梅兰芳访苏电文和会议纪要的初步研究

1935年访问苏联是梅兰芳艺术生涯中的一个重要事件。此次访问及其与苏联艺术家的交流，特别是苏联艺术家对梅兰芳表演艺术的评价，对梅兰芳表演艺术的发展和完善无疑有着非常重要的作用。同时，此次访问也从一个侧面为中国公众认识梅兰芳表演艺术的国际影响力提供了一个重要窗口。因此，访苏的重要史实、苏联艺术家的评论和中国公众对梅兰芳访苏的反映，都是值得深入研究的问题。

（一）访苏电文的重要价值

上文提到往来电文、会议纪要和《游俄记》三种资料中，中国第二历史档案馆收藏的梅兰芳访苏外来电文无疑是最重要的档案资料。虽然这些外来电文是发表在期刊上的二手资料，是由"选编者纪清彬"选编，没有附有关电文的照片。限于时间和条件，笔者还没有查阅并核对原始档案，不知所选有无遗漏。其中，梅兰芳发出的电文和信函收入傅谨主编《梅兰芳全集》第八卷，书中注释提到在《梅兰芳全集》编纂过程中，南京中国第二历史档案馆因故未开放梅兰芳访苏档案。[1] 但从电文前编选者所写的文字说明中有"本组史料选自国民政府外交部档案全宗，即记载了这项文化交流活动的全过程"判断，应该没有大的缺漏，可作为初步研究的根据。

上文曾提到梅兰芳访苏电文中有三点值得注意：其一是梅访苏是苏联官方邀请；其二是赴苏演出有杜月笙等人赞助和行政院补助；其三是部分报纸刊登反对梅访苏演出言论，被政府禁止。以下试逐一分析：

访苏演出虽然并非梅兰芳原有计划，但他对苏联官方的邀请欣然接

---

[1] 傅谨主编《梅兰芳全集》（第八卷），北京出版社、中国戏剧出版社2016年版，第106页。

东西文化的对话

受,随即着手准备并于第二年成行。筹备赴俄演出过程中,法国、意大利和英国亦有人邀请梅兰芳前往演出,但梅兰芳均婉谢,可见梅兰芳比较看重赴苏演出的意义。邀请方全苏对外文化交流协会在梅兰芳演出后专门举行了有莫斯科戏剧界及艺术界人士参加的座谈会,与会的著名苏联戏剧家对梅兰芳的表演给予了高度评价。梅兰芳在苏联的演出给著名德国导演布莱希特和苏联导演梅耶荷德等人留下了深刻印象,这些反映和影响可能超出了梅兰芳的预想。不过作为一个已到日本和美国演出,并在美国获得荣誉博士学位、在国际上已有相当影响的艺术家,这些也可能都在梅兰芳的预料之中。

访苏演出虽然是由苏联官方邀请,但从上海到苏联海参崴的旅费及置办戏装等费用也是一笔不小的开销,虽然有杜月笙等人赞助和梅兰芳自任,但资金仍有缺口。根据档案《罗厚炘致外交部签呈》,驻苏大使颜惠庆申请行政院补助的理由是苏联"以国家名义招聘,并组织委员会专司此事,邀请我国派员参加,是俄国方面对此极为重视,梅君此行自于我国艺术宣传及国际感情之联络不无关系"。此份档案显示出当时的苏联和中国政府都很重视梅兰芳赴苏演出。

档案中还有一份署名院长汪兆铭(即汪精卫)给外交部的《行政院训令》,其中提到"中俄复交以来,在政治方面,因环境关系,一时难以积极进行,而在文化商务方面,亟应着手工作"。有关的历史事实这里需要稍作解释:1929年因为张学良打算收回由中苏共同经营的中东铁路(即沙皇俄国投资建设由满洲里到绥芬河的铁路),并与苏联发生大规模武装冲突,由此中苏断交。1931年,日本发动"九一八"事件占领东北。1932年中苏复交,两国都有改善关系的愿望。苏联由官方机构对外文化交流协会出面邀请梅兰芳访苏,可能与此有关。梅兰芳应邀访苏演出,倒是与政治无关,如他在档案《梅兰芳致戈公振电》[1]中所说,是"苏维埃文化艺术久所佩羡,兰芳欧洲之游如能成行,定必前往",既欣然接受邀

---

[1] 戈公振是中国著名记者,当时在苏联访问。

请,又留有余地,恰当得体。不过后来访苏演出的成功,可能出乎梅兰芳最初的预料。演出不但得到苏联戏剧界的高度重视,梅兰芳亦通过演出与苏联著名导演、戏剧家等进行了艺术交流,而且客观上促进了中苏两国的文化交流。

从3份外交部与驻俄使馆之间往返的电文可以看出,当时的报纸上有"社会一部分人士"对梅兰芳的表演艺术能否得到苏联观众欢迎"表示顾虑",并且"一部分报纸反对梅氏"赴苏演出,这是很值得研究的史料。1935年梅兰芳在国内的影响如日中天,已到过日本和美国访问演出并受到欢迎。电文所说的"社会一部分人士"和"一部分报纸"为何对梅赴苏演出表示顾虑和反对?是哪些报纸和人士?他们有何顾虑?为何反对?都是很值得研究的问题。同时,应该如何看待外交部商请国民党中央宣传委员会劝令报纸停止攻击,而最后是中央宣传委员会取缔了反对梅兰芳赴苏演出的报刊言论?此事反映了梅兰芳访苏与外交部、国民党、苏联、"部分报纸"和"社会一部分人士"之间怎样的复杂关系?更是值得进一步研究的问题。不过这可能已是另一篇论文的题目而有待来日了。

部分国内报纸上对梅兰芳访苏演出的顾虑和反对的言论这一历史事实,提醒我们注意当时国内报纸对梅兰芳访苏的不同声音。我们以前只是从鲁迅的文章中看到他对梅兰芳访苏的只言片语的评论,不过只是在文章中顺带提及,未有详论。1949年以后出版的涉及梅兰芳访苏的论著对此都避而不谈,或以为不值一提,不过驻俄使馆与外交部的往返电文显示出苏联已注意到这些言论。驻俄使馆认为在赴苏未定之前国内意见容有见仁见智之不同,但"现梅氏为友邦敦请,政府资助出国奏艺之人,事关全国戏剧毁誉,已非梅氏个人得失,国内各派似应以对外为重,勉抑异议,共襄其成"[1]。所言亦有其道理。

电文接下来提出的"可否会商中央宣传委员会劝令反对的报纸停载攻击文字",也不失为一个解决问题的途径,但外交部的回电则称"取缔反

---

[1] 《梅兰芳访苏档案史料》(二),参见《民国档案》2001年第4期。

对梅兰芳赴俄演剧事,经函准中央宣传委员会复称,已转饬各报及各新闻检查所遵照矣"。[1] 从驻俄使馆请中央宣传委员会"劝令反对报纸停载攻击文字",到国民党中央宣传委员会下令"取缔"报纸上反对梅兰芳赴俄的言论,这中间的变化原因不详,但也让我们从一个侧面对当时国民政府的新闻检查制度有所了解。

(二)访苏座谈会记录稿的价值分析

上文已说到发表在《中外文化交流》上的"纪要"其实是座谈会发言的选译,这可能出于期刊篇幅有限的原因,也可能是译者选择了他认为是有价值的发言择要译出。遗憾的是,译者并未对其取舍做任何说明,不过译文之后附有座谈会记录打印稿片断的图片,为进一步研究提供了线索。

上文已说到,李小蒸的译文不但内容更完整(包括邢秉顺未译的张彭春的两次发言,其他参会者的发言也未删减),而且文字也更准确。不过上文也提到,陈世雄对此座谈会记录稿的研究显示,克莱贝尔格发现的会议纪要并非是会议发言的完整记录稿,其中芭蕾舞女演员克里格尔的发言被完全删除,其他人的发言也有删节。

著名导演梅耶荷德的发言,与《梅耶荷德的创作遗产》一书所记载的梅耶荷德此次发言的文字相比,差不多少了一半篇幅![2] 为何出现这种情况?原因完全与梅兰芳无关,也与艺术无关,而是梅耶荷德当时正因其创作的所谓"形式主义"受到批判,被删掉的内容正是其借对梅兰芳演出的评论反驳其受到的批评。梅耶荷德后来遭受的批判不断升级,直到1939年被捕,到1940年甚至被枪毙。[3] 梅耶荷德被批判当然与梅兰芳无关,但梅兰芳访苏时苏联的政治环境,则是我们研究梅兰芳访苏演出及苏联艺术家在梅兰芳访苏座谈会发言不能不有所考虑的。简单地说,1935年梅兰

---

[1] 《梅兰芳访苏档案史料》(二),参见《民国档案》2001年第4期。

[2] 陈世雄《梅兰芳访苏档案考》,参见《东西文化的对话——纪念梅兰芳1935年访苏演出八十周年国际学术研讨会论文集》,学苑出版社2019年5月版,第73页。

[3] 陈世雄《梅耶荷德的悲剧是怎样造成的?》,载于《文艺研究》2016年第4期。

芳访苏演出时，苏联的"肃反运动"，即所谓的"大清洗"已经开始。虽然当时被批判的梅耶荷德还能在座谈会上发言，但他的发言其实既是对梅兰芳的演出的评论，也是借机对自己所受到的批判进行辩护。在梅耶荷德被批判，"肃反"已拉开帷幕的1935年，参加梅兰芳演出座谈会的艺术家的发言未必都是其心中所想并能畅所欲言。这一点虽然可能与他们对梅兰芳的评价没有直接关系，但却是我们今天研究这份座谈会记录不能不考虑的问题。[1]

除了不能不考虑的政治背景，还有一点应该考虑的是：梅兰芳作为"尊贵的客人"（会议主持人苏联著名导演丹钦科的用语）出席了在莫斯科举行的座谈会，诸位苏联艺术家的发言都对在现场的梅兰芳的演出做了高度评价。这首先反映了一些重要的苏联艺术家对梅兰芳及中国戏曲的艺术价值的肯定和赞许。这一点当然非常重要，值得我们高度重视并引以为傲。同时，我们也应该想到，这些赞扬一定程度上也出于情理上的礼貌，而且看梅兰芳演出的都是对中国戏曲有兴趣的艺术家，参加座谈会并发言的更是欣赏梅兰芳表演艺术的人。联想我们参加外国艺术家演出座谈会如何发言，以及发表在国内报刊上的演出座谈会纪要的写法，有助于我们客观看待并利用这份经过编辑的不完整的记录稿。而且从技术层面看，即使是比较完整的原始记录稿，它对发言记录的准确性也很难做到百分之百，除非有录音存留，可以根据录音重新记录并反复核对。

三、结语

以上对档案史料的辨析，肇始于笔者多年前写博士论文时不得不对有关西皮、二黄腔史料进行辨析，以及一直以来对历史学研究方法持续

---

[1] 据陈世雄对参会者发言的分析，他们"一是不附和梅耶荷德，避免用'假定性'来给中国戏曲定性；二是强调中国戏曲是'现实主义'的，是刻画有血有肉有个性的；三是强调自己是拥护'社会主义现实主义'"。参见陈世雄《梅兰芳1935年访苏档案考》，《戏剧艺术》2015年第2期。

关注。最近的启发则是傅谨撰写的《齐如山和梅兰芳之关系二三题》[1]等论文。《齐如山和梅兰芳之关系二三事》一文中提出的"如何读懂《齐如山回忆录》"等问题,其意义绝不限于对齐如山与梅兰芳关系之研究,对我们如何阅读和利用众多的京剧艺人回忆录等口述资料进行京剧史研究也至关重要。《梅兰芳舞台艺术四十年》和《徐兰沅操琴生活》之类极具史料价值的书也不例外,齐如山晚年在台湾所写的《齐如山回忆录》更是需要与其他资料相互对照,慎重使用。

相对而言,档案的重要性是怎样强调都不过分的,这也是笔者之所以用大量篇幅分析作为档案的梅兰芳访苏电文的原因。《梅兰芳东游记》虽然不全,但其中引用的电文和信函、报纸上的消息,也具有档案性质,在某些方面可对梅兰芳访苏电文有所补充。学者谢泳在谈到如何运用史料时说:"传记不如年谱,年谱不如日记,日记又不如第一手的档案"。[2]诚哉斯言。

如何辨析档案资料中记录的和未记录的文字背后的历史,是研究者不能回避的学术工作。历史需要不断认识,以转瞬即逝的舞台表演为中心的京剧的历史更是如此,虽然有当时拍摄的照片、电影和录制的唱片等资料可供参考,不过即使由这些物质手段记录下来的资料,其作为史料的局限也是明显的。[3]用文字记录的资料更是需要鉴别、分析和研究之后才能作为可靠的史料运用,这是历史研究的基本要求,研究梅兰芳访苏的历史也不例外。

---

[1] 参见《读书》2013年第4期。

[2] 谢泳《中国现代文学史研究法》,广西师范大学出版社2010年版,第31页。

[3] 参见拙文《"原声"的价值及唱片与舞台之间:梅兰芳民国唱片研究》,载于《中华艺术论丛》第17辑,2016年12月版。《戏曲舞台纪录片还是戏曲艺术片——以梅兰芳和周信芳的戏曲电影为中心的探讨》,载于《影视文化》第14辑,2016年9月版。

4月14日（周日）
苏联对外文化交流协会座谈会
——发言者与发言内容的种种谜团

著者　〔丹麦〕李湛（Janne Risum）（丹麦奥胡斯大学副教授）
译者　冯伟（山东大学助理研究员）、宋瑞雪（山东大学研究生）

1935年3月初，苏联对外文化交流协会（Всесоюзное общество культурной связи с заграницей，简称ВОКС）便早早拟定了一次针对梅兰芳苏联之行的总结性座谈会，作为其苏联之行各项活动的一部分：

> 座谈会拟在演出期间举行：时间为傍晚；地点在苏联对外文化交流协会。座谈会面向苏联戏剧界和音乐界高层人士以及<u>外国记者</u>，并与梅兰芳共同讨论其戏剧创作理念。[1]

为引起注意，"外国记者"几个字还被手工加了下划线，但最后仅有一名外国记者受邀（见下文）。

---

[1] 《В период прохождения спектаклей организуется в ВОКСе вечер для руководящих представителей советской театральной и музыкальной общественности и иностранных корреспондентов, с сообщением Мэй Лань-фана о творческих принципах своего театра.》, in《ПЛАН организации встречи театра Мей-Лан-фана》, 1935年3月初的打字稿，未标日期。ГАРФ 5283-8-267-98/99.（两个版本中《иностранных корреспондентов》都被加上下划线以示强调）。

东西文化的对话

4月1日,梅兰芳携张彭春、余上沅抵达列宁格勒,张和余均为中国艺术与戏剧专家,负责旅程一应事务。远在表演开始之前,梅兰芳便告知《真理报》(*Правда*)记者:"4月12日或13日会有一场戏剧创作方法座谈会,我会在场,苏联艺术界的杰出代表也会参加"[1],最后时间定在4月14日。4月13日,梅兰芳在《莫斯科晚报》(*Вечерняя Москва*)上公告座谈会将于次日举行:

> 明日4点半,对外文化交流协会将举办梅兰芳戏剧座谈会,参加人员包括最杰出的戏剧评论家、文学家、艺术家。[2]

苏联对外文化交流协会计划以中俄小组讨论为形式,总结梅兰芳访苏演出的实际价值,并请以下人士发言:梅兰芳与张彭春,苏联戏剧界、音乐界、电影界、舞蹈界的杰出代表(包括最重要的戏剧形式主义者)。当然,梅兰芳及接待委员会中的苏联导演也是小组成员,表演艺术界的其他代表也在其中。

4月10日,苏联对外文化交流协会邀请梅耶荷德(Всеволод Мейерхольд)和泰伊罗夫(Александр Таиров)参加。两封邀请信件完全一样,内容如下:

> 兹于本月14日4点半与梅兰芳博士举行友好会面,讨论其在苏联剧院的表演成果。地点在苏联对外文化交流协会办公处(大格鲁辛斯卡娅街十七号)。
>
> 期待您的莅临
> 祝好

---

[1] АА,Правда 2 April 1935. Ditto in: Moscow Daily News 3 April 1935.

[2] 《Завтра в 4 часа 30 м. в ВОКС'е состоится дискуссия о театре Мэй Лань-фана с участием крупнейших театральных критиков и деятелей литературы и искусства.》, in: Мэй Лань-фан(13 April 1935)。首次引用该公告的文章出版信息为:Мейерхольд(1968)2, pp. 563-564; and in: Вендровская и Февральский(ред.)(1978), p. 120.

4月14日（周日）苏联对外文化交流协会座谈会——发言者与发言内容的种种谜团

А. 阿罗舍夫（Александр Аросев）[1]

1935年4月10日

估计其他受邀的俄罗斯成员也收到了同样的邀请函。座谈会计划持续2小时，并以速记法记录。[2]

根据俄罗斯日历，4月14日是个寻常的星期天，而对俄罗斯诗人弗拉基米尔·马雅可夫斯基（Владимир Маяковский）的朋友而言，这一天是诗人自杀的五周年纪念日。马雅可夫斯基曾热烈拥护革命，后幻想破灭，最后走上不归之路。按格里高利历法计算，1935年4月14日这一天是棕枝主日。

梅耶荷德后来提到了一些细节：

"他（梅兰芳）提出为他和莫斯科的导演们举行茶话会。所有导演都收到了邀请：斯坦尼斯拉夫斯基（Константин Станиславский）（他因病缺席）、聂米罗维奇-丹钦科（Владимир Немирович-Данченко）、别尔谢涅夫（Иван Берсенев）、泰伊罗夫、爱森斯坦（Сергей Эйзенштейн）等。梅兰芳请他们谈论他自己的表演。"[3]

"接下来便是苏联对外文化交流协会的座谈会"，梅兰芳访苏期间苏

---

[1] 《10 апреля 1935 14-гос. м. в4ч. 30м. состоится в помещении ВОКСа /Б. Грузинская, 17/ заключительная товарищеская встреча с д-ром Мэй Лань-фан и обсуждение итогов пребывания театра в СССР. Мы рассчитываем на Баше участие в встрече и собеседовании. С товарищеским приветом А. Аросев》，1935年4月10日苏联对外文化交流协会寄给泰伊罗夫的信件，室内剧院档案馆 РГАЛИ 2030—1-26. 51。1935年4月10日写给梅耶荷德的相同署名信件，参见《Зам. Председателя ВОКСа Л. Чернявский》，梅耶荷德档案馆 РГАЛИ 998-1-2933. 48。

[2] "下午3至5点（4至6点）的讨论——速记员"。见于梅兰芳的笔记用纸上张彭春手写的会议日程安排，该日程未标明日期，ГАРФ 5283-8-267-45。

[3] 《Он попросил, чтобы ему устроили чай с режиссерами города Москвы. Были приглашены все режиссеры, в том числе Станиславский/он не приехал по болезни/, Немирович-Данченко, Берсенев, Таиров, Эйзенштейн, и др. Мей Лань-фан просил сказать ему что-нибудь об его игре.》，1935年9月22日《聪明误》（Горе уму）带妆彩排，梅耶荷德的开幕式致辞，РГАЛИ 998-1-306. 39（p. 20）。

联对外文化交流协会的陪同人员如此简短报告[1]。

苏联对外文化交流协会秘书处依照规定程序，用速记法记录了谈话（速记文本不曾保存下来）。后由此整理出首份打字本，名为《梅兰芳剧团访苏总结座谈会记录（1935年4月14日晚）》（Вечер по подведению заключительных итогов пребывания театра Мэй Лань-фана в СССР.14апреля 1935 года）[2]，内容包括参加人员及讨论内容，其中受邀人员名单进行过手工更正，列出了实际与会人员。

40名受邀的俄罗斯人中，有9名并未露面：戏剧导演康斯坦丁·斯坦尼斯拉夫斯基、苏联官员卡尔·拉狄克（Карл Радек）、列宁格勒年轻汉学家鲍里斯·瓦西里耶夫（Борис Васильев）、列宁格勒杰出汉学家瓦西里·阿列克谢耶夫（Василий Алексеев）、列宁格勒戏剧导演谢尔盖·拉德洛夫（Сергей Радлов）、外事人民委员的英国妻子艾薇·利特维诺娃（Айви Литвинова）、女电影演员亚历山德拉·霍赫洛娃（Александра Хохлова）、女戏剧演员维拉·尤列涅娃（Вера Юренева）及剧作家弗谢沃罗德·维什涅夫斯基（Всеволод Вишневский）[3]。梅兰芳的回忆录中也未提及斯坦尼斯拉夫斯基出席。梅氏是扮演女性的男演员，斯坦尼斯拉夫斯基、2位汉学家以及3名受邀的女性未能到场，实在令人引以为憾。另2位参会的女性代表是：作家兼剧评家玛丽埃塔·沙吉尼扬（Мариэтта Шагинян）、莫斯科大剧院（Большой театр）芭蕾舞演员维克托林娜·克

---

[1] 《Затем беседа в ВОКСе.》，1935年4月14日 З. 哈尔科夫斯基（З. Харьковский）向苏联对外文化交流协会的机密报告。ГАРФ 5283-8-267—17.

[2] ГАРФ 5283-4-168. 60—72.

[3] Список приглашенных/присутствующих на дискуссии в ВОКС с участием Мэй Лань-фана, 10/IV 35 г. ГАРФ 5283-4—168. 60.

里格尔（Викторина Кригер）[1]。前者似乎只是听了讨论，后者则有发言。

斯坦尼斯拉夫斯基特地为不能出席而致歉，因为那天他在家中排练新剧《莫里哀》中的部分场景。该剧由布尔加科夫（Михаил Булгаков）所作，他也在场。[2]

下午4点半，与会者会集于苏联对外文化交流协会，包括戏剧演员、剧作家、电影界人士和剧评家，都是业内精英。作为招待委员会成员及国家音乐、舞台艺术与杂技艺术联合会（ГОМЭЦ: Государственное объединение музыкальных, эстрадных и цирковых предприятий）的首席导演，雅科夫·加涅茨基（Яков Ганецкий）在国家音乐、舞台艺术与杂技艺术联合会兼音乐厅（Мюзик-Холл）主任丹克曼（Александр Данкман）及其助手叶韦利诺夫的（Эвелинов）陪同下到达现场，外交人民委员部（НКИД: Народный комиссариат иностранных дел）官员博罗沃伊（Павел Боровой）一同出席。出席者还有导演和演员奥赫洛普科夫（Николай Охлопков）、西蒙诺夫（Рубен Симонов）、米霍埃尔斯（Соломон Михоэлс）、苏达科夫（Илья Судаков）、扎瓦茨基（Юрий Завадский），戏剧编剧帕维尔·马尔科夫（Павел Марков），作家和剧评家沙吉尼扬、阿尔特曼（Иоганн Альтман）、尤佐夫斯基（Юзиф Юзовский）、别斯金（Эммануил Бескин）、斯维亚托波尔克-米尔斯基（Дмитрий Святополк-Мирский）、什克洛夫斯基（Виктор Шкловский）、罗森塔尔（С. Розенталь）、阿菲诺格诺夫（Александр Афиногенов），批评家列维多夫（Михаил Левидов）、叶尔米洛夫（Владимир Ермилов）、

---

[1] 维克托林娜·弗拉基米罗芙娜·克里格尔（1893—1978），1910至1948年为莫斯科大剧院芭蕾舞演员，1927年成为苏联荣誉艺术家，受布琼尼（Семен Буденный）元帅、伏罗希洛夫（Климент Ворошилов）元帅及斯大林庇护。1929年与施卢格莱特（И. М. Шлуглейт）共同领导莫斯科艺术芭蕾舞剧团（Московский художественный балет）。与梅耶荷德是邻居，同住勃留索夫街（Улица Брюсова）12号。Мокульский и Марков（ред.）（1961—1967），entry《Кригер, Викторина Владимировна》.

[2] 见《1935年4月14日排练的速记报告转录本》，Виноградская（ред.），pp. 371—375。斯坦尼斯拉夫斯基的助理制作人格列博夫（В. В. Глебов）并未在排演记录中指明开始与结束时间，14 April, КС 1332.

东西文化的对话

博洛特尼科夫（Иван Болотников）与伊万诺夫（А.И.Иванов）。另外，康斯坦丁·尤翁（Константин Юон）是参会的唯一布景设计师，他主要为莫斯科小剧院（Малый театр）工作，也在莫斯科艺术剧院（МХАТ: Московский Художественный академический Театр）[1]当职。塔斯社代表黑克尔（Геккер）也到场了。

从参会人员名单来看，唯一的外宾是"帕特里克·斯隆（Patrick Sloan），外国广播公司英文编辑"（即重要的英国共产主义者帕特·斯隆，1931—1936年在苏联担任记者）[2]。梅耶荷德后来回想起伊万·别尔谢涅夫——莫斯科第二艺术剧院（МХАТ 2-й: Московский Художественный театр Второй）艺术总监也应邀到场，但他应该是搞错了。除上述人员，笔者推测苏联对外文化交流协会成员阿罗舍夫、切尔尼亚夫斯基（Лев Чернявский）或林德（Вега Датовна Линде）也以组织者身份参加了座谈会，但会议记录上并没有他们的名字。此外，外国外交官、梅氏剧团人员及其他外国戏剧演员也不在其中。与会人员名单中共31名俄罗斯人，但其实漏了第32人——作曲家米哈伊尔·格涅辛（Михаил Гнесин），他也是讨论组发言人之一。座谈会上共25位听众，有9人发言，其中7位为俄罗斯艺术家，另2位是梅兰芳和张彭春，但二人并不在名单之中，记录中共34人参加座谈会。

与会人员相互切磋，气氛紧张。参会者中有的互为政敌，或曾经如此。聂米罗维奇-丹钦科和梅耶荷德甚至是宿敌。还有前列夫团体[3]人员，像特列季亚科夫（Сергей Третьяков）、爱森斯坦和什克洛夫斯基（他从未写过梅兰芳[4]），而列维多夫与叶尔米洛夫则出身从前政治正确的"拉

---

1 Мокульский и Марков（ред.）（1961—1967），entry《Юон, Константин Федорович（1875—1958）》。

2 克莱堡将他的名字读作"帕特里克·斯古恩（PatrikSgoun）"，并且没法确认。Kleberg（1996），p. 103（note）.

3 列夫团体（ЛЕФ: Левый фронт искусства）是由俄国激进的左派人士与创新先锋艺术家组成，存在于1922至1928年。——译者注

4 谢尔登（Sheldon）（1977）未引用过什克洛夫斯基写梅兰芳的文章，至少我在莫斯科档案中没有找到。

普"圈[1]。莫斯科艺术剧院内部也有诸多固有问题悬而未解。

梅兰芳剧团在莫斯科大剧院的演出精彩绝伦，抛掷的花束满台飞，谢幕无数次，直到第二天早上3点半才告结束。斯大林是观众之一，他应该是言行最谨慎的了。从转录本中看，当天下午除斯坦尼斯拉夫斯基之外，其他俄罗斯知名导演都到苏联对外文化交流协会参加了座谈会，并担任小组成员。聂米罗维奇－丹钦科77岁，是莫斯科艺术剧院领导人，德高望重，位列第二。他担任主持人，与梅耶荷德、泰伊罗夫一起代表戏剧界；特列季亚科夫代表作家；作曲家米哈伊尔·格涅辛（梅耶荷德的合作人）[2]代表音乐界；莫斯科大剧院的芭蕾舞女演员维克托林娜·克里格尔代表舞蹈界；爱森斯坦则代表电影界。

梅氏和张氏大概说英语，转录本中只提到他们的讲话内容被译成了俄文。俄方小组成员讲俄语，谈及梅氏和张氏如同提及备受尊崇的大师，尊称他们为梅兰芳博士和张教授。

梅氏和张氏请苏联艺术工作者提出反馈意见，询问他们对中国戏剧的印象、对中国戏剧未来的看法以及批评建议。座谈会谈论什么内容，聂米罗维奇－丹钦科起着重要作用。发言人共9位：聂米罗维奇－丹钦科、梅兰芳、张彭春、特列季亚科夫、梅耶荷德、格涅辛、克里格尔、泰伊罗夫和爱森斯坦。他们按顺序发言，前三人最后还做了总结性发言。

苏联自上而下的文化政治氛围催生出两种相互抵牾的观点。1934年之后，艺术上斯大林倡导社会主义现实主义，中国戏剧的传统明显与此说格格不入。尽管如此，外交人民委员部和苏联对外文化交流协会组织此次访问演出，无疑将其作为两国戏剧文化的公开交流会，毕竟苏联和中国在

---

[1] 拉普圈（РАПП: Российская ассоциация пролетарских писателей）是俄国无产阶级作家协会，旨在提升忠于党的作家，同时抨击异己。存在于1925至1932年，后被解散，苏共中央委员会又组建起苏联作家协会（Союз писателей СССР）代之。——译者注

[2] 作曲家米哈伊尔·法比亚诺维奇·格涅辛（1883—1957），1908年开始和梅耶荷德合作，为后者的《钦差大臣》（1926）创作了犹太管弦乐。1925至1936年为莫斯科音乐学院（Московская консерватория）作曲教授；1936至1944年任列宁格勒音乐学院（Ленинградская консерватория）教授；1944至1951年为格涅辛音乐学院（Государственный музыкально-педагогический институт имени Гнесиных）作曲组主任。

未来有可能结为同盟。这种特殊情况导致了一个吊诡的局面,即显著的美学差异也顿时变得情有可原。

不过,那天下午的座谈会中,俄罗斯艺术代表的争辩中有一个隐含的关键点,即1934年8月日丹诺夫(Андрей Жданов)和高尔基(Максим Горький)在首次作家协会大会上的发言。二人的发言宣告了社会主义现实主义学说的诞生。演讲中,日丹诺夫要求苏联作家"如实描写生活""不要学究式、静止地描写,不要简单地描写为'客观现实',而是将现实放在革命发展历程中描述"[1];又因为无产阶级是"世界文学瑰宝的唯一继承人",只要他们从历史中选择最好的内容,加以批判地描写,便可以将所有"体裁、风格、形式和手法"拿来使用。[2]高尔基则预见,未来有一天,世界成了"人类的美丽居所,所有人组成一个大家庭"。[3]

发言人没有长篇大论告诉我们这些,他们能随口引用几句便已足够。在未提及日丹诺夫和高尔基的名字的情况下,聂米罗维奇-丹钦科开场便说:"我一直认为,人类有一天会成为一个大家庭,艺术不再有国界。"他还赞扬了中国戏剧,认为这是"中国文化贡献给全人类文化的部分"[4],最后总结说,每个民族、每个种族都把自己完全独特的东西带到"文化艺术宝库"(日丹诺夫)中来,在"人类大家庭这个宏伟的理想中"(高尔基),艺术将源于所有人,成为"最佳艺术表现的综合"(日丹诺夫)。[5]

苏联对外文化交流协会的座谈会告诉我们的恰恰与此相反:虽然苏维埃统治已18年,但参与者所代表的艺术多样性仍未被抹杀,整个古典主义和现代主义依然完好无损。不管某些人如何谨言慎行,开口的人越多,其偏好、差异便会越明了。话说了,事做了,他们也就亮出了底牌。

俄罗斯小组成员都未提及斯大林,但他们头脑中似乎装着斯大林和他

---

[1] Жданов, in: Луппол, Розенталь и Третьяков (ред.) (1934), p. 4. Zhdanov et al. (1935), p. 21.

[2] Жданов, in: Луппол, Розенталь и Третьяков (ред.) (1934), p. 5. Zhdanov et al. (1935), p. 22.

[3] Горький, in: Луппол, Розенталь и Третьяков (ред.) (1934), p. 17. Gorky, in: Zhdanov et al. (1935), p. 66.

[4] ВОКС (ред.) (1935), Вечер по подведению, p. 2.

[5] ВОКС (ред.) (1935), Вечер по подведению, p. 23.

的主张，甚至有时候好像在向斯大林陈述观点。梅兰芳演出的剧目中，大家谈及的只有两出：《渔夫的复仇》（《打渔杀家》）和《虹霓关》，这两部剧要么前一天晚上斯大林看过，要么政治局观看过。座谈会中，俄罗斯讲话人一致尊崇梅兰芳和京剧，深信此次访问的这些演出将深刻影响苏联戏剧，但悬而未谈的是，究竟是怎样的影响。不管有没有京剧做引子，他们应该都可以侃侃而谈。遗憾的是，谈论中他们似乎更在意自己国内亟待解决的问题，而不是这位受仰慕的中国人。他们似乎非常清楚，至少目前无法进行更多的交流。

接下来，我将按座谈会上的人员发言顺序，探讨他们在这场座谈会中的立场，以厘清几大相左的观点。俄罗斯小组成员显然怀有戒心，有的人似乎只是在自圆其说或发表投机言论，我们无法知道他们的真实想法；另外一些人则相反，心里有什么就说什么。另外，梅耶荷德常用的关键词——程式性（условный）[1]是争议的焦点。

聂米罗维奇-丹钦科认为进步性内容和现实主义最为重要。他的艺术观来自19世纪后期，正如他在讨论会上所言："当然，从狭义上说，就艺术本身而言，俄罗斯艺术家很大程度上从事着形式工作。"但自普希金以来，所有伟大的俄罗斯作家"一直将内容放在第一位"，因此，"俄罗斯艺术的动力"正是"对美好生活的梦想，对美好生活的向往，为美好生活而斗争"。[2]此外，聂米罗维奇-丹钦科还称自己对京剧的印象深刻，承认京剧是"最精美、最完善"的艺术，以其"完美的形式——其精确性与鲜明性无与伦比"地展示了自己民族的艺术。他随即欣然补充道："这也是我们切入艺术的角度"；此外，"我从未想到过，舞台艺术可以运用如此杰出的技巧，把深刻的表现力和精练的表现手段结合在一起"。[3]至于梅兰芳的戏剧艺术，聂米罗维奇-丹钦科向梅氏阐述道："我们非常赞赏这种艺术，它在手法方面、色彩方面，在人类本性所有可能性的综合方

---

[1] 国内其他学者，如童道明、陈世雄，亦将其译为"假定性"。——译者注
[2] ВОКС（ред.）（1935），Вечер по подведению，p. 23.
[3] ВОКС（ред.）（1935），Вечер по подведению，p. 2.

面，对我们来说都是理想的。"但是，正如他所说，"尽管这符合我们的理想"，但他怀疑其戏剧缺乏内容。他向梅氏提出了个人建议："如果还能表达对美好生活向往的话，那就更好了。"梅兰芳随即礼貌地表示完全同意。[1]

特列季亚科夫曾是梅耶荷德的合作者，他从梅耶荷德的关键词"程式性"讲起，说梅氏剧团的访苏演出产生了两个积极影响：其一，西方对中国艺术持"异国情调"的看法，被此次演出打破。其二，它"也让另一种神话破产，这种神话令人很不愉快，即中国戏剧从头到尾都是程式性的"。[2]在公开试演之后，特列季亚科夫在《真理报》上发表文章，赞扬梅氏的表演为"绝妙的现实主义（在此强调，是现实主义，而非自然主义）"。[3]他称自己只漏看了一场演出[4]，并抓住机会确认自己的第一印象：戏剧风格为外，现实主义为内。如他所言："不需要多努力，你就能看懂演了什么"。[5]

作为在艺术上反对权威的关键人物，梅耶荷德恰如其分地反驳了上述观点。但当时一激动，他很快便转而进行概括，概括虽不少，但都宽泛而笼统，并未给主要论点增色。他的健谈和直爽给陈丕士（Percy Chen）留下了深刻的印象，随后他将梅耶荷德描述为："俄罗斯戏剧界的坏小子，花甲之年依然口无遮拦"。[6]不过梅耶荷德讲话也有技巧，显然在场之人中只有他明言自己的戏剧理论与京剧、梅兰芳的密切联系，而唯一支持和证实这一观点的人则是爱森斯坦。用爱森斯坦自己的话说，这无疑是给自己曾经的老师最高的称赞。梅耶荷德深信：

---

1 ВОКС（ред.）(1935)，Вечер по подведению，p. 23.
2 ВОКС（ред.）(1935)，Вечер по подведению，p. 3.
3 Третьяков（23 March 1935）.
4 ВОКС（ред.）(1935)，Вечер по подведению，p. 3.
5 ВОКС（ред.）(1935)，Вечер по подведению，p. 4.
6 Percy Chen（18 May 1935）.

4月14日（周日）苏联对外文化交流协会座谈会——发言者与发言内容的种种谜团

> 梅兰芳博士的戏剧在我们这儿上演，其意义远比我们所想的更为深远。我们这些正在建设新戏剧的人，现在感到惊奇和欣喜，同时也非常激动，因为我们确信，梅兰芳博士回国以后，我们仍将感受到他的非凡影响。[1]

他反对戏剧现实主义教条，目的是强调普希金的美学准则与中国戏剧的美学准则之间有千丝万缕的联系。他用自己钟爱的一句引文挑战现实主义教条，以此来说明梅兰芳完全印证了普希金提出的准则："逼真与戏剧艺术之基础无关""这条准则，普希金告诉我们的这条准则，在梅兰芳的戏剧中实现了，完美地实现了"。[2] 他提出，俄罗斯戏剧工作者未来应以普希金和梅兰芳为楷模，并呼吁道，这对他们"未来的际遇至关重要""我们必须重新理解和铭记普希金提出的准则，因为它与梅兰芳博士表演中体现出来的东西紧密相关"。[3] 要在舞台上演绎出真正的普希金，就得使用梅兰芳的表现技巧，这样一来，本国人才有可能将他演绎出来。梅耶荷德使出最后一招。

> 想象一下，用梅兰芳的表现手法来演绎普希金的《鲍里斯·戈东诺夫》（Борис Годунов）会怎样，我们将看到一幅幅人物造型，一点儿也不用担心陷进自然主义的泥潭，搞得一团糟。[4]

座谈会举办之时，梅耶荷德剧院正欲宣布上演普希金的一部悲剧。鲍里斯·苏什克维奇（Борис Сушкевич）曾于1934年将其搬上列宁格勒的

---

[1] ВОКС（ред.）(1935)，Вечер по подведению，p. 5. РГАЛИ 998-1-666. 1，4. Мейерхольд（1978），p. 95.

[2] ВОКС（ред.）(1935)，Вечер по подведению，pp. 5—6. РГАЛИ 998-1-666. 1，4. Мейерхольд（1978），p. 96.

[3] ВОКС（ред.）(1935)，Вечер по подведению，pp. 7—8. РГАЛИ 998-1-666. 3，6. Мейерхольд（1978），p. 97.

[4] ВОКС（ред.）(1935)，Вечер по подведению，p. 6. РГАЛИ 998-1-666. 2，5. Мейерхольд（1978），p. 96.

舞台。可能出于此故,梅耶荷德才急于贬损那次演出,批判其用现实主义手法描绘阶级斗争:"我曾在亚历山大剧院(Александринский театр)观看《鲍里斯·戈东诺夫》,这并不是普希金笔下的作品。这场演出贻害无穷,一无是处,只会让我们和普希金渐行渐远。"[1]

梅耶荷德有意出言夸张、怪异,以此激起讨论:如果观察到梅兰芳那熟练而程式性的手上动作,我们会觉得俄罗斯演员们似乎没有手,他们要么根本不用,要么用得很笨,原因在于,他们缺少一套相应、可遵守的程式。

> 在我国,很多人谈什么是好的面部表情,什么是好的眼睛和嘴部动作。最近很多人又谈到动作,谈到语言和动作的协调。但是我们忘记了主要的一点——这是梅博士提醒我们的,那就是手。同志们,梅博士演出之后,看看我们自己的戏剧,我们可以坦白地问,为什么不砍掉我们的手?它们没有丝毫用处。如果我们的手只是从袖口伸出来,不能表达任何东西,不能告诉别人任何信息,或者说透露了不该透露的信息,那就把手砍掉吧。[2]

梅耶荷德再现性别的方法更多了几分微妙。他接着说,自己从未见过哪个俄罗斯女演员,能像梅兰芳那样传神地表现出女性特点。[3] 从他自己的经验来看,西方舞台上只普遍存在大男子主义的性别偏见,他对此十分不屑。

---

[1] ВОКС(ред.)(1935),Вечер по подведению,p. 6. РГАЛИ 998-1-666. 2, 5. Мейерхольд(1978)中删除。

[2] ВОКС(ред.)(1935),Вечер по подведению,p. 6. РГАЛИ 998-1-666. 2, 5. Мейерхольд(1978),p. 96. 陈丕士(18 May 1935)认为,此话为3月20日梅耶荷德在艺术家俱乐部(Клуб мастеров искусства)中所说:"之后,60岁的梅耶荷德,这位俄罗斯戏剧界的老小孩,直言惊呼:'看过梅兰芳的手部动作,俄罗斯演员只剩一件事可做:砍掉双手'。"

[3] ВОКС(ред.)(1935),Вечер по подведению,pp. 6—7. РГАЛИ 998-1-666. 2-3, 5. Мейерхольд(1978),p. 96.(后有一处空白)

4月14日（周日）苏联对外文化交流协会座谈会——发言者与发言内容的种种谜团

我们的文化在性别问题上，处处都有不健康的，甚至变态和病态的看法。你走进任何一家剧院，只要看到舞台上的一些场景，肯定扭头就走，它们在表现性别上粗制滥造，甚至下流不堪。[1]

他又出言不逊！他当然也知道分寸。为避免伤害其他人，他没有举例："我不想在这里举例，那样会得罪不少今天在场的导演。但是这个问题有必要指出。"[2]

有必要吗？他谈论了现代舞台上的性别表现，没有得到任何口头回应。无论梅耶荷德的想法是什么，都必定不是肖斯塔科维奇（Дмитрий Шостакович）新剧中的女性主义方法及其"性感"的音效。该剧名为《姆岑斯克县的麦克白夫人》（Леди Макбет Мценского уезда），写沙俄时期，厌女症和腐败盛行，女主人公因之失去人性，变得暴虐无情，最后惨遭毁灭。梅耶荷德十分尊重肖斯塔科维奇的戏剧。讨论会次年冬天，斯大林发起反形式主义运动，在《真理报》对形式主义的批判中，该剧与其创作人肖斯塔科维奇首当其冲，梅耶荷德还为其辩护。其他俄罗斯成员似乎都明白，梅耶荷德惯用夸张。在激烈的讨论中，虽然他风格乖张，时不时还口无遮拦，一概而论地进行攻击，小组成员仍然支持他援引普希金表达的核心论点。

米哈伊尔·格涅辛是作曲家，也曾是梅耶荷德的亲密合作伙伴。他

---

[1] ВОКС（ред.）（1935），Вечер по подведению，p. 7. РГАЛИ 998-1-666. 3，5-6. Мейерхольд（1978）中删除。

[2] ВОКС（ред.）（1935），Вечер по подведению，p. 7. РГАЛИ 998-1-666. 3，6. Мейерхольд（1978）中删除。

在现实主义与程式性戏剧问题上赞同梅耶荷德。他称赞京剧"以音乐为基础,统一了戏剧的所有成分",使"真正的戏剧行家"感受到"极大的快乐",并指出"В.Э.梅耶荷德说得大致也是这个意思"。他还表示:"如果把梅兰芳博士的中国戏剧表演体系说成是象征符号系统,那再准确不过。"

> "程式性的"这个词远不能体现出它(京剧)的特点,采用一种程式时并不一定会表达情绪。而象征符号体系背后定有一定的内容,也能以非凡的手法表达情绪。在我看来,京剧是现实主义的,它的象征性是现实主义的一种表现,与自然主义截然相反。我十分同意 B.梅耶荷德的看法。[1]

维克托林娜·克里格尔是莫斯科大剧院首席芭蕾舞女演员。发言时,她愉快地以"同志们"开口,且对眼下讨论的棘手问题毫无保留地发表意见。她指出,像她那样受过古典舞技能训练的舞者或许能从京剧中受到启发。她称梅兰芳为"伟大的艺术家","演出节奏和可塑性令人惊叹,在其艺术中堪称绝妙";"到目前为止,芭蕾舞还是一种虚假的民俗风情舞蹈,与芭蕾舞技巧和经典芭蕾舞格格不入,与表现民俗风情的民族舞蹈往往大相径庭"。她高兴地说,由于这一错误由来已久,莫斯科大剧院计划遍访苏联,认真研究民俗风情的舞蹈,以补救这一错误。[2] 为尽可能将论点阐释清楚,她运用新学到的京剧知识,完全否定了莫斯科大剧院于1927年上演的芭蕾舞剧《红罂粟》(*Красный Мак*)。该剧以国民党统治下的中国为背景,是苏联第一部以现代革命为题材的芭蕾舞剧,她在其中扮演桃花。[3]

> 莫斯科大剧院上演《红罂粟》的时候,我们非常高兴,作

---

[1] ВОКС(ред.)(1935),Вечер по подведению,p. 9.

[2] ВОКС(ред.)(1935),Вечер по подведению,p. 10—11.

[3] 《红罂粟》由莱因霍尔德·莫里采维奇·格里埃尔(Рейнгольд Морицевич Глиэр)作曲,1927年6月14日首演于莫斯科大剧院,由叶卡捷琳娜·格尔采尔(Екатери́на Васи́льевна Ге́льцер)扮演桃花。同年,维克托林娜·克里格尔接手此角。仅在前两个演出季,该作品便演出200多场。

为戏剧工作者,我们也非常喜欢它。但是,看过梅兰芳博士的演出后,我觉得这部剧根本没必要上演,要是没看到这位天才的卓绝艺术,我们到现在也意识不到。因此,В.Э. 梅耶荷德说得很对,一旦看过梅兰芳这样的大师在演出中如何使用手,只想把所有演员的手都砍掉。您到这儿演出后,我们从您的艺术中受益匪浅。我们努力领会了很多,也会将它们运用到今后的创作中。[1]

可谓给骄傲的苏联当头一盆冷水!讲话结束后她也获得了掌声。泰伊罗夫在克里格尔之后发言,张口便攻击梅耶荷德的夸张说法"剁掉双手"。他揪住其字面意思,进而讽刺。他与梅耶荷德的看法一直相左,因此也不足为怪:

> 我并不认为,梅兰芳博士,这位我们尊敬的大师和艺术家,会把"剁掉所有苏联戏剧演员的手或者脚"当作己任。我也不认为这样可以改变现状,即使我们好意砍掉演员的手脚,他们也学不会梅兰芳博士精通的高妙的手势艺术。所以,还是让他们暂时保留手脚,好好关注梅兰芳的艺术吧。[2]

前面有特列季亚科夫和格涅辛,泰伊罗夫也不甘示弱。他从自己一贯坚持的看法出发,说:"现在所有对中国戏剧的看法,如说这是一种程式性的戏剧……所有这些事物都只是一个巨大体系中的小细节,而这个体系的实质却与之完全无关"。[3] 他认为,关于京剧,最准确的说法是"综合性戏剧",并确信这种理想形式本质上具备有机性。这一点他没有说太多,倒是重述了自己为室内剧院(Камерный театр)定的艺术信条,几乎

---

[1] ВОКС(ред.)(1935), Вечер по подведению, p. 11.
[2] ВОКС(ред.)(1935), Вечер по подведению, p. 11.
[3] ВОКС(ред.)(1935), Вечер по подведению, pp. 11—12.

东西文化的对话

一字不差,以此进一步解释京剧的基本要素(在座的俄罗斯成员肯定都能敏锐地察觉到)。

> 我想,从中国戏剧中我们看到,这是一种从人民中发展起来的戏剧,是不断慎重完善自身体系的戏剧,而它首先是个走向综合性的戏剧,这种综合性戏剧具有不同寻常的有机性。
> 在舞台上,梅兰芳博士的手势化为舞蹈,舞蹈化为言语,言语化为吟唱,从音乐和声乐角度看,吟唱的曲调异常复杂,并且大多数情况下都表现得完美无瑕,我们从这一点就能看到戏剧有机性的特点。[1]

该怎样理解泰伊罗夫接下来的讲话?从秘书的速记记录来看,他赞同梅耶荷德的舞台表现模式。他指出,梅兰芳戏剧中只运用了必要的形式来揭示整个演出的内在结构,因此,与"戏剧性的"或"程式性的"相比,将其归为"有机性的"更为恰当。这在梅耶荷德的《茶花女》(梅兰芳看过)正好也有体现。但是,这些话从泰伊罗夫口中说出来,显得有些出人意料,可能是因为在座的俄罗斯成员都同意梅耶荷德的看法。后来苏联对外文化交流协会的工作人员将文字本中"梅耶荷德"改为"梅兰芳",可能出于此故:

> 我认为,有必要指出,"戏剧性的"表现这种说法很奇怪,必须抛弃,梅耶荷德(改正为:梅兰芳)的戏剧中最有趣的是,那些我们称之为程式性的表现因素,只不过是必不可少的形式,目的是有机而有效地、恰当地体现整个演出的内在结构而已。我觉得,对我们而言,这是最本质的问题。[2]

---

1 ВОКС(ред.)(1935),Вечер по подведению,p. 12.

2 ВОКС(ред.)(1935),Вечер по подведению,p. 12.

4月14日（周日）苏联对外文化交流协会座谈会——发言者与发言内容的种种谜团

泰伊罗夫想表达的意思可以有三种解释，都很有意思：或许他关于"梅耶荷德"的话与速记本中意思一致？或许他一直在说"梅兰芳"，秘书记错了，后来又纠正了过来？或许是明显的弗洛伊德式口误，嘴上说"梅耶荷德"，实际指"梅兰芳"？接下来爱森斯坦发言时还开玩笑："无怪乎梅兰芳和梅耶荷德的名字开头一样……"[1]有人混淆了二人的名字，从爱森斯坦说的俏皮话来看，此人是泰伊罗夫，这也表明在场的讨论颇为激烈，也有几分紧张。

梅兰芳抵达苏联后，梅耶荷德在《苏维埃艺术》的访谈中高度称赞男旦的戏剧风格。讨论会上，泰伊罗夫表达了相反的观点，认为梅兰芳完美地表现了剧中角色，而这种外在表现形式并不是首要的。他以梅兰芳为例论述，为使论点符合自己一贯的观念，他可能还提到了自己的妻子，即著名女演员阿利萨·科宁（Алиса Коонен，一个莫斯科艺术剧院的毕业生）。

> 和自然主义戏剧争论时，我们总是讨论，演员外形变化的极限在哪里，而梅兰芳博士的创作实践告诉我们，所有这些内在的困难实际上都可以克服。这些可能是难题，但是，我们在这里见到的梅兰芳，是一个实实在在、有血有肉的男人，可是他扮演的是女性。这个最困难、最复杂、乍看之下最不可思议的变化，梅兰芳博士完美地实现了。[2]

除了对梅兰芳充满敬意，梅耶荷德和泰伊罗夫还有一个相同之处，就是都认为分析方法必不可少。不过座谈会上二人并没有提及对方的看法。梅耶荷德提醒到，不要只想着笨拙地模仿中国戏剧，套用其中的一些技巧，如"跨过看不见的门槛，在一块毯子上既表现'室外'又表现'室内'"。他力劝更"成熟的大师"去吸收梅兰芳戏剧中的精华，没有这

---

[1] ВОКС（ред.）(1935), Вечер по подведению, p. 17.

[2] ВОКС（ред.）(1935), Вечер по подведению, pp. 12—13.

些,"戏剧无以为继"[1]。轮到泰伊罗夫发言时,他又回到这个问题,再次提出,对待中国戏剧,正确的方法是"不要走上外部模仿的道路",而是要"掌握其内在组织、内在结构,让人确信,它有自己的呈现方式和自己的设计"[2]。泰伊罗夫年轻时尝试模仿过——1913年他将《黄马褂》(The Yellow Jacket)搬上了舞台,这部剧无非是对中国戏剧舞台程式的美国式滑稽模仿。为阐明自己的观点,他在座谈会上前后不下四次重复戏剧的创作应该是"自己的",强调戏剧创作中必须要有艺术自主性。

爱森斯坦支持梅耶荷德的所有观点,与这位说话夸张的老前辈相比,他的发言更加系统,更加连贯,而且措辞谨慎。[3] 但他也一本正经地说:"我厌倦自己以前的做法,而且我已将其抛弃。这不是讲座,而是关于梅兰芳的讨论。"[4]

爱森斯坦开头说想"简单谈几句",到头来他讲的内容最有创见,也最有希望实现。有关梅兰芳与梅兰芳的艺术,他曾写过文章,拍过电影,还在课堂上讲过(尤其是4月1日那节课)。事实上,他在座谈会上总结了自己之前的看法。爱森斯坦将梅兰芳及中国戏剧与伊丽莎白时期的三位大师——韦伯斯特、马洛、莎士比亚相提并论,称梅兰芳"善于发挥艺术领域的一切因素,令人惊叹"[5],因而他代表着一种普遍的艺术模式。他赞扬梅兰芳擅长展现人物形象(образы),更确切地说,是他通过综合性动作(синтез движения)创造一种综合效果。他解释道,形象(образ)与人物性格(характер)是共生关系,梅氏细致入微的表现方式放大了人物形象,使之成为象征和典型,并加上了个人的诠释。爱森斯坦小心地剖

---

1 ВОКС (ред.) (1935), Вечер по подведению, p. 5. РГАЛИ 998-1-666. 1, 4. Мейерхольд (1978), p. 95.

2 ВОКС (ред.) (1935), Вечер по подведению, p. 13.

3 他的手写发言稿包括一份讲话提纲(РГАЛИ 1923-2-869. 3)和包含诸多详细提示的草稿(Мэй Лань-фан 20/III. 35, РГАЛИ 1923-2-869.6—14),其中涵盖了他在发言中提到的所有话题。

4 《Я очень утомлен прист [упать] к [ак] творил раньше. Сейчас кончал вдребезги. Не доклад, а речь, соображения по поводу и в связи с Мей Лань-фаном.》, Эйзенштейн,《Мэй Лань-фан 20/III. 35》, 草稿, РГАЛИ 1923-2-869. 13.

5 ВОКС (ред.) (1935), Вечер по подведению, p. 17.

析了该表现方式的各个阶段和细节，甚至尽量让它勉强符合黑格尔、马克思的现实主义概念。

在他的表演中，我们看到他的舞台动作每一段的发展过程。我们看到，他如何完成一系列手法，一系列几乎像象形文字般不可缺少的动作，也许不必在此重现，但我们明白，这是经过深思熟虑得到的完美而固定的表达方式，这套必要的动作是为了再现生活的某些传统。然而在一场场的演出中，梅兰芳博士不断丰富了这些传统，并以优美、生动而非凡的人物表现将传统充实。这种对形象和性格的把握令人惊叹，也是梅兰芳博士带给我们的重要启示。我先暂且不谈像《捉弄老师》(《春香闹学》)或《虎将军》(《刺虎》)这样的作品。中国戏剧中令人惊叹的特别之处在于，形成于传统中的细致而概括式的人物刻画方式。最令人印象深刻的地方便是，我们能感觉到一种鲜活的创作个性。

由此我们忍不住追问，我们从梅兰芳博士身上学到的，与现实主义的总概念究竟有何关系。我们都知道书本对现实主义的定义，也知道个别事物可以表现众多事物，特殊之中蕴含着一般，而现实主义的根基便是这种相互渗透。

如果从该视角观察梅兰芳博士的精湛技艺，我们会发现一个有趣的特点：在梅兰芳博士身上，上述的对立更加突出。概括成了象征和典型，而对特殊的刻画又跨越极限，体现着表演者的个性。于是我们便看到了种种非凡的典型，体现着演员的独特个性，换言之，这两种对立面之间的距离似乎被拉得更宽。[1]

爱森斯坦非常中肯地称赞了其曾经的老师梅耶荷德。他说自己知道的

---

[1] ВОКС (ред.) (1935), Вечер по подведению, pp. 15—16.

东西文化的对话

苏联戏剧导演中,只有一位精通这种手法(приемы),也即梅兰芳博士的手法:"我发现在我们这里,有一人与梅兰芳博士的戏剧手法接近,那就是梅耶荷德,无怪乎梅兰芳的(名字)首字母与梅耶荷德一样……"[1] 根据他手稿中留下的线索,笔者将记录补全。他指出:"形象化之源,通感之源,成就了梅兰芳和梅耶荷德的源泉,京剧与电影的结合点。"[2]

爱森斯坦还称赞了京剧表现夜间场景的方式,《虹霓关》中就有一例。伊丽莎白时期的戏剧也曾在光天化日下表演夜间场景,"这种效果我们一直希望在自己的舞台上看到"。他感叹到,与过去尽善尽美的艺术相比,现代舞台技术是一种倒退:"从这方面说,虽然现在的欧洲戏剧拥有技术,但中国戏剧在表现黑夜方面却更加完美。"[3]

当今苏联艺术停滞不前,表现浮夸——电影中更为严重,爱森斯坦对此深感痛心。他在手稿中痛斥,"比方说,节日和电影等"[4],但这些例子并未记录在转录本中。座谈会上,爱森斯坦满怀失望和恳求,激情洋溢而又开门见山地总结道:

> 我想,我们正在为社会主义现实主义艺术而奋斗。如果我们能认识到,这种细致入微的表演对我们的艺术将大有裨益,那我们也将受益无穷。如今我们的艺术几乎完全钻进了牛角尖——这个牛角尖就是只管描绘,从而严重损害了形象。我们已然目睹,当前的成果告诉我们,包括戏剧和电影中,我们那与形象有关的文化,也就是具有高度诗意形式的文化,几乎完全消失了。电影中表现最为明显,可以以默片电影时代为证,那时候纯粹的形象结构起着巨大作用,不局限于描绘人

---

[1] ВОКС(ред.)(1935),Вечер по подведению,p. 17.

[2] 《Кладезь образности. Кладезь синестезии. Кладезь сделанного/Мей и Мейер. Стык с кино.》,Эйзенштейн,手写注释,未标明日期。РГАЛИ 1923-2-869. 3.

[3] ВОКС(ред.)(1935),Вечер по подведению,p. 14.

[4] 《напр. фестиваль и наши фильмы》,Эйзенштейн,《Мэй Лань-фан 20. 3. 1035》,草稿,РГАЛИ 1923-2-869. 14.

物。如果拿过去的艺术成果和今天对照的话，就会看到两个极端，一种是过分的描述，从而损害了形式对形象的刻画。梅兰芳博士带来了另一种极端：我们看到了一种高度强劲的发展，看到了丰富的形象。

也许我不同意格涅辛同志的意见。也许我认为形象更具个性，而不是象征，因为象征总是让我们联想起目录册。在我看来，大师立足于直接的形象塑造和感性表现，最有意义，也最可贵，因为就形式的标准而言，特别是电影中，我们明显处于可怕的停滞状态。从梅兰芳博士的戏剧中我们看到，他善于发挥艺术领域的一切因素，这种令人惊叹的艺术才能对有声电影至关重要，有声电影也极为迫切地需要它。电影工作者都会意识到这一点，因为这无疑是有声电影的基本特点。但遗憾的是，我必须承认，这在有声电影中几乎不可能实现了。梅兰芳博士到来之前，我们在形式上已经凝滞，戏剧界虽然也有这个问题，但电影界的问题更加可怕。[1]

而关于京剧的未来，苏联成员几乎没有特别的话可说，但爱森斯坦却提出最有远见的建议。出于对人类文化多样性的尊重，也暗含对国内现状的讽刺，他说："不应该有外在干预，保留京剧传统的最好方式就是维持现状。"

我们的客人问，我们能提出什么建议？恐怕我会被视为反动派，但我个人认为，无论是艺术上和技术上，中国戏剧应尽量避免现代化……

我想，中国戏剧的形式已经处于高度的完善状态，人类的戏剧文化完全可以在不耽误自身进程的情况下，慷慨地将其现

1　ВОКС（ред.）（1935），Вечер по подведению，pp. 16—17.

有的形式保留下来。[1]

关于舞台音乐,格涅辛强调不要西化[2]。至于京剧悠久的历史,特列季亚科夫持保守态度。他承认(爱森斯坦和布莱希特也分别写文章论述过[3])京剧深厚的历史沉积会使它"容易僵化",但他清晰地感觉到,"在林林总总的固定形式之中,却有一种生机勃勃的脉动,足以打破任何僵化"。同时他相信,梅剧团可以"用自己的手段表现当今的题材",并说他们已经这样做了,在《渔夫的复仇》(《打渔杀家》)中可见一斑(下文中我们会看到,如果布莱希特和斯泰芬在场,会反对这种说法)。特列季亚科夫也拿京剧的高标准与伊丽莎白时期的戏剧作了比较。具体来讲,他比较了《虹霓关》中鲁莽而复杂的悲剧性女主人公东方氏与莎士比亚的朱丽叶。他还建议梅氏应该和团队演出《罗密欧与朱丽叶》,并由梅氏扮演朱丽叶。[4]

至于中国戏剧能否成为苏联戏剧艺术家的榜样,特列季亚科夫说,苏联各民族,尤其是中亚,都可以从中国戏剧中学点什么,并根据自己的文化创造自己的戏剧。他不失谨慎又轻描淡写地说,因为它们"不一定要以欧洲戏剧为范例"。他认为,各民族文化可以与"我们的文化并行于世"[5]。

当晚有许多问题来不及讨论,结束时主持人聂米罗维奇-丹钦科主动向梅氏和张氏道歉,因为关于"苏联艺术能为中国艺术贡献什么"谈得很少。他将原因解释为谦虚和自我审查,但实际上他回避了这个问题。

"也许应该坦言避而不谈的原因,我想,同志们会赞同我的看法。我们对待任何有突出特点的艺术都非常谨慎,因为表达出自己的看法,可能会产生吸引力,会引人注意,可是要应用它们时,却会对艺术产生破坏作

---

1 ВОКС(ред.)(1935),Вечер по подведению,pp. 17—18.
2 ВОКС(ред.)(1935),Вечер по подведению,p. 8.
3 爱森斯坦的文章写于1935年,完整的手稿中有论述。
4 ВОКС(ред.)(1935),Вечер по подведению,pp. 3—5.
5 ВОКС(ред.)(1935),Вечер по подведению,p. 4.

用。鉴于这其中的危险，我们在这方面必须谨慎。"[1]

对于中国戏剧给苏联戏剧带来了什么，聂米罗维奇-丹钦科同样闪烁其词。他一方面总结道："大家都承认，中国戏剧将给我国戏剧带来深刻而重大的推动力"，另一方面又笼统地说："仅从这次简短的讨论中，还不能充分确定中国戏剧给我们的艺术带来了什么，В.Э.梅耶荷德说得完全正确：这种影响还需要加以研究，并使戏剧青年深入了解"[2]；最后他总结道："我们希望，梅兰芳不是最后一次来到这里。"[3]

实际上，讨论会中张彭春最有发言权，他的发言在聂米罗维奇-丹钦科总结之前。张彭春概述了历史上西方评价中国文化的三种态度：片面性态度、异国情调态度和创造性态度。以片面性态度看待中国戏剧始于18世纪，当时中国艺术作品的片段开始传入欧洲，其中伏尔泰根据当时《赵氏孤儿大报仇》这一古老剧本的法文译本，改编创作了《中国孤儿》。他继续说："大约20年前，日本和美国开始对中国戏剧产生异国情调式的兴趣"，但只提到"他一生都在与这种异国情调式的看法做斗争"。笔者认为，他着重指伪中国戏剧《黄马褂》。该剧由美国戏剧家黑兹尔顿（George C. Hazelton）和本里墨（J. Harry Benrimo）创作，1912年在纽约首演，随后在欧洲重要城市上演（泰伊罗夫将其搬上莫斯科舞台），取得巨大成功。梅兰芳于1919年和1924年访日演出，1930年访美演出，受到戏剧界专家的大力称赞，张彭春在苏联对外文化交流协会的发言中明显避开了这些，这种避而不谈是一种修辞策略，目的是为了说明真正创造性的态度始于此次梅兰芳访苏之行。他仿佛是在暗示，苏联戏剧是空前的先锋派，只有它能够滋养出看待中国戏剧的创造性态度。根据苏联对外文化交流协会的报告，张氏最后说："现在，片面和异国情调式的兴趣已经过去了。对待中国戏剧，现在已经出现了崭新的和创造性的兴趣。"张氏称赞这场座谈会氛围良好，促进了不同文化之间的交流，并且安排专业，跨

---

[1] ВОКС（ред.）(1935)，Вечер по подведению，p. 22.
[2] ВОКС（ред.）(1935)，Вечер по подведению，p. 22.
[3] ВОКС（ред.）(1935)，Вечер по подведению，p. 24.

东西文化的对话

越了不同学科。尽管他说话有所保留,但这些赞扬却发自肺腑:

> 这次座谈会非常重要,因为它代表了对待中国戏剧的全新态度。诸位都是忙人,为他们(梅兰芳及作为剧团发言人的他本人)贡献了时间,其意义重大,甚至重于他们到这儿后受到的欢迎。除此之外,他们也必然会从中获益。当然,他并不是说受欢迎和演出不重要,因为它们是此次讨论的前提。他们认为这次讨论带来了崭新的可能性。
>
> 张氏指出,这种可能性非常大,因为不同艺术形式的代表都发了言——戏剧艺术、电影艺术和音乐艺术。
>
> 他想指出,今天的发言体现出了真诚,也体现出苏联方面渴望理解、应用中国戏剧带来的东西。[1]

苏联与会者讨论的问题是:中国戏剧的艺术手法该称作什么?这也体现了苏联国内的热门话题。对他们的看法,张氏回以质疑,或者说抛出了一个悖论,并且一针见血:

> 一些发言者认为,虽然中国戏剧好像是建立在象征的基础上,却依然有人用了"程式性"这个词,那么问题来了,中国戏剧怎样打破程式性的束缚呢?[2] 关于西方能从京剧中汲取什么,他只泛泛提醒(或暗示)了两点:在西方戏剧中,舞台表演成分已经独立的那些,已经很难再联结起来。……至于中国戏剧的特点有哪些可以应用于西方戏剧艺术,他认为是舞台表演各要素的统一,但又不能出现刻板模式。[3]

---

1 ВОКС(ред.)(1935),Вечер по подведению,p. 19.
2 ВОКС(ред.)(1935),Вечер по подведению,p. 20.
3 ВОКС(ред.)(1935),Вечер по подведению,p. 21.

4月14日（周日）苏联对外文化交流协会座谈会——发言者与发言内容的种种谜团

他的回答系统而发人深思，但这或许并不是苏联对外文化交流协会想要的。梅氏访问演出期间，印有英文版《梅兰芳与中国戏剧》（*Mei Lanfang and the Chinese Theatre*）。为向观众介绍京剧，苏联对外文化交流协会还印刷了张氏的文章《中国舞台艺术纵横谈》（"Some Aspects of Chinese Theatrical Art"），《莫斯科日报》（*Moscow Daily News*）还刊发了该文的概要。但同样值得关注的是，苏联对外文化交流协会文集俄文版并未收录这篇文章，因为张氏在结尾处充分表达了自己对现代舞台戏剧性的支持：

> 我们敢说，具有传统价值观念的传统（中国）戏剧的题材已经不适用于当代，但是（京剧）演员的艺术才能中却可能蕴蓄着既有启发性又有指导性的某种活力，它不仅对中国戏剧的形成，而且对世界各地的现代化戏剧实验都将起推动作用。今日各处的现代化戏剧不是都在反对三十年前的逼真的现实主义吗？戏剧艺术的现代化实验不是都趋向于简单化、启发性和综合性吗？[1]

离开上海前，梅兰芳在新闻发布会上表达了同样的意思。他还指出，梅耶荷德是俄罗斯戏剧的革新者，他的观点很值得学习。他表示：

> 对此次苏联之行的结果十分乐观……，因为苏联人民已厌倦西方戏剧，开始更多地关注梅耶荷德学派的戏剧，这类戏剧和中国戏剧有相似之处，这给了他信心。该派的演员更喜欢在没有什么布景的舞台上演出，中国戏剧也是如此，需要观众运

---

[1] Chang [Zhang] et al.（1935），p. 5. VOKS（ed.）（1935），Mei Lanfang and the Chinese Theatre, p. 45. Chang [Zhang] /AA, "Director of Mei Lanfang Theater Describes Traditions and Methods of Chinese Drama", Moscow Daily News 23 March 1935. 本段为张彭春《中国舞台艺术纵横谈》末段，黄燕生译，柳无忌校。——译者注

东西文化的对话

> 用想象填补缺乏布景留下的空白。[1]

听着苏联专家在讨论会上发表谈论看法的时候,梅兰芳无疑仍然是这么想的。从艺术上来说,关键点在于梅兰芳希望向梅耶荷德学习,梅耶荷德也同样希望向梅兰芳学习,梅兰芳已经看过梅耶荷德的《茶花女》。讨论会结束后的安排是,晚上在大都市酒店为梅氏举办正式告别晚宴,而在这期间的间歇,梅氏、张氏、余氏一起参观了梅耶荷德剧院[2](当晚没有演出[3])。这次参观再次表明,梅兰芳与梅耶荷德在选择上趣味相投,这一切不言而喻,但在当时的情形下,这种强烈的共同兴趣很大程度上只能停留在良好的意愿层面。

以上是那天傍晚讨论会上各位的发言,当时进行了速记,后来整理出完整的转录本,也是上文内容的依据。原稿没有标明日期,也没有署名,还有几处格式重复和笔误。苏联对外文化交流协会后来进行了审查,有多处手工删除及更改,可能打算将其出版或用来分发。审查后篇幅大减,后又打印出校正本,名为《苏联对外文化交流协会座谈会记录(梅兰芳出席,1935年4月14日)》[4]。校订本署了名,并标上了日期:《ла/2 13/IV》[18/IV],这可能表示苏联对外文化交流协会准备了两份副本,或者有第二个版本,修订时间为4月18日。那么第二个版本少了哪些内容?

聂米罗维奇-丹钦科的个人观点:"希望有一天人类成为一个大家庭,艺术将源于所有民族,成为最佳艺术表现的综合"。删除。

梅耶荷德的讲话内容删减最多。苏联对外文化交流协会转录本初稿

---

1 Keen(21 April 1935)。

2 《Затем беседа в ВОКСе. Посетили театр Мейерхольда и, наконец, в 11 ч. 30 м. банкет в отеле.》,1935年4月14日。3. 哈尔科夫斯基向苏联对外文化交流协会的机密报告,ГАРФ 5283-8-267—17。

3 1935年4月14日,梅耶荷德剧院并未通过《真理报》宣传。

4 ВОКС(ред.)(1935),ДИСКУССИЯ В ВОКС"е с участием Мэй Лань-фана 14/IV 1935 г.,从速记报告整理出打字本,为对开本,ГАРФ 5283-4-211. 9-28。目录(第28页),参加人员名单(第27页),由速记报告整理出的打字本(26—9、1—18页),共20页。有签名和日期《ла/2 13/IV》(第9页),有几处语言更正。记录中有两处页码标记不一致:(1)目录显示有24页,(2)正文连续标页(第1—18页)。

中，只有梅耶荷德那部分可以拿来与其他两份副本比较（由他自己的剧院保存），这是很幸运的，因为他那部分手工删除最多，包括：对普希金的评价，对列宁格勒"有害的"现实主义戏剧《鲍里斯·戈东诺夫》的论述，谈论梅兰芳手的部分，以及关于现代舞台上女性性别表现（不是女性美）的论述。

格涅辛支持梅耶荷德的两点论述。删除。

克里格尔对莫斯科大剧院芭蕾舞剧《红罂粟》的严词批评，以及她支持梅耶荷德的部分。删除。

发言开头，泰伊罗夫缓和梅耶荷德的偏激说法——"砍掉俄罗斯演员的手"这一部分，以及口误——将"梅耶荷德"说成"梅兰芳"。删除。

爱森斯坦尖锐地批评欧洲戏剧自然主义的所有言论；苏联及欧洲戏剧与梅兰芳戏剧相比存在的不足；解释伊丽莎白时期戏剧从戏剧人物类型到个性化角色的转变。删除。

现有转录本列出的发言者中，只有梅兰芳、张彭春和特列季亚科夫的讲话内容未被改动。[1]

很明显，审查后的版本反对形式主义，支持社会主义现实主义。绝大多数明确支持梅耶荷德的发言一律遭到删除，而相反的意见则似乎被保留。支持梅耶荷德的人中，除了"仅存的"爱森斯坦，其他批评苏联戏剧的内容几乎都被删除。克里格尔批评芭蕾舞剧《红罂粟》的话令人难堪，当然在删除之列。简而言之，这场座谈会的生气，以及会上出现的不同意见，都系统地遭到删除，从表面上看，会议进展顺利，冠冕堂皇，政治上也没有任何出格之处。

西方当代艺术问题已争论了许久，很明显，他们表达不同观点时，都守在一贯的范围内。但是，如果希望他们的讲话内容能够出版，供公开讨论，或希望他们的讨论能够促使苏联政府缓和文化政治，这个账不会有人买。尽管删改得如此严重，即便是苏联对外文化交流协会审查过的版本，

---

[1] 苏联对外文化交流协会档案中也藏有特列季亚科夫发言的第一份打字稿，共3页，未作丝毫更改。ГАРФ 5283-4—168-29/30.

东西文化的对话

似乎也只能用作存档。不知是谁的决定，可能是苏联对外文化交流协会的高级官员，或级别更高的人士，讨论会转录本原稿及审查稿与爱森斯坦3月29日的录像遭遇相同：出现在新闻短片中，只是很短、匿名的片段，最终没入档案之中。这两份转录本就算没有丢弃，也会被束之高阁。不管做这些事的人想了什么，都难免陷入两难境地：出版伪作的潜在风险不比公布事实低，后者难以处理，前者则会招致外媒或国外的抗议和质询。

梅氏访苏演出期间的所有亲善行为，不管出于真心还是伪饰，都未对俄罗斯国内的文化政治产生积极影响。相反，后续情况更糟：1935年9月11日，鲍里斯·舒米亚茨基（Борис Шумяцкий）——俄罗斯电影业的重要领军人物，在《真理报》上抨击中国传统戏剧，称其封建、蛊惑人心、"敌视一切新事物"[1]；1936年5月24日，克尔任采夫（Платон Керженцев）在《真理报》上排挤中国戏剧，说它纯粹是外在的、形式的，此人是1月17日新成立的艺术事务委员会（Комитет по делам искусств）主席。

> 哈萨克戏剧和中国戏剧的对比何其鲜明！哈萨克演员将表现人类情感放在首位，将用艺术塑造活生生的人放在首位。而中国演员呢，首先重视杂技表演，重视外在的东西。正是这个原因，哈萨克戏剧距生活这么近，而中国戏剧最终沦为形式。[2]

1938年1月8日，梅耶荷德剧院午后场最后一次上演他的讽刺剧《钦差大臣》（*Ревизор*，1926），之后剧院遭到关闭。克里格尔及其舞蹈团接到命令，当晚到该剧院表演。[3]

从海参崴乘船离开苏联之前，张彭春曾给维加·林德写信，信中说："请寄给我一份讨论会的速记复本及重要文章的英译本，还有最后几天拍

---

1 Шумяцкий，《"Китайские тени" и живое искусство》，Правда，1935年9月11日。

2 Керженцев，《Казахское искусство》，Правда，1936年5月24日。

3 Садовский，《Театральный чародей》，Вендровская（ред.）(1967)，p. 528.

4月14日（周日）苏联对外文化交流协会座谈会——发言者与发言内容的种种谜团

的照片。"苏联对外文化交流协会的档案中没有回信。[1] 无论如何，张氏都可以从此次苏联之行中得到足够多的资料，他在剑桥大学做访问教授时以"中苏戏剧的邂逅"为主题给英国戏剧联盟（English Drama League）开过一次讲座。[2]

梅兰芳也曾做过努力，同样未能得到会议记录。在12月17日发自上海的信中，梅氏请林德尽快寄给他录像副本和一份转录本。"我正计划把我到贵国和欧洲的旅程写成日记。我急需一份《在苏联对外关系协会举行的四月十四日讨论会记录》。若您能尽早把讨论会记录寄给我，我将不胜感激。"[3]

同样，苏联对外文化交流协会档案中没有回信，这封信也没有英文翻译。正如之前所说，这是个私人请求，而1936年1月初斯大林便发起了反形式主义运动，梅氏这封信很可能只是归了档而已。

由于世界政治以及苏联、中国的审查制度，梅氏在莫斯科及后来的表演得到的书面评论遭到严重扭曲，而后人能看到的只有这些。特列季亚科夫曾每日在《真理报》上详尽论述梅兰芳的戏剧，但很快就被遗忘了。1935年，爱森斯坦写过文章向俄罗斯观众介绍梅氏的艺术。梅氏演出期间，该文章的两种删减版发表，完整版本直到1968年才出版。座谈会过去一年多之后，布莱希特写于1936年的一篇文章的英译本出版，但德文原文直到1957年才面世（其中有删减）。爱森斯坦和布莱希特在文章中表达了相反的美学立场，两篇文章后来都赢得了世界声誉，但其实都脱离了梅兰芳表演的语境。

爱森斯坦1935年导演的一部电影中记录了一场梅兰芳的表演，该电

---

[1] 1935年4月26日张彭春从海参崴寄给林德的信，ГАРФ 5283-4—168. 24。苏联对外文化交流协会档案馆的文件中没有回信。

[2] 印刷版笔记，附于英国戏剧联盟的印刷版项目文件《第十届伦敦复活节业余演员和制片人戏剧学校，1936年4月15日星期三至4月25日星期六，家庭与社会科学国王学院》，苏联对外文化交流协会档案。ГАРФ 5283-4-211. 5-6a（6a: the note）。

[3] 1935年12月17日，梅兰芳从上海（马斯南路121号）寄出，寄往莫斯科苏联对外文化交流协会，В. Д. 林德女士收，ГАРФ 5283-4-211. 8。苏联对外文化交流协会档案馆的文件中没有回信。

影遭遇了类似的情况。俄罗斯新闻短片很快播出了电影中的一个片段，但没有名字。该影片直到1997年才重新露面。新闻短片中的镜头经过筛选，于1962年出现在中国的一部纪录片中。该片追忆了梅氏的艺术生活，直到1994年录像版在北京发售后才广为人知。档案中可能藏有更多信息。

梅兰芳到苏联演出期间，苏联对外文化交流协会举办的经验总结会的文字记录也有相同的命运。

陈丕士5月在《密勒氏评论报》中报道了该讨论会，信息可能源自张彭春。但他给出的名单不仅不全，还有错误。

> 离开莫斯科（原文为Mocow）之前，梅博士最后一次活动是与著名戏剧家一起的圆桌会议。这次会议在对外文化关系协会举行。梅博士由张彭春教授、余教授陪同，俄罗斯成员有：谢尔盖·爱森斯坦、普多夫金、斯坦尼斯拉夫斯基、聂米罗维奇-丹钦科（原文为Nemchirovitch-Damchenko）、舞蹈家维克托林娜·克里格尔、泰伊罗夫、梅耶荷德（原文为Mayerhold）等。[1]

没有证据表明斯坦尼斯拉夫斯基、余上沅、电影导演普多夫金参加了此次座谈会，作家特列季亚科夫和作曲家米哈伊尔·格涅辛参加了，但陈氏忘了提及。他只是简要总结了爱森斯坦和梅兰芳的发言，这则远在上海的简短报道是几十年内用欧洲语言写成的唯一资料。

在1959年出版的回忆录《我的电影生活》中，梅兰芳向中国读者透露：访苏结束时举办了一场讨论会，主持人是聂米罗维奇-丹钦科，他还引用了几句爱森斯坦的讲话内容。不久之后，他这段简述出现在苏联（1961年）。讨论会上梅耶荷德评论了梅兰芳的艺术，1968年评论中几个片段印刷出版，而评论全文直到1978年才发表（还是有删减）。1935

---

[1] Percy Chen (18 May 1935).

4月14日（周日）苏联对外文化交流协会座谈会——发言者与发言内容的种种谜团

年4月13日《莫斯科晚报》上刊登了苏联对外文化交流协会讨论会公告。梅氏出访苏联期间，对外文化交流协会安排了维加·达托夫娜·林德负责其行程。从公告及林德的说明来看，负责编辑梅耶荷德讲话内容的俄罗斯编者也知道该讨论会的时间、地点及举办原因。至于参加者是谁，我们只知道主持人为聂米罗维奇-丹钦科，一些知名艺术家也在场。[1]

神秘往往滋生虚构。4月14日讨论上发言的是谁？他们说了什么？因为长期得不到资料，虚构的说法便开始风行。

当时能接触到的资料很少，瑞典斯拉夫学者拉尔斯·克莱堡（Lars Kleberg）曾到莫斯科各类档案中搜寻那次座谈会的完整记录，但没有结果。他没有就此罢休，而是选择用艺术表现的形式绕过苏联严格的档案政策。他根据各种出版的资料，加上个人臆想，创造出话剧《仙子的学生们》（*Trollkarlens lärlingar*，1982），"重建"此次讨论。这也表明原始资料遭到压制和扭曲，无知大行其道，颇具讽刺意味。

这部荒诞、虚构的话剧中，克莱堡聚齐了欧洲戏剧要人。他们到莫斯科观看梅兰芳的表演，参加4月14日在苏联对外文化交流协会举办的座谈会，并就艺术的社会功能发表看法，这些观点大相径庭，但都投射到了梅兰芳身上借题发挥。克莱堡出版时将该记录称为"重建"[2]，带有挑衅意味的同时，又让人捉摸不透。后来他进一步扩展了内容，他解释说，此举是为了本着巴赫金（Михаил Бахтин）的精神，质疑一种普遍的刻板印象（即"东方戏剧启发了许多伟大的导演"）。

> 关于莫斯科那场座谈会，真实的速记资料很少——梅耶荷德的发言除外。因此我决定还原当时的情况，便有了话剧《仙子的学生们》。这是个"臆想对话录"，大致以各位对戏剧的一般看法为基础，是巴赫金意义上的对话性文本：反复出现的

---

1 Мейерхольд（1968）2，pp. 563—564. Вендровская и Февральский（ред.）（1978），p. 120.

2 Kleberg（1982），修订版：Kleberg（1988），俄语版：Клеберг（1994），英语版：Kleberg（1997）。

"中国戏剧"一词都"不符合其真实情况"。发言人都从梅兰芳的艺术中找到了自己的艺术典范：斯坦尼斯拉夫斯基看到了心理真实，梅耶荷德看到了生物力学的另一种形式，爱森斯坦看到了原型象征，布莱希特看到了间离效果等。所有大导演碰巧讨论同一场表演，因此它被用作某种教育戏剧（Lehrstück），涉及戏剧符号学领域颇有争议的概念。[1]

话剧最后一版中发言人的顺序为：聂米罗维奇-丹钦科、特列季亚科夫、斯坦尼斯拉夫斯基、梅耶荷德、泰伊罗夫、爱森斯坦、戈登·克雷、皮斯卡托、布莱希特、阿尔夫·舍贝里（年轻的瑞典戏剧导演）、克尔任采夫、聂米罗维奇-丹钦科。后来证明，讨论会上真正发言的苏联人士有5位：聂米罗维奇-丹钦科、特列季亚科夫、梅耶荷德、泰伊罗夫和爱森斯坦。除梅耶荷德外，话剧中发言顺序都正确。各位的发言内容来源不同，有他们发表作品中的内容，也有克莱堡自己的想象。话剧中其他角色也是如此，他们在真实的速记报告中并未出现。臆想的发言者讨论结束后，请梅兰芳发言，讽刺的是他已经离开，去赶回北京的火车了。

克莱堡对信息的处理和时机的把握无出其右。该剧很快在国际上引起反响，于1986年在克拉科夫上演。1988年，法国戏剧导演安托万·维泰兹（Antoine Vitez）把它带到阿维尼翁戏剧节上演出，他本人扮演斯坦尼斯拉夫斯基。[2] 法语和德语本同时出版，梅氏的儿子梅绍武很快译出了中文版（1988年）。后来其他语种的译本相继出现，包括英语本（1997年）和俄语本（1994年），其中俄语本于1995年在莫斯科中央演员之家（Центральный Дом Актера）上演。

有人误以为这是真实的记录。1989年克莱堡收到了两名德国博士兼布莱希特研究者的来信，其中一位代表德意志民主共和国的布莱希特

---

1 Kleberg（1996），p. 102. 另见 Kleberg（1992），"Introduction: Hermeneutic Experiments"。
2 1988年7月22日第一晚，5场表演。见《演出手册》，Vitez（1991），p. 568。演出由夏乐宫剧院（Théâtre de Chaillot）录下。

4月14日（周日）苏联对外文化交流协会座谈会——发言者与发言内容的种种谜团

档案馆，另一位代表德意志联邦共和国苏尔坎普出版社，均要索取一份剧本原件。[1] 在中国，梅绍武发表译文时并未带标题，后来中国的权威出版物《中国京剧史》（1990年版）也诚心诚意地引用了斯坦尼斯拉夫斯基、梅耶荷德、爱森斯坦、戈登·克雷、皮斯卡托和布莱希特的话，将其作为真实资料。[2] 德国戏剧学家艾丽卡·费舍尔－李希特（Erika Fischer-Lichte）（1995）引用了德文译本中整个发言者名录，误以为他们都目睹过梅兰芳表演。[3] 德国作家扎比内·凯比尔（Sabine Kebir）在写海伦·魏格尔（Helene Weigel）的传记（2000）[4] 时，大量引用了克莱堡笔下所有人物的讲话内容，称赞这是"一场高水平讨论"（"eine hochkaratige Diskussionsrunde"），丝毫未曾起疑。孤立地看，作者一定为此兴奋不已。叶凯蒂（2003）为记录梅兰芳在莫斯科得到的积极反响，在掌握资料不多的情况下，指出克莱堡的作品是"详细了解会议记录后的虚构故事"[5]。

虚构的力量如此强大。其实只需评估资料来源，便能很快知道这部话剧的真实意图，但人们能够满足于暂时相信一部虚构作品。除此之外，克莱堡本人的经历也颇具讽刺意味。1990年俄罗斯开始初步对苏联档案采取措施放宽政策，与此同时，他得到了自认为真实、完整的记录，并

---

1 一名寄信人是德意志民主共和国布莱希特中心的英格·格勒特博士（Inge Gellert），寄信日期为1989年5月2日，寄至斯德哥尔摩，拉尔斯·克莱堡（收）；另一名为沃尔夫冈·耶斯克（Wolfgang Jeske），在苏尔坎普出版社工作，该机构位于美因河畔法兰克福，寄信日期为1989年5月25日。蒙拉尔斯·克莱堡好意相送。

2 胡冬生等编《中国京剧史》（中卷），中国戏剧出版社1990年版，第187—191页。余（1996）在第166—168页引用该作品中虚构的内容，并为布罗凯特（OscarG. Brockett）《世界戏剧史》（*History of the Theatre*）（1987）中的人物补充了信息。傅秋敏（1998）在第27—28页引用了这部权威著作中的内容，将克莱堡的话剧当作可靠的原始材料，并大量引用法语译文的内容。而傅文中出现的关于瑞典电影导演阿尔夫·舍贝里的内容，则出自拉鲁斯出版社出版的《电影词典》（*Dictionnaire du Cinéma*）（1991）。

3 Fischer-Lichte（1995），pp. 235—236.

4 Kebir（2000），pp. 142—145, 263. "Das angebliche 'Protokoll' dieser Diskussion ist jedoch fingiert und irreführend（Kebir，S. 142—145）"，Tatlow（2003），p. 189, 隐含着反对。

5 Yeh（2003），p. 274.

东西文化的对话

于1992年发表在俄罗斯杂志《电影艺术》(*Искусство кино*)上。他满怀(诗意)地评论道：这"对许多人意义重大，对我这位'臆想'速记报告的作者而言，乐趣更是成倍。"[1] 就是说在这之前，他作为隐含作者，一直在座谈会上静听，一如同样静听的梅兰芳。仿文先于原文出现，这合情合理。他的话剧本身就是资料，也包含了一种看法。它嘲弄了封闭的档案政策和艺术主义内讧，成功讽刺了关于现代戏剧应该何所去的陈词滥调——它们由来已久，相互矛盾，还故弄玄虚。从话剧的接受情况来看，它显然满足了广泛的需要，也获得了广泛的回应。笔者甚至觉得，那些信以为真的人一定受到了触动，因为话剧采用了后冷战视角，表达了一种愉快的企望。作品将这些陈词滥调置于历史背景中，以无比滑稽的方式来回溯，彻底而巧妙地展示了反独裁立场。在中国，事情兜了个圈又转回原地。1993年《中华戏曲》杂志刊登了《电影艺术》上"真实"的会议记录中译本，龚和德在译文后另作一说明，澄清前因后果。

克莱堡相信，十月革命中央国家档案馆（ЦГАОР: Центральный государственный архив октябрьской революции）中保存的转录本是记录全文[2]，而它实际上是苏联对外文化交流协会准备的审查版本（见上文），篇幅已经缩减。他将其发表在《电影艺术》(1992)上，并作了简介。编辑删减了一些内容并修改了措辞，较原来略有缩短，最终以《艺术的强大动力》("Живые импульсыи скуства")[3] 为题出版。修订忠实于手头资料，主要修改了从口语到书面语的语法。遗憾的是，他们删去了许多小段落，删除了莫斯科大剧院芭蕾舞演员维克托林娜·克里格尔的讲话内容并

---

1 Клеберг (1992), p. 132.

2 ГАРФ（ЦГАОР）5283-4 的清单上标注的日期为1979年5月17日。根据ГАРФ（ЦГАОР）5283-4-211 中的文件使用记录，1990年9月28日尤里·A. 佐季科夫（Юрий Зотиков）收到了5283-4-211. 9-26 的影印件（也即审查过的记录）。Kleberg (1992), p. 132, 记述尤里·A. 佐季科夫给了自己一份十月革命中央国家档案馆保存的转录本副本，但未说明日期。后来他说时间为1991年: Kleberg (1993), p. 138. Kleberg (1996), p. 102. 佐季科夫是苏联外交部（Советское министерство иностранных дел）官员，负责与斯堪的纳维亚的文化关系。

3 ВОКС（ред.）(1992),《Живые импульсы искусства》, in: Искусство кино 1/1992, pp. 132—139. 德译，VOKS（ed.）(1996): Balagan, Band 2, Heft 2, 1996, pp. 85—100.

4月14日（周日）苏联对外文化交流协会座谈会——发言者与发言内容的种种谜团

删除了发言者及参会者名单。[1] 如前所述，1993年该文章出现了中译本[2]，距克莱堡话剧中译本的出版恰好5年。1996年该文章德译本出版。

克莱堡有会议记录的打字稿复印件，于2000年好意给了笔者一份副本：《苏联对外文化交流协会座谈会记录（梅兰芳出席，1935年4月14日）》。仔细阅读这份文件后，笔者发现，种种迹象都表明这不是原转录本，而是审查过的精简记录[3]。笔者将它译为英文，在2001年[4]、2008年发表时加上了以下说明：

> 该文字本明显从口语转录而来，但它经过审查，只是摘录，而且有缺漏。目录显示共24页（第一份转录本较长？），实际上只有18页（一份节录？）。对比目录中每个人的讲话页码，以及正文里实际的起始页及结束页后，我发现，目录中共有五部分发言内容，从页码看，比记录正文要长。发言人都是苏联学者，分别为：特列季亚科夫、梅耶荷德、泰伊罗夫、爱森斯坦和聂米罗维奇-丹钦科[5]。
>
> 究竟发生了什么？梅耶荷德那部分内容明显被删减、改述。目录显示他的讲话内容在5—8页（因此长度应该有3—4页），但实际上他的讲话内容仅见于4—5页（即一页半）。梅耶荷德档案中保存了两份他的发言记录，几乎完全相同，长度是前者的两倍。两份记录分开录入，没有标题和日期，而是开

---

1 编者的改动并未标明，而克莱堡在德文本附言中指出，其中有"几处不重要的删减"（p.102）。

2 《艺术的强大动力》，李小蒸译，载于《中华戏曲》1993年第14辑，第1—18页。

3 Appendix: Discussion in VOKS with the Participation of Mei Lanfang on April 14th 1935（translation），Risum（2008），pp. 708—721.

4 Risum（2001），pp. 264—265.

5 我比较了目录页码（28页）与各部分的起止页，引文共18页。5位俄罗斯学者讲话内容实际长度与目录中显示的长度明显不同：特列季亚科夫2—5页（→3—4页）vs. 2—4页（2页），梅耶荷德5—8页（→3—4页）vs. 4—5页（一页半），泰伊罗夫11—13页（→2—3页）vs. 8—9页（一页半），爱森斯坦13—18页（→5—6页）vs. 9—13页（多于4页），聂米罗维奇-丹钦科22—24页（→2—3页）vs. 17—18页（一页半）；其他各部分长度与目录相符。

门见山，标上"梅耶荷德"。第一个版本似乎是苏联对外文化交流协会的原版[1]，页码（5—7页）与目录一致。梅耶荷德的内容从第5页开始，格涅辛从第8页开始。第二个版本由梅耶荷德剧院从第一份复制而来，修正过语言[2]。完整的讨论内容由另外一台打字机录入，其中简短摘录了梅耶荷德的讲话，为第三个版本[3]。这个版本中梅耶荷德部分（对开本，4—5页，一页半，A4）与第一个版本相比，长度几乎减半（第5—7页，共3页，A4），措辞也略有修改；而第二个版本与第一、第三个版本都不同，因此不可能是第三个版本的资料来源[4]。第二个版本和第三个版本似乎都根据第一个版本进行了修正，但二者互相独立，目的也不同。第二版内容最为可靠。1968年[5]，第二个版本中一个片段出版——关于梅兰芳的手，1978年出版了完整版（有两处删减和几处语言修改）[6]。

苏联对外文化交流协会的讨论记录删减了梅耶荷德的讲话内容，梅耶荷德剧院保存的版本于43年后出版。与后者相比，前者长度稍微过半，而且没有列出他的主要观点。梅兰芳与普希金的比较部分也全部省略，尽管聂米罗维奇-丹钦科在总结

1　РГАЛИ 998-1-666. 4-6; paged 5—7，未出版。

2　РГАЛИ 998-1-666. 1—3; paged 1—3。有两处语言更正，已出版（1978）。

3　ВОКС（ред.）(1935), Дискуссия, paged 4—5，已出版（1992）。

4　第一版和第三版：《на репетиции》，第二版：《на репетицию》，第一版和第三版：т. к, 第二版：так.

5　Мейерхольд（1968）, On Mei Lanfang（14 April 1935）, 从速记报告整理出的转录本中的一个片段（三句话）。编辑补充说，他进一步论述了梅兰芳表演中高超的韵律结构，Мейерхольд（1968）2, p. 563.

6　Мейерхольд（1978），《[О гастролях Мэй Лань-фана]. Выступление в ВОКСе 14 апреля 1935 года》，从速记本整理出转录本（РГАЛИ 998-1-666. 1—3）之后，有两处缺漏，一处有标记，一处无标记，还有几处语言更正。Вендровская и Февральский（ред.）(1978), pp. 95—97. 法译本：Meyerhold（1973—1992）4, pp. 379—380. 汉译本《春风译丛》1981年第3期，第288—289页。Leach（1989）从Мейерхольд（1978）的文章中错误地总结道，梅耶荷德"认为梅兰芳的手有'神奇的'表现力"（p. 60），并且"无论如何，梅耶荷德第二天就昨晚之事发表了一些颇为隐晦的看法，尤其是关于中国演员的身体和节奏表现的问题"（p. 171）。

4月14日（周日）苏联对外文化交流协会座谈会——发言者与发言内容的种种谜团

中提到了这一点[1]；此外还删除了一些其他段落，修改了某些部分的语言。除此之外，两个转录本措辞相同。至于出版后内容的不同，则因为编辑在删改内容与语言上采用了不同标准：苏联对外文化交流协会转录本的出版版本（1992）主要修订了语言，因此和最初版本相比，它与 *Мейерхольд*（1978）上出版的版本差别更大。

文本中，爱森斯坦谈到梅耶荷德之后有三个点[2]，尚未确定它们是表示缺漏[3]，还是表示转录本中其他的发言也与实际的发言有所差异[4]。

最后笔者终于找到了完整的记录原稿，它在另一个文件号中，与苏联对外文化交流协会的审查版本所在的文件号不同，丢失了的只有秘书最初的速记稿（与预期相同）。4月14日的讨论会上究竟发生了什么，从完整的转录本中可以更清楚地知道。至于苏联对外文化交流协会如何审查、为什么审查，也完全浮出了水面（见前文）。

---

1 《Я думаю, что начиная от упомянутого Мейерхольдом Пушкина》（"我认为始于普希金，梅耶荷德提过"），Nemirovich-Dancenko in: ВОКС（ред.）(1935)，Дискуссия, pp. 17—18. ВОКС（ред.）(1992), p. 139.

2 ВОКС（ред.）(1935)，Дискуссия, p. 12.

3 作为编辑，克莱堡如此暗示。《Пропуск в стенограмме》，ВОКС（ред.）(1992)，p. 137（editors' note），德文译本中该注释删除，VOKS（ed.）(1996)，p. 96.

4 Risum (2008)，pp. 298—302.

参考文献

1. AA（23 March 1935），Director of Mei Lanfang Theater Describes Traditions and Methods of Chinese Drama，Moscow Daily News 23 March 1935.i.e.Zhang Pengchun.

2. AA（2 April 1935），Мэй Лань-фан в Ленинграде，Правда 2 April 1935.

3. AA（3 April 1935），Mei Lanfang Now in Leningrad，Moscow Daily News 3 April 1935.

4. Chang，Peng-Chun［Zhang Pengchun］et al.（1935），Mei Lanfang and Chinese Drama，s.l.n.d.

5. Chen，Percy［Chen Pishi］（18 May 1935），High Spots of the Recent Visit of Mei Lanfang to the Soviet Union，dated Shanghai，May 13，1935，in: The China Weekly Review，vol.72，no.12（May 18 1935），p.394.

6. Fischer-Lichte，Erika（1995），Inszenierung des Fremden: Zur（De-）Konstruktion semiotischer Systeme，in: Fischer-Lichte（ed.）（1995），TheaterAvantgarde: Wahrnehmung - Körper - Sprache，Tübingen und Basel: Francke Verlag，pp.156—241.

7. Fu Qiumin（1998），L'art théâtral de Mei Lanfang，Paris: Editions You-Feng.

8. 龚和德《拉尔斯·克莱贝尔格先生的贡献》，《中华戏曲》1993年第14辑，第19—25页。

9. 胡冬生等编《中国京剧史》（中），中国戏剧出版社1990年版。

10. Kebir，Sabine（2000），Abstieg in den Ruhm: Helene Weigel: Eine Biographie，Berlin: Aufbau-Verlag.

11. Keen，Elizabeth（21 April 1935），Mei Lanfang's Good Will Tour（Shanghai，n.d.），New York Herald Tribune 21 April 1935（Sunday），Section V: Drama-Art-The Screen，p.2.

12. Керженцев，П.（24 May 1936），Казахское искусство，Правда 24 May 1936.

13. Kleberg，Lars（1982），Trollkarlens lärlingar，play，in: Ord & Bild，1/1982，Stockholm，pp.52—70.

14. Kleberg, Lars (1988), Die Zauberlehrlinge: Protokoll einer Diskussion vom 14.April 1935 in Moskau aus Anlass des Gastspiels des chinesischen Schauspielers Mei Lanfang in der Sowjetunion, übersetzt von Jürgen Vater, in: Lettre Internationale 2/1988, Berlin, pp.75—81.

15. Kleberg, Lars (1988), Les apprentis sorciers: Compte rendu de la discussion qui eut lieu à Moscou, le 14 avril 1935, à l'occasion de la tournée en Union soviétique de l'acteur chinois Mei Lanfang: Une reconstruction, traduit par Katarzyna Skansberg, in: Lettre Internationale 17/1988, Paris: Centre national des lettres, pp.62—67.

16. Kleberg, Lars (1988), [Stanislavsky, Meyerhold, Eisenstein, Gordon Craig and Brecht on Beijing Opera and the Performance Art of Mei Lanfang] (= The Sorcerers Apprentices), translated by Mei Shaowu without the play title and presented as a historical source, in: Zhongguo xiqu 7/1988 (December).Reprinted in: Mei Lanfang yishu pinglun ji (1990), pp.709—743.

17. Kleberg, Lars (1988), Stjärnfall: En triptyk, Stockholm: Symposion.

18. Клеберг, Ларс (1994), Звездопад (триптих), перевод со шведского Александры Афиногеновой, Москва: Олимп.

19. Kleberg, Lars (1997), Starfall: A Triptych, translated from the Swedish by Anselm Hollo, Evanston, Ill.: Northwestern University Press.

20. Kleberg, Lars (1992), Introduction: Hermeneutic Experiments, in: Comparative Criticism, Vol.14, 1992, Cambridge, pp.25—31.

21. Kleberg, Lars (1996), The Story of a Stenogramme, in: Balagan: Slavisches Drama, Theater und Kino, (eds.) Walter Koschmal und Herta Schmid, Universität Potsdam: Audiovisuelles Zentrum, Bd.2 (1996), Hft.2, pp.101—103.

22. Leach, Robert (1989), Vsevolod Meyerhold.Cambridge: Cambridge University Press.

23. Луппол, И.К., М.М.Розенталь и С.М.Третьяков (ред.) (1934), Первый всесоюзный съезд советских писателей: Стенографический отчет, Москва: Художественная литература.

24. Zhdanov, A.et al. (1935), Problems of Soviet Literature: Reports and Speeches at the First Soviet Writers Congress, by A.Zhdanov, Maxim Gorky,

N.Bukharin, K.Radek, A.Stetsky, (ed.) H.G.Scott, Moscow-Leningrad: Co-operative Publishing Society of Foreign Workers in the U.S.S.R.

25. Мэй Лань-фан (13 April 1935), Поражает рост культуры! Беседа с доктором Мэй Лань-фаном ("The cultural advance is staggering! Conversation with Dr.Mei Lanfang"), Вечерняя Москва 13 April 1935.

26. Мейерхольд, В.Э. (1968), Статьи, письма, речи, беседы 1—2, (ред.) Александр В.Февральский и Болеслав И.Ростоцкий, Москва: Искусство.

27. Мейерхольд, В.Э. (1968), On Mei Lanfang (14 April 1935), fragment (three sentences) of transcript from shorthand report, Meyerhold's archive, РГАЛИ 998-1-666 (998-1-61), in: Мейерхольд (1968) 2, p.563.

28. Мейерхольд, В.Э. (1978), О гастролях Мэй Лань-фана. Выступление в ВОКСе 14 апреля 1935 года, after transcript from shorthand report, Meyerhold's archive, РГАЛИ 998-1-666.1—3, with a marked an an unmarked lacuna and a few linguistic corrections, in: ВендровскаяиФевральский (ред.) (1978), pp.95—97.

29. Meyerhold, Vsevolod (1973—1992), Sur Mei LanFang (shorthand report 14 April 1935), traduction de Béatrice Picon-Vallin, in: Meyerhold (1973—1992) 4, pp.379—380.

30. Meyerhold, Vsevolod (1981), Views on the Performance Art of Mei Lanfang (14 April 1935), translated to Chinese by Tong Daoming, in: Chunfeng Yicong (Spring Breeze Translations) 3/1981, Shenyang, pp.288—289.

31. Мокульский, С.С.и П.А.Марков (ред.) (1961—1967), Театральная энциклопедия 1-6, Москва: Советская энциклопедия.

32. Picon-Vallin, Béatrice and Vadim Shcherbakov (eds.) (2001), Мейерхольд, режиссуравперспективевека/Meyerhold, la mise en scène dans le siècle, Москва: ОГИ.

33. Risum, Janne (2001), Mei Lanfang: A Model for The Theatre of the Future, in: Picon-Vallin и Щербаков (eds.) (2001), pp.258—283.

34. Risum, Janne (2008), The Mei Lanfang Effect, Doctor's degree (Dr. Phil.) thesis, Aarhus: Aarhus University.ISBN 978-87-87906-71-5.

35. Sheldon, Richard (1977), Viktor Shklovsky: An International Bibliography of Works by and about Him, Ann Arbor: Ardis.

36. Шумяцкий, Б. (11 September 1935), Китайские тени и живое искусство, Правда 11 September 1935.Obituary of the Chinese realistic film director Zheng Zhengqiu（1888—1935）.

37. Tatlow, Antony（2003）, Verfremdungseffekte in der chinesischen Schauspielkunst, commentary, in: Knopf（ed.）（2003）, Brecht Handbuch 4: Schriften.Journale.Briefe, Stuttgart: J.B.Metzler, pp.188—192.

38. Третьяков, Сергей（23 March 1935）, Великое мастерство, Правда 23 March 1935.

39. Вендровская, Любовь Д.（ред.）（1967）, Встречи с Мейерхольдом: Сборник воспоминаний, Москва: ВТО.

40. Вендровская, Любовь Д.и Александр В.Февральский（ред.）（1978）, Творческое наследие В.Э.Мейерхольда, Москва: ВТО.

41. Виноградская, Ирина Николаевна（ред.）（2003）, Жизнь и творчество К.С.Станиславского: Летопись 1—4, изд.2-ое, доп.с уточнениями и исправлениями, Москва: Издание《Московский Художественный театр》.

42. Vitez, Antoine（1991）, Le théâtre des idées, anthologie proposée par Danièle Sallenave et Georges Banu, Paris: Gallimard.Therein: Les Apprentis sorciers de Lars Kleberg（1988）, p.568.

43. ВОКС（ред.）（1935）, Мэй Лань-фан и китайский театр: К гастролям в СССР, Москва-Ленинград: Издание Всесоюзного общества культурной связи с заграницей.

44. VOKS（ed.）（1935）, Mei Lanfang and the Chinese Theatre: On the Occasion of His Appearance in the U.S.S.R, Moscow: The All-Union Society for Cultural Relations with Foreign Countries.

45. ВОКС（ред.）（1992）, Живые импульсы искусства（"*Stimulating Artistic Impulses*"）, transcript from shorthand report of the debate in VOKS on 14 April 1935, ГАРФ（ЦГАОР）5283-4-211.9-26,（ed.）with verbal alterations and some cuts by the editors, and with a preface by Lars Kleberg, in: Искусство кино, № 1, 1992, Москва, pp.132—139.

46. VOKS（ed.）（1993）, Yishu de qiangda dongli（"The Power of Art"）（1935）, translated to Chinese by Li Xiaozheng after Искусство кино 1/1992, in:

Zhonghua xiqu 14/1993, pp.1—18.

47. VOKS (ed.) (1996), Lebendige Impulse für die Kunst, aus dem Russischen übersetzt von Henriette Stössl und Martin Wegele-Dippold, Kommentare von Henriette Stössl, in: Balagan: Slavisches Drama, Theater und Kino, (eds.) Walter Koschmal und Herta Schmid, Universität Potsdam: Audiovisuelles Zentrum, Bd.2 (1996), Hft.2, pp.85—100.Translated from Искусство кино 1/1992.

48. VOKS (ed.) (2008), Discussion in VOKS with the Participation of Mei Lanfang on April 14th 1935 (translation), Appendix 1, in: Risum (2008), pp.708-721.

49. Yeh, Catherine Vance (2003), From Male "Flower" to National Star: Choreographing Mei Lanfang's Rise to Stardom, in: Erika Fischer-Lichte, Christian Horn, Sandra Umathum, Matthias Warstat (eds.) (2003), Performativität und Ereignis, Tübingen und Basel: A.Francke Verlag, pp.259—275.

50. Yu Weijie (1996), Mei Lanfang's Innovation in Beijing Opera: A Historical Documentation of His Artistic Career and His Representative Stage Productions, Inaugural-Dissertation, Bayreuth: Bayreuth Universität, Sprach- und Literaturwissenschaftliche Fakultät.

（原文发表于《戏曲艺术》2018年第4期，收入本书中略有改动）

梅兰芳1935年访苏档案考

陈世雄（厦门大学教授）

［笔者按：本文在翻译梅兰芳1935年访苏档案的基础上，回顾了这份档案发现的曲折过程，分析了档案中的信件（主要是梅兰芳与苏方通信）内容，考证了苏联对外文化交流协会在梅兰芳离开莫斯科前夕举行的讨论会的出席者名单、发言目录和发言纪要等相关档案，对会议参加者身份和发言纪要的性质进行了辨识，研究了若干疑点，并结合当时苏联动荡的政局和文艺界形势，透过苏方官方对会议纪要的处理，探讨了梅耶荷德悲剧命运的必然性；对档案中"不宜外传"的部分也进行了分析。］

一、探寻档案的曲折道路

1935年12月17日，梅兰芳在给"沃克斯"（"苏联对外文化交流协会"的简称）林德女士的信中写道："我正在计划把我到贵国和欧洲的旅程写成日记。我急需一份'在苏联对外关系协会举行的4月14日讨论会记录'。若您能尽早把讨论会记录寄给我，我将不胜感激。"

梅兰芳写这封信时，心情是很急切的，可是，不知道什么原因，一直到梅兰芳去世，这份讨论会记录在中国一直不见踪影。1988年12月，

东西文化的对话

《中华戏曲》第7期发表了梅兰芳先生的儿子梅绍武翻译的《斯坦尼斯拉夫斯基、梅耶荷德、爱森斯坦、戈登·克雷、布莱希特等艺术大师论京剧和梅兰芳表演艺术》。作者是瑞典教授拉尔斯·克莱堡[1],原标题为《仙子的学生们》。黄佐临先生读后对它的可靠性存有怀疑,"但又觉得重要,值得话剧界一阅,建议由上海人民艺术剧院院刊《话剧》转载"[2],后来,此文又于1990年收入中国戏剧出版社的《梅兰芳艺术评论集》。两年后,莫斯科《电影艺术》杂志发表了拉尔斯·克莱堡在莫斯科十月革命档案馆发现的由苏联对外文化交流协会举办的、有梅兰芳参加的讨论会的"速记记录",拉尔斯·克莱堡给这份记录起了个标题,叫作《Живые импульсы искусства》,中国学者李小蒸将记录译成中文,标题译为《艺术的强大动力》,发表于1993年的《中华戏曲》,使中国戏剧界恍然大悟,如梦初醒。

在这篇"速记记录"之前,拉尔斯·克莱堡加了一段按语:

> 早在70年代,我就接触到有关著名中国演员梅兰芳1935年到苏联巡回演出的描写。使我感到惊奇的是,几乎所有当时的大导演都在莫斯科观看了中国戏曲,并且不仅有俄罗斯的——斯坦尼斯拉夫斯基、聂米罗维奇-丹钦科、梅耶荷德、泰伊罗夫、爱森斯坦,而且还有戈登·克雷、贝托尔特·布莱希特和埃尔文·皮斯卡托,他们1935年4月正好都在莫斯科。
>
> 后来,他们全都描述了自己对中国戏曲的印象——,有的在文章中,有的在书信中。我从书面回忆中了解到那次在苏联对外文化关系协会为梅兰芳的巡回演出而举行的晚会以后,长时间地在各种档案材料中寻找当时讨论会的速记记录,可是一

---

[1] 李小蒸先生译为"克莱贝尔格",其实译界往往将北欧人姓氏中的"贝尔格"一音译成"堡",例如"斯特林堡",笔者的译文将"克莱贝尔格"译成"克莱堡",本文除引文外,一律改译为"克莱堡"。

[2] 龚和德《拉尔斯·克莱贝尔格的贡献》,载于《中华戏曲》1993年第14辑,第21页。

无所获。然而，差异如此巨大的艺术家们互相碰撞的想法使我始终感到着迷，因为他们的导演观念都非常鲜明，并且制约着20世纪的戏剧。我决定写一份"假的速记记录"，于是便产生了《仙子的学生们》这部剧本。该剧1986年首演于克拉科夫[1]，过两年，又在阿维尼翁[2]的联欢节上演出，导演是已故的安都昂·维特兹，他在剧中扮演斯坦尼斯拉夫斯基的角色。

在《仙子的学生们》写成之后，我意外地看到了讨论梅兰芳戏剧的速记记录，它保存在国家十月革命档案馆中。在我看来，速记记录在许多方面都具有重大意义。而对于我这个"假"速记记录的作者来说，则具有双倍的吸引力。如果说我在剧本中强迫"学生"们利用梅兰芳的艺术以悲喜剧的方式阐述自己对当时文化——政治形势的态度，那么，"异国"戏剧的在场就使真正的讨论的参加者们摆脱了不得不关注政治背景的习惯，使他们能够不受任何意识形态指令的干扰而发表自己对艺术问题的看法。

我应当感谢尤·阿·卓金诺娃在寻找速记记录过程中给我的友善的帮助。

拉尔斯·克莱堡[3]

拉尔斯·克莱堡先是以剧本形式写了一份假冒的"速记记录"，并先后于1986年、1988年将该剧在波兰和法国搬上舞台，假冒的"速记记录"写成后，他又在十月革命档案馆发现了真正的"速记记录"，将它整理出来，在莫斯科杂志上发表，这真是非常具有戏剧性的事情。若梅兰芳在天之灵有知，不知会作何感想！他早就急切地希望获得这份记录，可是，一直到离开人世，还是没有看到它；而中国戏剧界、学术界竟然有

---

1 克拉科夫：波兰城市，建于公元8至10世纪，11至16世纪曾是波兰首都。
2 阿维尼翁：法国南部城市，人口约50万。
3 Ларс Клеберг. Живые импульсы искусства. Искусствокино. 1992，№ 2，С. 132.

东西文化的对话

四五年之久把一份外国人编撰的假"速记记录"当作真档案,这又是多么令人遗憾的事情!

笔者在拙著《三角对话——斯坦尼、布莱希特与中国戏剧》一书中写过一段话:

> 这个经过,听起来像是一个故事,可是却耐人寻味。一个并未参加1935年中俄戏剧家对话的瑞典教授所写的"臆想的记录",却引起了中国戏剧家和戏剧研究者们的兴趣,并且在他们的研讨和论战中被多次引用。该文的某些片断,特别是布莱希特、爱森斯坦、梅耶荷德等人赞美中国戏剧是一种先进和伟大的艺术,而把追求舞台幻觉的西方戏剧说成原始幼稚的艺术的言论,常常被用来证明"写意戏剧观"的先进性。[1]

说来惭愧,笔者和许多中国人一样,也曾经受过"蒙蔽"。一直到1998年12月,才在俄罗斯剧协中央戏剧科研图书馆收藏的俄文杂志《电影艺术》中看到拉尔斯·克莱堡公布的真档案。当时感到震惊,意识到这是一个重要的发现,于是立即把它复印了下来。

这份材料的复印件,笔者在1999年1月带回国内,由于种种原因,一直拖到2000年夏天才把它全部翻译出来。译成之后,考虑到某些译法尚需推敲(复印件有几处不够清楚),所以没有立即发表。2001年,笔者着手写《三角对话:斯坦尼、布莱希特与中国戏剧》一书时,在收集资料时偶然地发现,1998年8月出版的《中华戏曲》早就发表了李小蒸先生的译文,时间比笔者在莫斯科看到《电影艺术》杂志的时间还要早,不免自叹孤陋寡闻,并且打消了发表自己译文的想法。直到2013年5月,中国戏曲学院主办以"梅兰芳与京剧的传播"为主题的研讨会,笔者才决定把它作为继李小蒸译文之后的又一种版本,奉献给与会者参考。笔者觉得

---

[1] 陈世雄《三角对话:斯坦尼、布莱希特与中国戏剧》,厦门大学出版社2003年版,第19页。

自己的译文在对原文的理解上、语言风格上和李小蒸的译文都有明显的不同。[1]

然而，尽管拉尔斯·克莱堡教授公布的讨论会速记记录1993年在中国就已经有了译文，对它的真实性、可靠性仍然有人持怀疑态度。李伶伶在《梅兰芳全传》中这样写道：

> 大概是因为克莱贝尔格发现座谈会记录过于"突然"及富于戏剧性，也可能是因为有使人发生误解的《仙子的学生们》在前，所以《艺术的强大动力》的真实性特别令人怀疑。据我国驻俄罗斯大使馆文化处介绍，拉尔斯·克莱贝尔格曾于70年代在苏联攻读戏剧博士，后回国在斯德哥尔摩高等学府教授戏剧，以后又担任过瑞典驻俄使馆文化参赞。从他的身份、职业看，他确有发现真正原始会议记录的可能，但"可能"毕竟不是"一定"。
>
> 如此说来，我们便不能将《艺术的强大动力》中各国艺术家对梅兰芳的评价当作真实的史料介绍给大家，而只能等待时间的证实了。[2]

那么，怎样"等待时间的证实"呢？时间老人不可能自动为我们证实这位瑞典教授提供的档案是真是假。我们不能等待，必需自己动手才行。

2014年6月7日到7月3日，笔者应俄罗斯人民友谊大学的盛情邀请，前往该校访问（笔者所在的厦门大学多年前就和该校签有合作交流协议），除了讲学和与俄罗斯戏剧界、学术界进行交流外，先后用了十来天

---

[1] 李小蒸先生将标题译为《艺术的强大动力》，原文为《Живые импульсы искусства》。живой（复数为живые）是жизнь，即"生命"的形容词；импульс是"动机""推动的因素""冲动"的意思，在物理学上是"冲量""脉冲"的意思，因此，它所指的不是一般的动力，而是有规律、有节奏的冲动，我根据该词的原意将题目译为《艺术的生命脉动》。

[2] 李伶伶《梅兰芳全传》，中国青年出版社2009年11月第2版，第372页。

到俄罗斯联邦国家档案馆查看梅兰芳1935年访苏档案。[1] 大量时间用于寻找和落实档案所在的确切位置,填写各种表格,办理各种手续,阅读微缩胶卷,预约取档和复印的日期,赴银行交款等,而阅读微缩胶卷实际上只用了半天(细读是在取得复印件之后)。尽管往返奔波十分辛苦,但是,取得档案复印件的那一瞬间,却觉得辛苦没有白费,汗水没有白流。

那么,档案的获得能不能证实拉尔斯·克莱堡提供的《艺术的强大动力》就是百分之百真实的讨论会记录呢?开始的时候,笔者以为这是不成问题的。档案毕竟是档案,拉尔斯·克莱堡作为一名学者和外交官,他当然会为我们提供货真价实的文献。

然而,出乎笔者的意料之外,《艺术的强大动力》是作了删节、打了折扣的。那么,这究竟是怎么回事呢?

二、档案的性质、形态和内容

档案有一个很长的名称:《关于梅兰芳剧团访问苏联的通信,与张教授等人座谈的报告与记录汇总》(Переписка по поводу пребывания в СССР театра Мэй ЛаньФан. Отчеты и сводная запись бесед с проф. Чкад и другие)。也就是说,档案分为两大部分:其一,是与梅兰芳访问苏联有关的通信;其二,是1935年4月14日由苏联对外文化交流协会举办的、有梅兰芳参加的中苏两国戏剧家的讨论会纪要。在俄文中,отчеты是"报告"的意思,在这里是复数形式,而сводная запись是记录的汇总。因此,拉尔斯·克莱堡说这是一份"速记记录"(стенограмма)并不十分准确。[2] 因为在将记录汇总的时候免不了加工,和原始的速记记录

---

[1] 原苏联中央十月革命、高等国家政权机构与苏联国家管理机构档案馆[Центральный государственный архив Октябрьской революции, высших органов государственной власти и органов государственного управления СССР(ЦГАОР СССР)]和原俄罗斯苏维埃社会主义联邦共和国国家档案馆[Центральный государственный архив РСФСР(ЦГА РСФСР)]于1992年苏联解体后合并为俄罗斯联邦国家档案馆(Государственный архив Российской Федерации)。

[2] 参见俄文杂志《电影艺术》(Искусство кино)1992年第1期,第132页。

是不同性质的。尤其令人费解的是,拉尔斯·克莱堡在《电影艺术》公布档案时作了大胆的删节,删除的部分如果译成汉语,至少在600字以上。其中,当时苏联最优秀的芭蕾舞女演员克里格尔(Викторина Владимировна Кригер,1893—1978)的发言被全部删除,译成汉语有300字左右;其他被删除的有的是一个小自然段,有的是一个句子,有的是词组。

让我们以讨论会记录开头的第一到第四大段为例,看看删节的情况。

1935年4月14日中苏两国戏剧家的讨论会纪要

拉尔斯·克莱堡公布的"速记记录"	俄罗斯国家档案馆提供的档案复印件	备注
符·聂米罗维奇—丹钦科:我想,现在就请我们尊贵的客人讲话。(掌声) 梅兰芳:我感谢在座的各位使我有机会访问莫斯科,并在这里发言。我要感谢你们亲切友好的接待。 我特别高兴的是,今天在座的诸位到这里来交流对我们的戏剧的看法,提出建议,以便我以后加以利用,同时,在莫斯科所看到的东西为根据,创造某种新的东西。(掌声) 张教授(翻译):张教授指出,最宝贵的和最令人愉快的是,他们有机会和苏联戏剧界、戏剧社团杰出的代表人物谈话。他们希望知道,大家对中国戏剧和它的未来有什么看法。	符·聂米罗维奇—丹钦科:我想,现在就请我们尊贵的客人讲话。(掌声) 梅兰芳:我想对在对外文化交流协会出席晚会的各位表示敬意,因为各位使我有机会访问莫斯科,并在这里发言。我要感谢你们在我访问的全过程给予的亲切友好的接待。 我特别要感谢的是,今天我们有机会聚集在这里,让在座的各位能够交流各自的看法,让我今后能够利用各位将要对我提出的意见和建议,并且根据我在莫斯科所见所闻,来创造某些新的东西。(掌声) 张教授(翻译):张教授指出,最宝贵的和最令人愉快的是,他们有机会和苏联戏剧界、戏剧社团杰出的代表人物谈话。他们希望知道,大家对中国戏剧印象如何。 张教授将自己的问题分成几部分:对中国戏剧的印象,对中国戏剧的未来提出的评论与意见。	拉尔斯·克莱堡公布的"速记记录"仅在这一段就删除了相当汉语150字的篇幅。

(续表)

拉尔斯·克莱堡公布的"速记记录"	俄罗斯国家档案馆提供的档案复印件	备注
符·聂米罗维奇-丹钦科：对我们来说，最宝贵的就是看到中国舞台艺术最光辉、最完美的体现，也就是说，最精致和最成熟的东西，看到中国文化对全人类文化的贡献。 中国戏剧以一种在精确性与鲜明性方面非常完美的、绝妙的形式表现出民族的艺术。 对于我国戏剧的代表人物来说，当然，得到了非常多宝贵的收获。 我从未料到，舞台艺术可以达到这种最伟大的技巧，以便把深刻的表现力与极其洗练的手段结合起来。 我还可以说，我希望在座的各位同志都发言，不过我保留再次发言的权利。	**符·聂米罗维奇-丹钦科：**对我们来说，最宝贵的就是看到中国舞台艺术最光辉、最完美的体现，也就是说，最精致和最成熟的东西，看到中国文化对全人类文化的贡献。 中国戏剧以一种在精确性与鲜明性方面非常完美的、绝妙的形式表现出民族的艺术。从这个角度我们首先是指艺术。 其次，特别是，对于这次聚会，对于我们剧团的代表来说，在艺术的层面上得到了非常多宝贵的收获。关于这一点我本来想多谈谈，可是，让各位先谈会更加有意义。 我个人只想说，我从未料到，舞台艺术可以产生这种最伟大的技巧，以便把深刻的表现力与极其洗练的手段结合起来。 我还可以多说一些，但是先画个句号，因为我希望在座的各位同志都发言，不过我保留再次发言的权利。	

拉尔斯·克莱堡公布的不是影印件，而是重新打印的（或者由他本人打印，或者请他人代为打印），因此也有可能是打印过程中忽略或者有意删除的。但是不管怎么说，作为一份历史文献，是不应该做任何删节的。

在看缩微文件时，笔者发现，在40多页的档案中，有不少页码的内容和梅兰芳的访问毫无关系。这一点，笔者向档案阅览厅的管理员提了出来。管理人员看后，同意我的看法，认为没有必要全部复印，只需要复印那些与梅兰芳有关的部分。他亲自用笔把需要复印的页码登记下来，交付复印，态度是相当认真的。但是，在拿到复印件后，我发现仍然有几页是多余的。例如有一页是介绍英国某戏剧学校的（不完整的残页），估计当时苏方的接待部门听说梅兰芳在访问苏联后可能访问英国，便提供了相关的材料，结果被放进档案了。

最后，经过筛选，真正相关的档案是 38 页。

有一点是必须专门说明的，就是页码的编排问题。档案每一页的背面都盖上"俄罗斯国家档案馆"的印章，并且写上页码，大概是为了证明这是正宗的档案原件；可是，在编页码时并不是按照时间先后排列，而是倒过来，把最后一页编为第一页，而第一页编为最后一页，结果，我在整理的时候，只好将错就错地处理了。

档案的名称《关于梅兰芳剧团访问苏联的通信，与张教授等人座谈的报告与记录汇总》虽然很长，但未能包括所有内容。实际上包括的内容有下列几种：

（一）关于梅兰芳访问苏联的 10 封通信，包括俄文信件 3 封、英文信件 7 封。

（二）张彭春教授于 1935 年 4 月 24 日举办以《中国与俄罗斯的戏剧交流》为题的讲座的英文海报。

（三）参加 1935 年 4 月 14 日在苏联对外文化交流协会举行的有梅兰芳参加的讨论会的人员名单。

（四）上述讨论会的发言目录。

（五）上述讨论会的记录。

（六）一份"不宜外传"的《关于与张（彭春）教授交谈的汇报》，作者不详。

在上述文献中，有以下几方面的信息是值得注意的：

首先是 10 封信件包含的信息。必须说明的是，这些信件被收入档案时，是比较匆忙草率的，有几封信没有注明日期。然而，根据这 10 封信，至少我们可以肯定这么几个事实：1. 梅兰芳剧团把三盏舞台演出用的纸灯赠送给了苏方，苏方最后交给了莫斯科的巴赫鲁申戏剧博物馆（参见档案第 1 页）。2. 可能是在第二年 3 月份，苏联对外文化交流协会东方部主任 S. 科尔特采夫把一本最新出版的一期《苏联电影》寄给了张彭春教授和余上沅教授，希望他们能记起自己和梅兰芳先生在莫斯科的时光，记起在苏联交的朋友们（参见档案第 2 页）。3. S. 科尔特采夫同时把另一本《苏联电影》，寄给了上海的梅兰芳先生（参见档案第 3 页）。4. 东方部的另一位主任阿·别良涅茨用梅兰芳留在莫斯科的钱购买了两本艺术书籍，一本是莫斯科现代西方艺术博物馆的图片的复制本，另一本是新版的 12 世纪伟大的俄罗斯古诗《伊戈尔远征记》，并且寄给梅兰芳；同时提出，苏联对外文化交流协会非常想让中国戏剧界了解苏联戏剧艺术的发展，因此希望梅兰芳为他们介绍一些中国主要的艺术家，以便把苏联戏剧的材料寄给这些人（参见档案第 7 页，遗憾的是，这封信未注明日期）。5. 1935 年 12 月 17 日，梅兰芳从上海给苏联对外文化交流协会的林德女士（V. D. Linde）写信，告诉她，前些时候他通过苏联驻华大使鲍格莫洛夫（Bogomoloff）给她寄了中国戏曲的服装，希望她把这些服装寄往戏剧艺术博物馆（参见档案第 8 页）。6. 在同一封信中，梅兰芳写道，他正在计划写一本关于到苏联和欧洲旅程的日记，急需一份"在苏联对外关系协会举行的 4 月 14 日讨论会记录"，希望林德女士"尽早"把讨论会记录寄给他，同时把记录了许多"难忘的场合"的照片寄给他（参见档案第 8 页）。7. 1935 年 4 月 24 日，张彭春教授在伦敦做了一场关于中苏两国戏剧家的会见的讲座，当年 6 月 23 日，苏联对外文化交流协会东方部主任阿·别良涅茨专门为此给张彭春写信表示祝贺，并且希望能收到他的回信（参见档案第 31 页）。8. 1936 年 6 月，贝·阿·瓦西里耶夫请求苏联对外文化交流协会将刊载他的文章《"梨园"艺术》的《星》杂志第 4 期转寄给梅兰芳（参见档案第 32 页）。9. 某委员会成员 S. 格兰斯堡给梅兰芳寄了三本书：《文学遗产》、《普希金戏剧》和《第二个五年计划》（参见档案第 34 页，遗憾的是，信件没有注明年份，只注明日期为 12 月 13 日。估计是 1935 年）。

通过上述信息，可以看出，中苏双方戏剧家都十分珍视梅兰芳的巡演和两国之间的交流。梅兰芳回国后急于收集资料准备动笔写访问苏联和欧洲的日记，而苏联方面，特别是"沃克斯"，数次给梅兰芳、张彭春、余上沅寄书和杂志，希望双方保持联系、发展友谊。

档案中最重要的，当然是与1935年4月14日在"沃克斯"举行的讨论会（以下简称"四一四"讨论会）相关的内容。首先，当然要搞清会议的名称、时间和地点，有哪些人参加了会议，有哪些人发了言。

会议的正式名称，过去我们是不知道的。现在看了档案，可以肯定它被苏联方面称为"全苏对外文化交流协会为了对梅兰芳剧团对苏联的访问进行总结而举办的晚会"，时间应该在晚上，地点在全苏对外文化交流协会办公处，即莫斯科大格鲁金街17号。

然而，最重要也最有悬念的问题，是哪些人参加了"四一四"讨论会，原因是过去在这个问题上造成的误解实在太多了。档案第27页为解开这个谜团提供了钥匙。下面就用专门的一节来对会议参加者及其身份做一番仔细的探索。

三、"四一四"讨论会参加者之谜

1935年3至4月，梅兰芳在莫斯科会见了斯坦尼斯拉夫斯基、聂米罗维奇－丹钦科、泰伊罗夫、梅耶荷德、爱森斯坦等苏联艺术家，当时在莫斯科的英国导演戈登·克雷，德国戏剧家皮斯卡托、布莱希特也观看了梅兰芳的演出。这是东西方戏剧交流史上前所未有的大事，势必对20世纪世界戏剧的发展走向产生深刻影响。而4月14日的讨论会作为对梅兰芳巡演的一个总结，无疑具有重要意义。然而，曾经有好几年，中国戏剧界以为一切都像拉尔斯·克莱堡描写的那样，斯坦尼斯拉夫斯基、戈登·克雷、皮斯卡托、布莱希特等大师全都出席了4月14日的盛会。

然而，档案第27页出席者的名单表明：斯坦尼斯拉夫斯基、戈登·克雷、皮斯卡托、布莱希特都不在其中，除中苏两国戏剧家外，唯一的一个外国人是一名英国记者。

下面是对名单的翻译和注解：

1. 聂米罗维奇 — 丹钦科（Владимир Иванович Немирович-

Данченко，1858—1943），俄苏戏剧导演、教育家、剧作家、作家、戏剧批评家、戏剧活动家，1896年与斯坦尼斯拉夫斯基联手创办莫斯科艺术剧院，时任莫斯科艺术剧院导演。1936年获苏联人民演员称号。

2. 梅耶荷德（Всеволод Эмильевич Мейерхольд，1874—1940），俄苏导演、演员与教育家、戏剧实践的怪诞流派的理论家和实践家、"戏剧十月"纲领的提出者、"有机造型术"表演体系的创始人。1920年创办梅耶荷德剧院，时任梅耶荷德剧院领导人兼导演。1923年获俄罗斯联邦共和国人民演员称号。

3. 泰伊罗夫（Александр Яковлевич Таиров，1885—1950），俄苏演员和导演、卡美尼剧院（1914—1949）的创始人与艺术总监，1935年获俄罗斯联邦共和国人民演员称号。

4. 特列季亚科夫（Сергей Михайлович Третьяков，1892—1937），俄罗斯著名政论家、剧作家、未来主义诗人，左翼派别"列夫"的理论家之一。著有《怒吼吧，中国》等名作。

5. 加涅茨基（Якуб Ганецкий，1879—1937），革命家、社会活动家，1932—1935年担任国家音乐、舞台艺术与杂技艺术联合会领导人。

6. 丹克曼（Данкман Александр Морисович，1888—1951），时任管理国家杂技艺术和露天戏台的领导人。

7. 埃维林诺夫（Эвелинов），身份不详。

8. 奥赫洛普科夫（Николай Павлович Охлопков，1900—1967），俄苏戏剧与电影演员、导演、教育家，1948年获苏联人民演员称号，共六次获得斯大林奖金，1952年加入苏共，时任莫斯科现实主义剧院领导人。

9. 西蒙诺夫（Рубен Николаевич Симонов，1899—1968），著名演员，长期担任瓦赫坦戈夫剧院导演，1930年代导演过《带枪的人》、《前线》等世界名剧。

10. 米霍埃尔斯（Соломон Михайлович Михоэлс，1890—1948），苏联著名演员、导演、教育家、社会与政治活动家，1929年起任莫斯科犹太人剧院艺术指导与总导演，1948年在明斯克被卡车撞死。

11. 苏达科夫（Илья Яковлевич Судаков，1890—1969），著名导演、演员。1916年进入莫斯科艺术剧院第二工作室，1924年该工作室被关闭后，进入莫斯科艺术剧院，在斯坦尼斯拉夫斯基指导下与丹钦科合作，致力于现代新剧目建设，梅兰芳访苏时任莫斯科青年工人剧院领导人，后来又曾担任小剧院和电影演员剧院领导人。1942年、1951年先后获得斯大林奖金。

12. 扎瓦茨基（Юрий Александрович Завадский，1894—1977），著名导演，1932—1935年担任苏军中央剧院院长，同时领导着一个工作室，以上演俄罗斯与西欧现代剧目著称。曾获一次列宁奖金、两次斯大林奖金。

13. 格克尔（Геккер），塔斯社记者。

14. Мариэта Шагиня，身份不详，估计是亚美尼亚女作家玛丽埃塔·沙吉尼扬（1888—1982），曾获三等斯大林奖金和列宁奖金，1934年在第一次全苏作家代表大会上被选为苏联作家协会理事。

15. 爱森斯坦（Сергей Михайлович Эйзенштейн，1898—1948），著名戏剧和电影导演，脚本作家、理论家、教育家，时任国立电影学院导演教研室主任。爱森斯坦写过两篇关于梅兰芳访问苏联的文章：一是发表在1935年3月11日《共青团真理报》的《梅兰芳的戏剧》，二是收入苏联对外文化交流协会出版的文集《梅兰芳与中国戏剧》当中的《梨园仙子》，见该书第17—26页。

16. 伊万诺夫（А.И.Иванов），身份不详。

17. 阿尔特曼（И.Альтман，1889—1970），著名舞台美术家，十月革命后以画列宁像著称，1920年代从事舞台美术设计大获成功，又擅长写生、插图等，是绘画领域的多面手。1928年赴法国，1935年返回俄罗斯，从事舞台布景绘制和书籍插图、服装设计等工作。

18. 尤卓夫斯基（Юзовский，1902—1964），苏联戏剧与文学批评家，1930年28岁时从南方来到莫斯科，其评论才能获得卢那察尔斯基的赞赏，曾撰写许多关于梅耶荷德、斯坦尼斯拉夫斯基和其他大导演的文章。1940年出版《剧作家高尔基》一书。

19. 别斯金什（Э.Бескинж，1877—1940），戏剧史家、出版家，十月革命前就担任《戏剧报》的编辑，十月革命后参与全俄艺术工作者职业联盟的组建，并担任中央委员，兼机关刊物的编辑。1928年出版《俄罗斯戏剧史》第一卷，后来续写为三卷本。

20. 波罗沃依（Боровой / НКИД /，1910—1935），苏联外事人民委员会官员，从事新闻出版工作，在法学、历史学、社会学、哲学方面有造诣。[1]

21. 米尔斯基（Мирский），身份不详。

22. 什克洛夫斯基（Виктор Борисович Шкловский，1893—1984），俄苏作家、文学批评家和理论家，自1914年起即是俄国文学批评流派形式主义的主要代言人，他提出的"陌生化"（остранение，英译 ostranenie）理论，是对俄国形式主义理论的主要贡献。早期作品包括广受称赞的论文集《感伤的旅行：回忆录》（1923）和《作家的精妙技巧》（1928）。20世纪30年代受到批判以后，他发表了《一个科学错误的纪念碑》，逐渐放弃了俄国形式主义立场，转向社会主义现实主义的研究，写有关于高尔基、马雅可夫斯基、肖洛霍夫等作家的

---

[1] 参见俄罗斯国家档案馆网页 http://guides.rusarchives.ru/browse/guidebook.html?bid=145&sid=48194#refid48053。

评论文章，对列夫·托尔斯泰也有较系统的研究。1979年获苏联国家奖金。

23. 马尔科夫（Марков Павел Александрович，1897—1980），苏联戏剧批评家、导演、戏剧历史与理论家、教育家。1923—1924年在莫斯科艺术剧院第三工作室任导演，1925—1949年担任莫斯科艺术剧院文学部主任，对剧院上演苏联时期的新剧目做了巨大贡献，1955—1962年担任莫斯科艺术剧院导演，1939年起兼任莫斯科戏剧学院教师，1943年起任教授。

24. 尤翁（Константин Фёдорович Юон，1875—1958），苏联画家，擅长写生，同时又是舞台美术家、艺术理论家。1943年获斯大林一等奖金，1947年起任苏联艺术科学院院士。

25. 列维多夫（Левидов Михаил Юльевич，1891—1942），记者。十月革命前从事高尔基编年史编撰，1917年在《新生活》杂志工作，1918年初领导人民委员会外交部出版部，后来担任苏联驻爱沙尼亚、英国、荷兰等国的电讯记者，领导塔斯社外事部，经常在《真理报》等苏联权威报刊发表文章。1942年死于狱中。

26. 克里格尔（Викторина Владимировна Кригер，1893—1978），芭蕾舞女演员、戏剧活动家，1927年获俄罗斯联邦共和国功勋演员称号，1951年获俄罗斯联邦共和国功勋艺术家称号，1946年获一等斯大林奖金。

27. 叶尔米洛夫（Владимир Владимирович Ермилов，1904—1965），苏联文艺理论家、批评家。1924年毕业于莫斯科大学社会科学系，1927年入党，1928—1932年担任"拉普"书记，1946—1950年担任《青年近卫军》和《红色处女地》杂志编辑。写过研究安东·契诃夫、陀思妥耶夫斯基、列夫·托尔斯泰的专著和大量论文。1950年获得二等斯大林奖金。是党的文艺路线的执行者，与马雅可夫斯基等人长期不和，但在临终时感到后悔。

28. 波洛特尼科夫，身份不详。

29. 罗森塔尔，身份不详。

30. 阿菲诺干诺夫（Александр Николаевич Афиногенов，1904—1941），苏联剧作家。1924年开始创作剧本，1927—1929年担任无产阶级文化派莫斯科工人剧院文学部主任，1930年代成为"拉普"领导人，1934年选为苏联作家协会主席团成员，担任《剧院与剧作》杂志主编。1936年，他的作品被禁演，1937年被开除出党和作家协会，1938年恢复党籍。1942年在战争中被炸死。作品有《马林果酱》《怪人》《恐惧》《谎言》《小市民》《远方》等。

31. 帕特利克·斯果恩，英国人，无线广播电台记者。

档案第27页的名单证明：在拉尔斯·克莱堡的剧本《仙子的学生们》中做了长篇发言的斯坦尼斯拉夫斯基、布莱希特、皮斯卡托、凯尔仁采夫和发言较短的克雷、约斯堡，全都没有出席座谈会。斯坦尼斯拉夫斯基在病中，已经极少出门，梅兰芳是专程到他家中拜访的；假如他出席了，肯定要列在名单的首位。而布莱希特、皮斯卡托、凯尔仁采夫、克雷、约斯堡等人如果出席，也应该会在名单中。

关于戈登·克雷当时在莫斯科的活动，以及他与梅兰芳的接触，有两个细节是应该补充的。其一，是戈登·克雷在写给韦图洛特[1]的信中说："在我到达莫斯科之后，著名中国演员梅兰芳就前来进行巡演了。我没有去观看他的任何一场演出：不管怎么说，俄罗斯人邀请我来，是专门为了让我了解俄罗斯戏剧创作的，并不是为了让我了解东方艺术。然而，莫斯科全城都为梅兰芳而欢呼。我将来只要有机会，一定会去中国看他的演出。"[2]

---

[1] 韦图洛特（1883—1951），英国戏剧活动家和批评家，著有一系列关于话剧和芭蕾舞艺术的书。

[2] Крэг Э. Г. Воспоминания, статьи, письма / Сост. и ред. А. Г. Образцова и Ю. Г. Фридштейн, вступит. ст. А. Г. Образцовой, коммент. Ю. Г. Фридштейна, перев. с англ. В. В. Воронина, Г. Г. Алперс, В. Я. Виленкина, Ю. Г. Фридштейна, А. Д. Ципенюк. М.: Искусство, 1988. с.341.

戈登·克雷还说，他在莫斯科有机会看到按瓦赫坦戈夫导演版本复排的《图兰朵公主》，"剧院演出此剧是专门为了梅兰芳和我；我就和他，还有余教授一起坐在一个包厢里，您大概是认识他（指余上沅教授——引者注）的"[1]。这就证明，戈登·克雷虽然没看过梅兰芳的戏，但是曾经和他以及余上沅教授一起看过戏，他们是接触过的。

至于档案中这份名单会不会有疏漏，这种可能是存在的。我们发现，名单中人员的书写并不全都符合规范，有的出席者只写姓而不写父称和名字，而在严谨的俄罗斯历史文献中，是应该将姓、父称和名字都写清楚的。这种不严谨说明造成疏漏的可能是存在的。

时间过去了80年。解决问题的办法，一是需要进一步寻找其他可能存在的档案，二是要找到苏联对外文化交流协会的相关记录。这个协会的全称是Всесоюзное общество культурной связи с заграницей，建立于1925年，其任务有二，一是向苏联国内介绍外国文化状况，二是向国外宣传苏联各民族的文化成就，以加强苏联与各国的友谊和相互理解。协会确实做了大量工作，包括邀请和接待以梅兰芳为首的中国戏曲代表团。协会大力促进在其他国家与苏联之间建立文化交流协会，到1957年为止，一共有47个国家成立了这样的协会。1958年，协会改建为苏联友协联合会（Союз советских обществ дружбы），简称ССОД。由于发生了这样的变动，现在可能很难找到"沃克斯"遗留的人员和档案。但是，没有调查就没有发言权，谁也不敢断言答案会不会奇迹般地出现。

四、从梅耶荷德发言被删节看档案的性质

莫斯科大学库普佐娃·欧尔加教授在她提交给2014年梅兰芳表演艺术体系国际研讨会的论文中写道："结束整个巡回演出行程的最后一个事

---

[1] Крэг Э. Г. Воспоминания, статьи, письма / Сост. и ред. А. Г. Образцова и Ю. Г. Фридштейн, вступит. ст. А. Г. Образцовой, коммент. Ю. Г. Фридштейна, перев. с англ. В. В. Воронина, Г. Г. Алперс, В. Я. Виленкина, Ю. Г. Фридштейна, А. Д. Ципенюк. М.: Искусство, 1988. с.341.

件是4月14日在苏联对外文化交流协会举行的关于中国剧团演出的讨论会……对演出发表观感的有特列季亚科夫、格涅辛、梅耶荷德、泰伊罗夫、爱森斯坦（1978年发表了梅耶荷德的讲话，其记录保存在俄罗斯文学与艺术档案馆）。另一个档案馆——中央国家十月革命档案馆保存的讨论会速记记录于1992年发表。将两种文献加以比较，可以假设，速记记录可能只是讨论会所有参加者发言的一种缩写本，更为可信的是，它是苏联对外文化交流协会整理的一份关于中国剧院巡回演出的官方工作报告。"[1]

库普佐娃·欧尔加的判断是正确的。下面这个表格将俄罗斯国家档案馆提供的档案（不是瑞典教授拉尔斯·克莱堡在莫斯科《电影艺术》发表的所谓"速记记录"）中梅耶荷德的发言和1974年出版的《梅耶荷德的创作遗产》一书发表的梅耶荷德发言加以比较，就可以看得清清楚楚。

1935年梅耶荷德的发言和1974年梅耶荷德的发言比较

俄罗斯国家档案馆保存的 档案中的梅耶荷德发言	《梅耶荷德的创作遗产》一书中收入的 梅耶荷德发言[2]
符·梅耶荷德：梅兰芳剧团在我国的访问，其结果具有重大的意义，并且超过了我们的预想。我们现在只是惊讶、感叹。我们这些正在创造新型戏剧的人，同时我们也很不安，因为我们相信，当梅兰芳离开我们的国家以后，我们大家都将感受到他特别强烈的影响。 恰好，我现在就要重排格里鲍耶陀夫的《智慧的痛苦》。我在看了两三场梅兰芳博士的演出之后来到排练场，我感到，过去所做的一切都应该加以改变。	**符·梅耶荷德**：梅兰芳剧团在我国的访问，其结果具有重大的意义，并且超过了我们的预想。我们现在只是惊讶、感叹。我们这些正在创造新型戏剧的人，同时我们也很不安，因为我们相信，当梅兰芳离开我们的国家以后，我们大家都将感受到他特别强烈的影响。 恰好，我现在就要重排格里鲍耶陀夫的《智慧的痛苦》。我在看了两三场梅兰芳博士的演出之后来到排练场，我感到，过去所做的一切都应该加以改变。

---

1 库普佐娃·欧尔加《梅兰芳在苏联：1935年巡回演出的回声（Мэй Лань-фан в СССР: эхогастролей 1935 года)》，参见《梅兰芳表演艺术体系国际研讨会论文汇编》，油印本，2014年10月，北京，第128页。

2 Творческое наследие В. Э. Мейерхольда, Москва, 1974., С. 95-97.

(续表)

俄罗斯国家档案馆保存的档案中的梅耶荷德发言	《梅耶荷德的创作遗产》一书中收入的梅耶荷德发言
另一方面在我们当中,在苏联导演当中,有许多修养不高的人。对此应该坦率地承认。有许多人产生了一种愿望,甚至是想模仿这种戏剧,也就是从它那里搬来这些东西,诸如跨过看不见的门槛,在一块毯上表现"室外"和"室内"的技艺,然而这都是次要的。我认为,那些觉得自己有发言权的导演们,或者是已经成为成熟大师的人们,他们自然能够吸收最宝贵的、失去了它们戏剧生命就会枯竭的精华。 至于什么是梅兰芳戏剧令人喜悦的东西(你是不可能说出全部的),我想强调最重要的、我们必须指明的东西。 过去我们侈谈舞台上脸部表情的文化,眼睛、嘴的动作的文化。近来又大谈动作的文化,话语与动作协调的文化。然而我们忘记了一样重要的东西,梅兰芳博士提醒我们的东西——这就是手。	另一方面在我们当中、在苏联导演当中,有许多修养不高的人。对此应该坦率地承认。有许多人产生了一种愿望,甚至是想模仿这种戏剧,也就是从它那里搬来这些东西,诸如跨过看不见的门槛,在一块毯上表现"室外"和"室内"的技艺,然而这都是次要的。我认为,那些觉得自己有发言权的导演们,或者是已经成为成熟大师的人们,他们自然能够吸收最宝贵的、失去了它们戏剧生命就会枯竭的精华。 我总是回想起普希金当年谈到改造戏剧体系时说的那些充满激情和识见的话。想我不能一字不漏地引用它:"真是怪人!他们到剧场里去寻找逼真的东西。真是活见鬼!殊不知戏剧本来就是不逼真的。"[1] 我们在梅兰芳的剧院里看到,普希金提出的那个吸引我们的公式得到了最理想的体现。当我们回顾从普希金到今天为止的历史时,我们一下子就能看清在俄国剧坛上两种流派的斗争:一个流派把我们引入自然主义的死胡同,而另一个流派只是到后来才得以广泛发展。难怪普希金那些杰作至今未能上演,而倘若它们已经上演的话,也不会遵循中国戏曲向我们展现的那个体系。请想像一下,如果用梅兰芳的手法来上演普希金的《鲍里斯·戈东诺夫》将会怎样。你们将会看到一幅幅历史画面,而一点也不必担心会陷进自然主义的泥潭而搞得一团糟。 至于什么是梅兰芳戏剧令人喜悦的东西(你是不可能说出全部的),我想强调最重要的、我们必须指明的东西。 过去我们侈谈舞台上脸部表情的文化,眼睛、嘴的动作的文化。近来又大谈动作的文化,话语与动作协调的文化。然而我们忘记了一样重要的东西,梅兰芳博士提醒我们的东西——这就是手。

---

[1] 1825年,普希金在给小拉耶夫斯基的信中写道:"活见鬼!在一个分成两半的剧场里,其中一半坐着两千人,而这两千人似乎是舞台上看不见的。在这样一个剧场里,有何逼真可言呢?"参见张铁夫、黄弗同译《普希金论文学》,漓江出版社1983年版,第68页。

(续表)

俄罗斯国家档案馆保存的档案中的梅耶荷德发言	《梅耶荷德的创作遗产》一书中收入的梅耶荷德发言
在我国舞台上有许多女演员,可是我从来没看见过哪位女演员能够如此美妙地表达梅兰芳博士所表达出来的女性特征。在这里我不想举例,因为这些例子会使好多导演感到不快。然而,指出这一点却是必要的。 此外,我们还侈谈所谓节奏的构成。然而,谁要是看过梅兰芳博士的表演,他就会认识到,这位天才的舞台大师所体现的节奏具有巨大的力量。 我们都了解苏联戏剧的长处。然而,要是我们在中国戏剧展示了它的卓越大师的工作后能找到许多缺点,那就好了。在适当的时候,我要进一步展开对这个问题的研究,因为我不只是导演,而且还是个教师,我必须对在我们的学校里学习的青年们负责。 但是,现在我们已经看得很清楚了,这些巡回演出在苏联戏剧生活中将产生重大影响,我们有必要一次又一次地回忆起梅兰芳博士的工作所取得的成就。	在我国舞台上有许多女演员,可是我从来没看见过哪位女演员能够如此美妙地表达梅兰芳博士所表达出来的女性特征。[1] 同志们,可以坦率地说,看过他[2]的演出后,再到我们的剧院去走一趟,你们就会说:难道不能把所有的人的手都砍掉吗,因为它们完全是无用的。既然我们看到的这些手只是徒然地从袖口露出来而已,既不能表现什么,也不能表达什么,或者表达某种不应该说出来的意思,那么,我们还不如把这些手砍掉算了。 此外,我们还侈谈所谓节奏的构成。然而,谁要是看过梅兰芳博士的表演,他就会认识到,这位天才的舞台大师所体现的节奏在我们的舞台上是感觉不到的。我们的全部演出,从音乐剧到话剧,没有一个演员意识到有必要注意舞台上的时间。我们没有时间感。说实在的,我们不懂得什么叫做节约时间。他[3]是用六十分之一秒来计时的,而我们是用分钟来计时的,我们甚至不用秒来计时。我们应该把钟表上的秒针拔掉,因为它完全无用。我们需要这样的指针,它一下子就能跳过十五秒,——正常的秒针间的隔离对我们来说是太小了。 我们都了解苏联戏剧的长处。然而,要是我们在中国戏剧展示了它的卓越大师的工作后能找到许多缺点,那就好了。在适当的时候,我要进一步展开对这个问题的研究,因为我不只是导演,而且还是个教师,我必须对在我们的学校里学习的青年们负责。 但是,现在我们已经看得很清楚了,这些巡回演出在苏联戏剧生活中将产生重大影响,我们有必要一次又一次地回忆起普希金的教诲,因为这些教诲是和梅兰芳博士的艺术实践紧密相连的。

1　此外删去一句。——译者注

2　指梅兰芳。——译者注

3　指梅兰芳。——译者注

通过以上对照，在俄罗斯国家档案馆保存的档案中，梅耶荷德在"四一四"讨论会上的发言被删除的部分，译成汉语竟然有将近700字之多！发言的全文只不过1470字左右，这就是说，有将近一半的篇幅被删除了。而这被删除的部分，正是梅耶荷德发言中最有锋芒、最有论辩性的部分。

这又是为什么呢？按照莫斯科大学库普佐娃·欧尔加教授的说法："更为可信的是，它是苏联对外文化交流协会整理的一份关于中国剧院巡回演出的官方工作报告"。也就是说，它根本不是一份拉尔斯·克莱堡所说的"速记记录"。那么，这份官方工作报告是不是有意地回避最敏感、最尖锐的问题呢？下面就来探讨这个问题。

五、从"四一四讨论会"看梅耶荷德悲剧的必然性

梅兰芳是1935年3至4月份访问苏联的，[1]这个时间点距离1934年9月1日闭幕的第一届苏联作家代表大会只有七个多月，距离1934年2月闭幕的苏共第十七届代表大会也只有十三个月。

1934年苏联两个代表大会召开的情形，至少在表面上使人们有理由感到宽慰和乐观，期待苏联政局能走向稳定，文学艺术能从此走向繁荣。但是就在1934年12月1日，在党内享有崇高威望的领导人基洛夫突然遇刺身亡。斯大林以追查凶手为名开始了肃反运动（大清洗），直至1939年初才结束，历时四年之久。1935年初，布尔什维克党资深的革命家加米涅夫和季诺维也夫被捕，后来于1936年被处决。布哈林于1937年受到非法审讯并于1938年被处决。至1939年，在最后一次有列宁出席的党的十一大选举的中央委员会26名委员当中，被处决、暗杀（或被迫自杀）以及流放的人竟然超过半数。在这场大规模镇压中，全苏联有数百万人被

---

1 梅兰芳于1935年3月12日到达莫斯科，4月15日离开莫斯科。

捕，数十万人被处决，数以百计的作家、艺术家被捕或者被"从肉体上消灭"。早在1918年就加入布尔什维克党，将毕生心血献给戏剧事业的天才导演梅耶荷德被扣上"形式主义"的帽子而遭到批判。1938年，梅耶荷德剧院被关闭，梅耶荷德本人于一年之后在狱中被折磨致死。受迫害的还有一批演员、导演和剧作家。苏联文艺界乃至千百万苏联人民度过了难熬的年月。

在梅兰芳1935年访问苏联的这个时间点，大规模的肃反运动在苏联刚刚拉开帷幕，梅耶荷德做梦也想不到死神正在不太远的前方等待着他。当时他感受到的压力主要来自对"形式主义"的批判。刚刚结束的第一届苏联作家代表大会确立了"社会主义现实主义"作为苏联作家唯一正确的创作方法，"形式主义"作为社会主义现实主义的对立面，意味着反对斯大林亲自主持制定的、写入苏联作家协会章程的创作方法，这顶帽子当然是可怕的。

1935年9月，梅耶荷德导演的格里鲍耶陀夫的话剧《智慧的痛苦》第二个版本在列宁格勒上演（第一个版本于1928年在莫斯科上演），这次演出被认定是违背现实主义原则的。批评者的理由之一居然是舞台上使用了"过于透明"的屏幕，它"取代了现实主义的墙壁"。[1] 当时，"正好有许多评论家认为梅耶荷德的艺术基本上不符合苏联戏剧的现实主义原则。在有关梅耶荷德剧院的文章中，越来越多地出现'形式主义'这个可怕的字眼"。[2]

其实，梅耶荷德的反对者早就开始给他扣这个帽子了。三年后，1938年1月6日，主管全苏文化艺术事务的"艺术委员会"作出关闭梅耶荷德剧院的决定，提出的理由就是"梅耶荷德剧院从它成立的第一天起，便一直不能从和苏维埃艺术格格不入的、彻头彻尾的资产阶级形式主义中解脱出来"。[3] 在这个决定宣布前十几天，1937年12月17日，《真理报》就已

---

1 [苏]K.鲁德尼茨基《梅耶荷德传》，童道明译，中国戏剧出版社1987年版，第655页。
2 [苏]K.鲁德尼茨基《梅耶荷德传》，童道明译，中国戏剧出版社1987年版，第656页。
3 [苏]K.鲁德尼茨基《梅耶荷德传》，童道明译，中国戏剧出版社1987年版，第668页。

经把梅耶荷德剧院称为"异己的剧院"了,仿佛是关闭剧院的一种预告。

梅耶荷德剧院正式命名是在1923年,如果从1920年成立的、由梅耶荷德领导的"俄罗斯苏维埃联邦社会主义共和国第一剧院"算起,那么梅耶荷德剧院到1935年也有15年了。如果说从剧院成立的第一天起就在搞形式主义,那就意味着梅耶荷德十多年来都在搞形式主义。

当时,社会上盛传一种"神话":梅耶荷德是形式主义者,而斯坦尼斯拉夫斯基是现实主义者,两人互相对立。1935年2月,梅耶荷德针对这种"神话"说过一番话:"断定梅耶荷德和斯坦尼斯拉夫斯基是对立面的说法是不对的。这样生硬的一成不变的提法是不正确的。无论是斯坦尼斯拉夫斯基还是梅耶荷德都不是已经定型了的。他们两人都处于不停的变化发展之中。"[1]

时间刚刚过去一个月,蒙受巨大压力的梅耶荷德等到了一个为自己辩解的机会,这就是为梅兰芳的巡演做总结的"四一四"讨论会,梅耶荷德为自己辩解的理由来自两个方面,一是普希金提出的关于戏剧假定性的观点,二是梅兰芳表演艺术的假定性特征。也就是说,梅耶荷德一手从俄罗斯美学传统中寻找武器,另一手从梅兰芳的表演中寻找例证,把它说成普希金提出的公式的理想体现。[2]梅耶荷德直言不讳地指出在俄罗斯表演艺术中存在着两个互相对立的流派:"一个流派把我们引入自然主义的死胡同,而另一个流派只是到后来才得以广泛发展。难怪普希金那些杰作至今未能上演,而倘若它们已经上演的话,也不会遵循中国戏曲向我们展现的那个体系。请想像一下,如果用梅兰芳的手法来上演普希金的《鲍里斯·戈东诺夫》将会怎样。你们将会看到一幅幅历史画面,而一点也不必担心会陷进自然主义的泥淖而搞得一团糟。"[3]这实际上是拒不接受那些给他扣"形式主义"帽子的批评,而且强有力地进行了反击,指出和他主张的假定性

---

[1] [苏] K.鲁德尼茨基《梅耶荷德传》,童道明译,中国戏剧出版社1987年版,第668页。

[2] 所谓"普希金公式"指的是以下一段话:"在假定情境中激情的真实和感受的逼真——这便是我们的智慧对剧作家的要求。"这段话摘自普希金1830年写的《论人民戏剧和剧本〈玛尔法女市长〉》。参见张铁夫、黄弗同译《普希金论文学》,漓江出版社1983年版,第91页。

[3] Творческое наследие В. Э. Мейерхольда, Москва, 1974. С. 96.

东西文化的对话

戏剧对立的流派只能把戏剧"引入自然主义的死胡同",使它"陷进自然主义的泥淖"。其言辞的激烈充分体现了他倔强的个性和辛辣的风格,令人回想起他在十月革命刚刚胜利几天就到斯莫尔尼宫投身革命的情景,回想起他当上主管全国戏剧事业的官员后身穿皮夹克、头戴红军帽的神气模样。

从"四一四"讨论会的记录中可以看出,梅耶荷德的观点并没有得到广泛的认同。例如,在梅兰芳访苏期间写了十来篇评论的著名作家兼评论家特列季亚科夫强调:"中国戏剧是彻头彻尾假定性的""是一种非常令人不愉快的神话",他指出中国戏曲"晶莹透明、易于理解和非常现实",具有"现实主义底蕴"。格涅辛也不赞成把中国戏曲的表演体系说成是"假定性"的,认为如果把它"说成是象征主义体系,那是最正确的"。就连梅耶荷德的学生爱森斯坦也没有附和关于中国戏曲是"假定性"的观点,他反复强调梅兰芳塑造的人物形象是"有血有肉的个性"。他说:"由此产生一个突出的问题,它关系到我们从梅兰芳博士那里学习到什么,关系到对现实主义的总的看法。我们全都知道关于现实主义的书面定义,我们都知道通过单一的事物能够看清众多的事物,通过个别能反映一般,在这一相辅相成的基础上建构起现实主义。"他认为象征性、象形文字般的固定动作与人物的个性在梅兰芳的表演中是矛盾而统一的,并且自称属于"正在为社会主义现实主义而战斗的人们"。[1]

由此可见,发言者一是不附和梅耶荷德,避免用"假定性"来给中国戏曲定性;二是强调中国戏曲是"现实主义"的,是刻画有血有肉的个性的;三是强调自己拥护"社会主义现实主义"。这就使梅耶荷德在讨论会上的自我辩护未能得到任何呼应,他的悲剧性命运似乎注定不可避免,他发言中那些尖锐的话语被从的官方工作报告中删除同样不可避免。

---

[1] 参见陈世雄、邓小玲《梅兰芳1935年访苏档案译文》。

六、"不宜外传"的三页档案

档案第 29 页、第 30 页、第 30 页的附页是非常特殊的三页,其内容是汇报张彭春教授在莫斯科和列宁格勒的某些言论。言者无心,听者有意,专门有人做了记录,倘若张彭春先生地下有灵,知道了会感到意外的。这三页所记录的,全部是对苏联现实的批评意见。共有以下几条:第一,认为苏联是"没文化的国家,缺少优秀的行政人员";第二,批评"观众的衣着并不很好";第三,批评"招待会官方色彩太重";第四,抱怨"酒店对外国人的服务收费太高";第五,批评"在每一门科学中都'贯彻'辩证唯物主义,而且所有的学者都是这样"。不过,记录者又做了补充,承认张彭春后来在巡演过程中改变了自己的看法。那么记录者是谁?档案中没有注明。

在 1935 年的苏联,国内政治形势紧张,当局对来自国外的客人,也往往神经过敏,有几分提防。从苏联官方对中国艺术家的接待来看,一方面是安排好客人的生活和演出,另一方面是密集地安排他们参观访问,希望他们了解苏联的建设成就和艺术水准,能多说几句苏联的好话。所以,凡是批评的话,都加以记录,向上汇报,反映了苏联当局在国内政治生活的特殊时期对待外宾的特殊心态。张彭春是中国客人当中文化水平最高的一位,既是梅剧团的导演,又担任梅兰芳的翻译和顾问,可以用英语和陪同人员交流,苏方特别关注他对苏联现实的反应,这也是情理中的事情。这三页放进档案,虽然注明"不宜外传",结果反倒成为对 1935 年苏联历史的真实记录,非常难得。

对梅兰芳 1935 年访苏档案的探寻并没有结束。至少可以判断,在俄罗斯国家档案馆找到的只是经过加工的官方工作报告,那么原始的、完整的速记记录究竟在哪儿?不知道。用李伶伶先生在《梅兰芳全传》中的说法,只能等待时间的证实了。

东西文化的对话

附录

梅兰芳1935年访苏档案译文（部分）[1]

上海马斯南路121号
1935年12月17日
V. D. 林德女士
苏联对外文化关系协会
大格鲁辛斯卡娅街十七号
莫斯科

尊敬的女士：

  前些时候我通过大使鲍格莫洛夫给您寄了中国戏曲的服装。希望您已经收到这些服装并且寄往戏剧艺术博物馆。在此我非常感谢。

  我正在计划把我到贵国和欧洲的旅程写成日记。我急需一份"在苏联对外关系协会举行的4月14日讨论会记录"。若您能尽早把讨论会记录寄给我，我将不胜感激。

  在贵国我参加的许多难忘的场合都有拍摄。我想你是否能寄一套给我。

  谢谢您给予我们的热情招待。非常感谢您对我现在的请求给予帮助。

祝好！
梅兰芳谨上

---

[1] 档案第8页，原文为英文。档案原名为《关于梅兰芳剧团访问苏联的通信，与张教授等人座谈的报告与记录汇总》（Переписка по поводу пребывания в СССР театра Мэй Лань-фан. Отчёты и сводная запись бесед с проф.Чкад и другие）。全部档案译文共15则，本文选用其中3则；俄文部分译者是陈世雄，英文部分译者是邓小玲。

全苏对外文化交流协会为了对梅兰芳剧团对苏联的访问进行总结而举办的晚会 1935 年 4 月 14 日

符·聂米罗维奇-丹钦科： 我想，现在就请我们尊贵的客人讲话。（掌声）

梅兰芳： 我想对在对外文化交流协会出席晚会的各位表示敬意，因为各位使我有机会访问莫斯科，并在这里发言。我要感谢你们在我访问的全过程给予的亲切友好的接待。

我特别要感谢的是，今天我们有机会聚集在这里，让在座的各位能够交流各自的看法，让我今后能够利用各位将要对我提出的意见和建议，并且根据我在莫斯科所见所闻，来创造某些新的东西。（掌声）

张教授（翻译）： 张教授指出，最宝贵的和最令人愉快的是，他们有机会和苏联戏剧界、戏剧社团杰出的代表人物谈话。他们希望知道，大家对中国戏剧印象如何。

张教授将自己的问题分成几部分：对中国戏剧的印象，对中国戏剧的未来提出的评论与意见。

符·聂米罗维奇-丹钦科： 对我们来说，最宝贵的就是看到中国舞台艺术最光辉、最完美的体现，也就是说，最精致和最成熟的东西，看到中国文化对全人类文化的贡献。

中国戏剧以一种在精确性与鲜明性方面非常完美的、绝妙的形式表现出民族的艺术。从这个角度我们首先是指艺术。

其次，特别是，对于这次聚会，对于我们剧团的代表来说，在艺术的层面上得到了非常多宝贵的收获。关于这一点我本来想多谈谈，可是，让各位先谈会更加有意义。

我个人只想说，我从未料到，舞台艺术可以产生这种最伟大的技巧，以便把深刻的表现力与极其洗练的手段结合起来。

我还可以多说一些，但是先画个句号，因为我希望在座的各位同志都发言，

东西文化的对话

不过我保留再次发言的权利。

谢·特列季亚科夫： 关于梅兰芳的戏剧，我已经谈了很多，也写了很多，因此我很难再补充些什么。可是我觉得，（梅兰芳）剧团在这里的逗留是最基本和最重要的事情。关于这一点张教授平时已经谈了许多。也就是说：这种戏剧在那些对中国艺术的猎奇式的看法上，在我看来，是打开了一个缺口，这种看法在西方是非常根深蒂固的。它也使另一种神话破产了，这是一种非常令人不愉快的神话——认为中国戏剧是彻头彻尾假定性的。

我们希望，这种戏剧，尽管它有非常专业化的特点，尽管在我们看来有些难懂，可是，它还是能找到一些办法来使我们接受它，关于这一点张教授已经谈过了。他的意图不但是剧团的意图，也是把剧团派到这里来的所有中国社会团体的意图。它已经被证明是完全合理的。

至于我自己，我可以说，在过去的七年当中，没有一个剧院我看得像这个（梅兰芳）剧团这么仔细。我观看了它的全部演出，只错过了一场，并且，我应该说，得到的享受一场比一场多。你越是深入这种戏剧的形象语言，它就越来越变得晶莹透明、易于理解和非常现实。

我还想从数量与质量上谈谈这种戏剧的现实主义底蕴。我觉得，它的前途的保障就在于这种底蕴中。毫无疑问，一种具有如此文明的历史，如此深厚的历史积淀，以至于有可能僵化的戏剧，要前进是艰难的，然而在这种华美的僵化的外表之下，却跳动着生命的脉搏，它打破了任何的僵化。

中国戏剧界的朋友告诉我们，说他们难以用自己的手段表演当代题材的剧目，但是，我觉得并非完全如此。当你看到像《打渔杀家》这样的东西，即被压迫者的复仇时，就会明白，尽管贫苦姑娘的裙子打着补丁，尽管她佩着昂贵的珠宝，尽管她的嗓音有点特别，而且全部剧情都在我们不大习惯的乐队伴奏下展开，尽管如此，只要做出相对不大的努力，就可以使戏剧赋予人们深刻印象。

第三个结论，与其说和中国戏剧有关，不如说和我们有关。这个问题难以在这里，在桌面上解决。（我请求原谅，我占用了太多时间。）我认为，从中国剧院的工作中可以为苏联各共和国的民族剧院得出重要的结论。我觉得，中国剧院不可避免地表明，各个具有自己独特的民族戏剧，或者在独特的因素上建立起自己的戏剧的共和国，都不一定要仅仅被欧洲戏剧的榜样所吸引。

在看到活生生的中国戏剧时，我们不妨想一想，与我们的文化平行，与我们的欧洲戏剧平行，苏联各民族还可以产生自己的戏剧风格。特别是那些历史上曾经对中国戏剧产生过影响的民族，它们可以同欧洲戏剧进行特殊的竞赛。我指的是中亚，它们可以向中国戏剧学习好多东西。

当人们半开玩笑、半认真地谈起梅兰芳剧院可以演什么剧目的时候，我想过，梅兰芳剧团是不是可以演《罗密欧与朱丽叶》，而让梅兰芳扮演朱丽叶的角色。我觉得在这方面是可以找到某种途径的，因为中国的剧作水平非常高，就其题材而言，和莎士比亚戏剧非常相似。你们能找到这样的人士，他们能够让像梅兰芳博士这样的大师运用自己惊人的才华。这种才华为《虹霓关》中女将军的表演所证明了。这意味着，梅兰芳的剧院将有可能可以在新的条件下证明梅兰芳空前绝后的天才。

符·梅耶荷德：梅兰芳剧团在我国的访问，其结果具有重大的意义，并且超过了我们的预想。我们现在只是惊讶，感叹。我们这些正在创造新型戏剧的人，同时我们也很不安，因为我们相信，当梅兰芳离开我们的国家以后，我们大家都将感受到他特别强烈的影响。

恰好，我现在就要重排格里鲍耶陀夫的《智慧的痛苦》。我在看了两三场梅兰芳博士的演出之后来到排练场，我感到，过去所做的一切都应该加以改变。

另一方面在我们当中，在苏联导演当中，有许多修养不高的人。对此应该坦率地承认。有许多人产生了一种愿望，甚至是想模仿这种戏剧，也就是从它那里搬来这些东西，诸如跨过看不见的门槛，在一块毯上表现"室外"和"室内"的技艺，然而这都是次要的。我认为，那些觉得自己有发言权的导演们，或者是已经成为成熟大师的人们，他们自然能够吸收最宝贵的、失去了它们戏剧生命就会枯竭的精华。

至于什么是梅兰芳戏剧令人喜悦的东西（你是不可能说出全部的），我想强调最重要的、我们必须指明的东西。

过去我们侈谈舞台上脸部表情的文化，眼睛、嘴的动作的文化。近来又大谈动作的文化，话语与动作协调的文化。然而我们忘记了一样重要的东西，梅兰芳博士提醒我们的东西——这就是手。

在我国舞台上有许多女演员，可是我从来没看见过哪位女演员能够如此美妙地表达梅兰芳博士所表达出来的女性特征。在这里我不想举例，因为这些例子会使好多导演感到不快。然而，指出这一点却是必要的。

此外，我们还侈谈所谓节奏的构成。然而，谁要是看过梅兰芳博士的表演，他就会认识到，这位天才的舞台大师所体现的节奏具有巨大的力量。

东西文化的对话

我们都了解苏联戏剧的长处。然而，要是我们在中国戏剧展示了它的卓越大师的工作后能找到许多缺点，那就好了。在适当的时候，我要进一步展开对这个问题的研究，因为我不只是导演，而且还是个教师，我必须对在我们的学校里学习的青年们负责。

但是，现在我们已经看得很清楚了，这些巡回演出在苏联戏剧生活中将产生重大影响，我们有必要一次又一次地回忆起梅兰芳博士的工作所取得的成就。

米·格涅辛：我是个音乐理论家，可是，我主要是从事作曲的音乐家，因此，我这个音乐家对梅兰芳博士演出的印象，尤其是对这种戏剧的音乐的印象，将引起兴趣。

理解属于另一种文化的音乐往往非常困难，并且我们知道这种情形，就是异己性妨碍人们对美的理解。可是在这儿我从来没有这种体验。不错，我在民俗学方面是有知识准备的，也看过日本戏剧和我国各民族的戏剧，可是，梅兰芳戏剧中的音乐是美妙的。

从旋律构成的角度来看，这种音乐对身为专家的我来说是可以明白的。此外，演奏这种音乐的乐队的全部"武器弹药"也是非常独特的。

当我就这个话题和中国大使馆的一位代表交谈时，有人问道——假如乐队扩大到欧洲乐队的规模，采用欧洲编制，是不是会好一些？我立即坚定地回答说，我反对这样做，这完全是不必要的。它的美就在于这种情调，所以重新编制乐队无论如何是不必要的。

还有一件事是没有疑问的。这里有非常好的音乐题材，它们都值得单独地加工，从中创作交响乐。然而这是戏剧之外的事情。这是美妙的素材，我国的、西方的作曲家们恐怕都会乐意对它们进行加工。可是在剧场里一切都应该处于这样的状态。这是牵涉音乐自身的东西。

此外，我要谈谈对其他印象的联系。在这方面，戏剧鉴赏家们应该体验到莫大的享受。演出始终贯穿着音乐，这就使鉴赏家们感到莫大的喜悦。我们知道，要做到全部戏剧因素在音乐基础上的融合，是多么的困难，因此，中国戏剧所取得的成就是特别重要的。

中国戏剧的乐队就其构成而言是很简单的，甚至是最简单的。它不大，但是，它与剧情相呼应的频率比起最为庞大的欧洲乐队还要大得多。我们在这里指的是，剧情节奏的增强、减弱而需要乐队配合的地方。

我觉得，要是把梅兰芳博士的中国戏剧表演体系说成是象征主义体系，那是最正确的。"假定的"这个词在表达它的性质时要差得多,因为假定性可以被人们接受,但是在激情方面什么也没有表达。而象征包含着特定的内容,并且传达着激情。

除了给人美的享受外,这种戏剧还激起人们对它的问题进行研究的热烈愿望。我觉得,尽管在中国和我国都做了非常多,但是,就研究这种戏剧的特征而言,还有许多事情没做。

我曾经请求中国代表中的某人以通常中国语调的四声为我读一系列单词。我立即发现,它们全都相当准确地揭示人们的心理依据。所有和音乐打交道的人都知道,上升的调子意味着过程还没有结束,意味着某种未来的东西,而下降的调子意味着某种业已存在的东西。一连串和理解中国语言的理论和实践有关的问题,也随之产生。这就是为什么我想,梅兰芳博士的中国戏剧是值得认真研究的。

克里格尔:同志们,我想说几句,谈谈梅兰芳博士的来访对于我们的艺术具有多么巨大的意义。我不想谈论各民族戏剧的问题。作为一名艺术工作者,我想说几句,这位最伟大的演员——梅兰芳给了我们的芭蕾舞,给了我这个芭蕾女演员什么启示。

当前我们非常抓紧研究体现民俗风情的舞蹈。现在我们制定了一个跑遍全苏联研究舞蹈的计划,因为到现在为止,在芭蕾中表现出一种虚假的民俗风情舞蹈,它是背叛芭蕾的技巧和芭蕾经典的,往往是和表现民俗风情的各民族舞蹈没有任何共同之处的。

我个人衷心地感谢梅兰芳博士,他使我们理解了中国舞蹈的本质,使我们从他的演出中获得审美的愉悦,我看到了他令人惊叹的节奏和造型,在他的艺术中这一切是那么的美妙。(掌声)

阿·泰伊罗夫:我觉得,对于我们来说,极为重要和极为宝贵的,就是认识到,所有关于中国戏剧的流行看法,诸如认为它是假定性的戏剧,诸如认为这种戏剧中最重要的是不用布景,是象征性的动作——这一切都只不过是一个巨大体系当中的细节罢了,这个体系的本质完全在于别的方面。

我想,我们所看到的,证明了一种发源于民间,并且非常认真地构筑着自己的戏剧体系的戏剧,它演变成了综合性的戏剧,而这种综合性戏剧是非常有机的。

当舞台上的梅兰芳博士把手势转化为舞蹈,舞蹈转化为咏叹调——从音乐和

东西文化的对话

声乐的眼光看来是极为复杂而又往往是无可指责地完成的咏叹调的时候,我们在其中看到了戏剧的有机的本质。

在梅兰芳的戏剧中极为有趣的是,我们称之为假定性表演元素的东西只不过是必要的形式,它有机地、有规则与合目的地体现了整个表演的内在结构。在我看来,这对于我们来说是极其本质的问题。

还有一件有趣的事情:我甚至希望这一点能进入我们的戏剧乃至世界戏剧的发展中来。我指的是我们在梅兰芳剧团的演员那里看到的那种痛苦的、极为深沉的凝神思考。

我们总是和自然主义剧院争论一个问题:演员转化为角色的极限是什么,如今梅兰芳博士的创作实践向我们证明,实际上,所有这些内在的困难都被克服了。我们在这里看到的梅兰芳是个地地道道、有血有肉的髭眉男子,可是却化身为一位女子。这种最困难、最复杂、最难以置信的转化只有由最完美的演员才能实现。

我相信,梅兰芳戏剧将影响我们、我们的戏剧。所以我希望,我们不要走表面模仿的道路,也许有人会走这条路;我们要走掌握内在结构、内在乐章的道路。

我再次对梅兰芳博士表示感谢,感谢他给我们带来的东西,感谢他给予我们的享受,这种享受我在他的演出中体验到了,我由衷地热烈地欢迎他。

谢·爱森斯坦:我想非常简短地谈谈,因为就这个问题已经谈得非常多,而且结论非常的重大,不仅对于戏剧、对于舞台,而且在很大的程度上还对于电影,也就是说对于我们整个的艺术都是这样。至于如何使结论更为充实和丰富,那么,也许不但为时过早,而且也不容易。因此,我想指出一系列的因素,这些因素此时已经从中国剧团来访这一事实中涌现出来了。

中国剧团使东方戏剧所共有的轮廓变得更为清晰,从而给我们打开了眼界。

我不知道别人是怎样看的,反正我开始时有一种印象,觉得日本戏剧与中国戏剧没有区别。现在我清楚地看到了这一区别。这一区别使我联想起艺术史上存在的希腊与罗马之间的根本区别,而且,我把中国戏剧艺术和最繁荣时期的希腊艺术相比,而把日本戏剧艺术和发展中的罗马艺术相比。我想我们大家都感觉到了,在罗马艺术之中积淀着某种僵化与数学的简单化,这是它和希腊的本性与独特性不同的地方。众所周知,古罗马人对待希腊的态度是"美国佬"式的,和美国人对欧洲的态度相似。

因此，中国戏剧美妙的生动性和有机性使它完全彻底地摆脱了其他戏剧所具有的僵化、简化的因素。对我来说，揭示并感受到这一点是特别可贵的。

第二个感受是非常强烈和可喜的感受，下面就来谈谈。我们总是崇拜莎士比亚的时代。我们头脑中想象着这一美妙时期的戏剧，以假定的方式上演的戏剧，当时，甚至表现夜间的场面也无须使光线暗下来，因为演员完全能够表演出黑夜的感觉。这种表演我们在梅兰芳的戏剧中看到了，在《虹霓关》中尤其鲜明。剧中以如此鲜明的方式表现出黑暗，譬如木筏的响声，譬如在黑暗的地方渡河。此外，拿莎士比亚的时代来说，当时的戏剧类型——我更崇拜莎士比亚的同时代人，崇拜马娄、韦伯斯特等人，他们在形式上更为完善，在他们身上比在莎士比亚身上可以更强烈地感觉到互相渗透，——因此，应该说：我们在中国戏剧中看到的东西，和我们所认定的马娄与韦伯斯特的东西是非常相似的。这些戏剧类型经过了极为有趣的发展阶段，并非常强烈地在舞台上表现出来。并且，这种从一种戏剧形态向另一种戏剧形态的过渡，向活生生的动作、向每个形象的独立性的过渡，应该看成戏剧领域发展的结果。

当我在舞台上看到梅兰芳博士的作品时，以上这些想法总会再次涌现，因为我们在他的每个舞台动作的片断中都看到了这个发展过程。我们看到，他是怎样做出一系列姿势，几乎是象形文字般的固定动作，于是我们明白，这是一种特别的、经过千锤百炼的定型的体现。有一系列用以反映某种生活传统的固定的姿势。然而，从一场演出到另一场演出，梅兰芳博士用活生生的、美妙的性格刻画来丰富和充实这些传统。因此，梅兰芳博士所给予我们的重要启示之一，就是对人物形象和性格的惊人的掌握。我不谈论这些剧目，如《春香闹学》或者《刺虎》。然而，在这个传统内部那些单个的、非常细腻、非常概括的描述，是这种戏剧的令人惊叹的特征。这种对有血有肉的个性的感觉是最令人难忘的印象之一。

由此产生一个突出的问题，它关系到我们从梅兰芳博士那里学习到什么，关系到对现实主义的总的看法。我们全都知道关于现实主义的书面定义。我们都知道通过单一的事物能够看清众多的事物，通过个别能反映一般，在这一相辅相成的基础上建构起现实主义。

如果从这一视角看梅兰芳博士的技巧，可以揭示非常有趣的特征：这两对矛盾在梅兰芳博士那里都展开到了极限。概括达到了象征，成了图形标志，而个别的造型成为扮演者的个性。这样，我们就有了美妙的图形标志，它们是充满着演

东西文化的对话

员本人的个性的。换句话说,这两个对立面的范围可以扩展得更宽些。我想,我们这些正在为社会主义现实主义而战斗的人们,特别偏袒自己地以为,这种仿佛是微不足道地估量过的概念可以大大地帮助我们的艺术。现在我们的艺术几乎是整个地维系在单一的构成之上,这就是映像。而这又是以宏大的形象来实现的。我们现在可以见证,不只在我们的戏剧中,而且在我们的电影中,形象的文化也就是崇高的诗学形式的文化,似乎正在整个地消失。我们能够举出我国的无声电影时代,当时是纯粹的形象结构,而不仅仅是人物的描绘,起着极大的作用。如果我们把过去电影艺术方面的大事与现在加以对照,那么就会看到过度芜杂的造型有损于形式的生动性。而在梅兰芳博士那里我们看到相反的情形;非常有力的发展,在形象方面极大的丰富性。

我也许不会同意米·格涅辛的意见,我也许会谈论那种比起象征要个性化得多,因为象征使我们联想起目录册。大师着重研究直觉的、感性—形象性的方面,在我看来,这是最有趣和最宝贵的,因为我们在形式文化的路线上,特别是在电影方面,存在着可怕的停滞。我们在梅兰芳博士的戏剧中看到的现象——在艺术领域非常善于在所有的音区进行加工——对于有声电影是特别重要和现实的。那些得以在电影领域工作的人们是意识到这一点的,因为这无疑是有声电影的基本特点之一。而在这里,在梅兰芳博士到来之前,存在着形式的极度僵化,而且电影界的情况比在戏剧界还要可怕。

至于戏剧,那么,我在我国的一家剧院——梅耶荷德剧院中看到了与梅兰芳博士的手法相近的情况,并且也许并非偶然,梅兰芳开始的情况和梅耶荷德是一样的……[1] 我们的客人曾经提出一个问题:我们能向他们提出什么建议?我担心被看成反动派,然而,我个人认为,不论艺术领域还是技术领域的现代化,都应当避开戏剧。我不妨对我们的朋友们提出一些批评。我们产生了这样一种印象,就是当他们从列宁格勒回来以后,除了不受任何影响的梅兰芳博士的令人惊讶的技巧之外,在他的周围可以看到某种我们的情调,而我并不想说,这是对演出有利的。我仿佛觉得,昨天的演出秩序遭到了某种破坏。假如俄罗斯的演员们对此感到满意的话,那就更令人困惑了。

我认为,人类戏剧文化在不打乱自己的进程的前提下,不妨慷慨地让这种戏剧保留在现存的炉火纯青的形式中。

1　此处略去一段。——译者注

在这一层面上，我还要提出一个问题——应该做些什么，以便在未来保护传统？在梅兰芳博士周围有许多研究者，有培养继承人的专门流派，他们将发展他的独一无二的技巧，并善于在灵活的接受过程中加以继承。如果在这方面做得太少或者不足，那么，我想我们共同的责任就是请求梅兰芳博士关心这件事，以便他所积累下来的令人惊叹的经验得以继承。

应当这样来结束我的话：我非常愉快地迎接了梅兰芳博士，他初来时说他相信我国的演员和专家们将会评价他的戏剧手法，而此刻，我应该说，他预订的计划正如我们常说的那样，甚至超额完成好多个百分点了。（掌声）

张教授（翻译）：教授想把自己的发言分成三点：第一，对上述意见的印象；第二，中国戏剧对苏联各民族戏剧的作用与影响的可能性；第三点，对中国戏剧的未来说几句话。

第一点，他想说，他们非常珍惜在这里得到的评价。梅兰芳博士请张教授说，人们对他过奖了，他感到不自在，因为人们对他的评价有点太高了。

教授想谈谈人们对中国文化的评价。应该说，在西方，人们从三种不同的视角评价中国文化，产生了断章取义的态度、猎奇式的态度和创造性的态度所导致的理论。对中国戏剧的断章取义的态度在18世纪就存在过，当时中国作品中的某些片断开始传入欧洲。其中之一落到伏尔泰手中，于是伏尔泰写了《中国孤儿》，当然，他做了极大的改动。

大约在20年前，对中国戏剧表现出了猎奇式的兴趣。这种兴趣在美国和日本都表现出来。张教授说，他一生都在同这种猎奇式的态度做斗争。

现在已经到了这样的时刻，即断章取义的态度和猎奇式的态度都已经成了过去。如今，对中国戏剧的新的创造式的态度正在形成。

教授高度评价对于已经取得的成就的看法。虽然他清楚地意识到，除了成就之外，还有局限性。他认为，这次会议非常重要，因为它证明对中国戏剧有了一种新的态度。有这么些工作非常繁忙的人士，来出席这次会议，花费了自己的时间，这个事实本身就具有很大的意义，这个意义大于他们在这里得到的接待，而这毫无疑义是有益处的。当然，教授不想说，接待和演出没有重大意义，因为假如没有它们，这次座谈就是不可能的。他们认为，这揭示了光明的前景。

教授指出，这种前景是广阔的，因为各种不同艺术——戏剧艺术、电影艺术和音乐艺术的代表人物都在这里发表了看法。

他想指出，今天发言的特点是巨大的真诚，是渴望着理解、利用中国戏剧所给予的东西。

接着，张教授转向发言的第二部分，即：具体地说，当代艺术应向中国的戏剧艺术吸取什么东西？虽然他本人对这个问题并不是很内行，但还是可以提一些建议。

你们当中有的人认为，虽然中国戏剧仿佛是建立在"象征"的基础上，但你们当中仍然有人运用"假定性"这个字眼。那么，究竟中国戏剧是怎样打破这一假定性的桎梏的呢？

我认为，最好的办法就是同中国绘画作一个类比。例如，中国国画是怎样画一棵树的？树是按照早已形成的画树的手法画出来的。不论在中国绘画，还是在中国戏剧中，手法的问题都是这些艺术门类最基本的东西。在这些手法中没有任何私人的、意外的、个性化的东西。就像在国画中一样，演员首先研究现成的手法。只有在掌握这些最基本的手法之后，他们才能够进行个人的创造。他说，在手法中没有任何偶然的和个性化的东西，可是在掌握毛笔来画树的这一部分或另一部分时，会有差别存在。毕竟你应该这样画树，以便使每个人都看明白，这确实是一棵树。

再谈谈现实主义的定义。当传达一个形象时，并不是简单的传达，而是要引起一定的感觉，然而这种感觉不同于天然的感觉。

因此，所有这些一代传一代的特定手法，有助于传承特定的象征。

演员自身的生活经验只有当他们掌握这些手法之后，才能在演出中表现出来。此时重新创造出新的象征，新的手法，正如梅兰芳博士所做的那样。

因此，最终的目的是在掌握现成手法的基础上利用个人的经验来创造普遍的尽善尽美的形象。

第二点在这里具有某种表面的意义：不可能把在西方戏剧中那些零散的舞台表演元素拼凑起来。

第三点，他想谈谈在中国现代戏剧中发生的变化。他将简短地谈。他觉得，剧本的内容应当加以改变，然而并不是说在情节方面和在心理方面都要同样地改变。情节应该还是那样的情节，而心理应当改变。在情节方面应该保持一定的距离，以便情节不至于离今天太近，而在心理阐释这个意义上则应该有所改变。教授强调说，他谈的只是动作如何遵循既定的传统。

张教授指出，过去大部分剧院的照明很差，而背景始终不变，并且和情节的发展无联系。

张教授设想，不妨在照明和布景方面引进某种新东西，可是这种照明必须是专门的，并且和其他的照明没有相似之处。

为了保护好中国戏剧来为现代艺术服务，他认为可以利用技术方面的成就，诸如电影、录音等等。

至于他是否能够建议从中国戏剧领域采用什么来运用于西方戏剧中，他说这就是把舞台表演的元素融汇起来而不要有任何刻板的模式。

对于中国戏剧，他的愿望是——引进新的心理学到中国戏剧的上演剧目中，在中国舞台上运用新的剧场技术方面的成就。（掌声）。

符·聂米罗维奇-丹钦科：最后请允许我说几句话。今天的会见我们都认为非常美好。

大家都承认，中国戏剧给了我们的戏剧生活一次深刻的、认真的推动。当然，通过这样一次简短的座谈不可能充分地确定中国戏剧给我国的艺术带来了什么东西，符·埃·梅耶荷德说得完全正确——这种影响还应当加以研究，必须使我国戏剧界的青年人深刻地认识它。然而，从中国戏剧所得到的印象毕竟是巨大的。今天的会见特别突出地对莫斯科和列宁格勒在观赏中国戏剧时所经历的美妙的分分秒秒做了总结。

第二部分，关于苏联艺术界、俄罗斯艺术界能对中国艺术提出哪些建议，此刻很少作补充说明。也许，这是我们谦虚的结果，也就是说，我们能说明我们通常避免哪些弊病，也许，应该完全真诚地说出我们对此缄默不语的原因。我想，我的同志们对我说的话是赞同的，我们总是极为慎重地对待一切强有力的显现出来的艺术。说出一种能使人迷惑的、在一瞬间闪光的想法，在这里是极其危险的，采纳这种想法有可能毁灭艺术。因此我们在这方面应当谨慎。

然而，我还是要谈一点想法。教授本人的声明支持了我的想法，他通过自己的话语清晰地说明了这一点。

在今天的开场白中，我已经谈过整个文化和人类艺术的巨大宝库，每一个民族都向这个宝库贡献出自己的、个性化的东西，我也谈过，在这个人类大家庭的共同分享的理想中，艺术将会是对各个种族艺术最佳体现的综合。

在这方面，在我想（我非常强调这一点）对我们天才的客人提出某种建议之前，我先提出一个问题。我国的艺术对这一文化[1]贡献过什么，将要贡献些什么？我想，从梅耶荷德提到的普希金、屠格涅夫和托尔斯泰，在我国所有的伟大作家

---

1 指整个人类文化。——译者注

东西文化的对话

那里，都有一个特点，它过去和现在都充盈着我国的艺术，迫使我们艺术工作者在对形式——狭义上的形式——进行加工的时候，务必以内容为自己的生命。

数百年来，正是在俄罗斯艺术的这一内容中，奏响了我们的诗学、我们的愿望的最强音，这就是我们所说的关于更好的生活的理想，对更好的生活的向往，和为更好的生活而进行的斗争。

而这种关于更好的生活的理想，对更好的生活的向往，和为更好的生活而进行的斗争，就是我们的艺术最主要的内容。

我要说，我们天才的客人对自己的艺术可以尽管放心，我们对这种艺术是如此钦佩，以至于认为它在手法的意义上，在色调的意义上，在综合人类全部才华的意义上，都是我们的理想。

然而，在持有这种理想的同时我们产生了一种想法，这就是，如果他想说些什么甚至付诸行动，如果他为了过上更好的生活而烦恼，那是多么好呵。（掌声）

梅兰芳（翻译）： 他请求转达，说他崇高地评价这些追求，他敬佩争取更好的生活的大胆意向。

聂米罗维奇-丹钦科： 我们希望梅兰芳不是最后一次来到这里。

关于与张教授交谈的汇报

（译者按：汇报作者未署名，汇报右上角有"不宜外传"的字样。在汇报张教授在莫斯科的言论后隔了一行，再汇报他在列宁格勒的言论。）

梅兰芳剧团在莫斯科期间，张教授很少谈公共秩序的问题。他在这一时段的谈话中，有下列几点值得注意：

第一，在上演第一个剧目那一天，开演之前，他对舞台上的杂乱无章感到震惊，他说："只有在没文化的国家里才会看到这种情形，舞台工作人员居然在演出前一分钟还走开去喝茶；贵国缺少优秀的行政人员。"

第二，在艺术大师之家的招待会上，据皮缅诺夫斯基的翻译，当我问他对观众的印象如何的问题时，张回答说："你们的剧院总是满座，这种情形在世界上任何地方都是看不到的；可是我想说，观众的衣着并不很好。"后来他才感到这不是问题，他解释说，他明白了，国家的工业化需要大量的投入，老百姓的状况也在改善之中。

第三，就在这个招待会上，他表示对苏联的招待会官方色彩太重感到不满。（后来，在莫斯科和列宁格勒的巡演结束后，他改变了自己的看法）。

第四，有一次，他提出酒店对外国人的服务收费太高的问题。不过他将自己的意见软化了，说苏联对外文化交流协会对他们慷慨大方，接待他们"像接待皇帝一样"。

在列宁格勒，张比较经常谈到一般的话题，并且说话也比较坦率。

第一，在列宁格勒的第一次宴会上（地点在欧洲酒店），他和坐在他身边的谢尔巴茨金院士谈得非常多。在谈到专门的题目（中国与印度戏剧）时，他提问说："你们在每一门科学中都'贯彻'辩证唯物主义，而且所有的学者都是这样。

东西文化的对话

那么你们怎样用这种观点来看待这个问题[1]呢？"

谢尔巴茨金院士回答说："我不知道在这个问题上怎样体现出辩证唯物主义。至于我自己，我运用具体的资料，并且在此基础上得出自己的结论。"我介入了谈话，对张指出说，辩证唯物主义的胜利在我国的科学中是一个必然的过程。张转换话头，回答说，他在某种意义上也是一个"马克思主义者"。

第二，在参观艾尔米塔什[2]看到金库时，张转身对我说："对工业化而言，这可是黄金储备"。然后他当着我的面对林德同志说："在陈列柜中摆着的所有东西都是外币。"我回答他说，这不只是外币，而且是历史。他大笑起来，说道："看着它们就像看着历史，这合我的意。"

在继续参观艾尔米塔什时，张问我，是不是所有珍贵的名画都陈列出来了。他指出，上一次他来苏联时，有人告诉他，有一部分绘画作品是和外国交换展出的。

第三，在张和特列季亚科夫之间发生过某些争论，所以，在观看第二个剧目《阿斯托里亚》之后，张在谈话中表示不满我国的汉学家对中国戏曲表面化的理解，他特别指出瓦西里耶夫教授的错误观点。接着，张全面地论述了用"欧洲的标准"来研究中国是不合适的。

第四，在访问列宁格勒舞台艺术学院时，张走出学院在门口时详细询问一位布里亚特学生（用汉语）。按照瓦西里耶夫教授的解释，张教授对他在苏联的生活条件感兴趣。

第五，在我离开列宁格勒那天（4月5日），张提出从符拉迪沃斯托克（海参崴）到上海的路费打折的问题，他一再强调，剧团"拒绝支付两万五千卢布的苏联纸币"[3]。然而经过核查，关于这一数字的谈判并未生效。此外，张强调说，梅兰芳博士共花了8万美元路费。

（原文发表于《戏剧艺术》2015年第2期）

---

1 指中印戏剧。——译者注
2 冬宫博物馆。——译者注
3 指1924年以前的苏联纸币。——译者注

苏联媒体报道情况
分析研究

梅兰芳在苏联：1935年的巡演及其在苏联媒体上的反响

著者 〔俄罗斯〕O.H.库普佐娃（О.Н.Купцова）（莫斯科大学副教授）
译者 周丽娟（中国戏曲学院教授）

在当代戏剧史研究中，1935年春天，梅兰芳领导的京剧团在苏联（莫斯科和列宁格勒）巡演所产生的良好的共鸣是公认的。传统的中国戏剧艺术对20世纪戏剧和电影史学家戈登·克雷（Г. Крэг）、Э.皮斯卡托（Э. Пискатор）、Б.布莱希特（Б. Брехт）、В.Э.梅耶荷德（В. Э. Мейерхольд）、С.М.爱森斯坦（С. М. Эйзенштейн）的创作产生了影响，也是无可争辩的事实。

因此，详细地、直接地考察当时苏联媒体上对中国剧团巡演的反响是有意义的（这里不仅包括专业报刊，还包括公共出版物）。

梅兰芳是伟大的中国京剧演员，他扮演女性角色，一生来到苏联三次（1935年、1952年、1957年），但只有一次是率团来演出，即1935年3至4月。之后是1952年参加维也纳世界和平大会路过苏联（莫斯科和列宁格勒），在演员之家（莫斯科）的舞台上为艺术工作者表演一些戏剧的片段，其中包括《杨贵妃的醉态》（*Опьянение Ян-Гуй-фэй*）[1]。1957年12

---

1 此处及后文中所有剧名的翻译均按1935年采用的译法。[原文此注有误，当时，在邀请单位沃克斯出版的《著名导演和演员梅兰芳领导的中国剧团巡演之剧情简介》中，《贵妃醉酒》的译法是《醉酒的美女》（*Пьяная красавица*）。除《贵妃醉酒》一剧外，梅兰芳剧团演出的其他剧名的翻译在这篇论文中均为沃克斯1935年的译法。——译者注]

东西文化的对话

月,梅兰芳最后一次来到苏联,没有表演,只是在列宁格勒与观众见面的时候依旧演唱了《贵妃醉酒》中的经典唱段。[1]

1935年,中国剧团(由24人组成,其中有12名演员[2]、北京大学余上沅教授、张彭春教授、4位乐师[3],其余为负责服装及其他服务人员等)巡回演出的行程一个月多一些(从3月12日至4月15日),到过两个城市——莫斯科和列宁格勒,各公开演出7场(包括公开试演)。另还有剧团从列宁格勒返回莫斯科后,在国立莫斯科模范大剧院(ГАБТ)[4]的最后一场演出(4月13日)[5]。

苏联对外文化关系协会(简称"沃克斯")组织了这次巡演。为筹备巡演事宜成立了接待委员会,成员有沃克斯会长А.Я.阿罗舍夫(А. Я. Аросев)和中国驻苏联大使颜惠庆,还吸收了一些戏剧和电影导演、作家和演员参加。在莫斯科有К.С.斯坦尼斯拉夫斯基(К. С. Станиславский)、В.И.聂米罗维奇-丹钦科(В. И. Немирович-Данченко)、В.Э.梅耶荷德、А.Я.泰伊罗夫(А. Я. Таиров)、С.М.爱森斯坦、С.М.特列季亚科夫(С. М. Третьяков)[6],在列宁格勒有Б.М.苏什克维奇(Б. М. Сушкевич)、Н.Ф.莫纳霍夫(Н. Ф. Монахов)、Н.С.吉洪诺夫(Н. С. Тихонов)、Л.З.特劳贝格(Л. З. Трауберг)。

---

[1] 在这篇论文中谈到的梅兰芳访苏的次数和具体时间均有不准确之处。梅兰芳四次到过苏联:1935年春天,应苏联对外文化关系协会邀请,梅兰芳率团到苏联访问演出;1952年底,梅兰芳作为中华人民共和国代表团成员赴维也纳参加世界人民和平大会,归国途经莫斯科和列宁格勒,苏联维护和平委员会接待,他在苏联度过了1953年的元旦,并参观游览了10天;1957年11月,梅兰芳作为中国劳动人民代表团成员参加苏联最高苏维埃庆祝十月革命40周年会议;1960年2月,梅兰芳作为中华人民共和国政府代表团成员赴莫斯科参加《中苏友好同盟互助条约》签订10周年纪念活动。——译者注

[2] 此说法不准确,演员为7名,他们是姚玉芙、杨盛春、朱桂芳、王少亭、刘连荣、吴玉玲、郭建英。见傅谨主编《梅兰芳全集》(七),中国戏剧出版社2016年版,第23页。——译者注

[3] 此说法不准确,乐师为徐兰沅、霍文元、马宝明、罗文田、唐锡光、何增福、孙惠亭、崔永魁等8人。见《梅兰芳全集》(七),第23页。——译者注

[4] 即大剧院(Большой театр)——译者注

[5] 《1935年4月13日梅兰芳领导的中国剧团在国立莫斯科模范大剧院告别演出之剧情简介》,莫斯科,沃克斯1935年版。

[6] 《梅兰芳率领的中国剧团即将到来》,《莫斯科工人报》1935年3月11日。

巡演的剧目包括7出：《一只可疑的鞋子》[1]（迎春是薛仁贵的妻子——梅兰芳扮演）、《费贞娥与"虎"将军》[2]（费贞娥是宫廷女子——梅兰芳扮演）、《被压迫者的复仇》[3]（桂英是老渔民萧恩的女儿——梅兰芳扮演）、《装疯》[4]（丞相赵高的女儿——梅兰芳扮演）、《虹霓关》（辛东方是虹霓关驻守将军辛文礼的妻子——梅兰芳扮演）、《醉酒的美女》[5]（杨贵妃——梅兰芳扮演）、《灵猴》[6]。还演出了6种舞：剑舞（《姑娘英雄》[7]片段）、长笛和羽舞（《西施》片段，西施——梅兰芳扮演）、袖舞（《麻姑的贡品》[8]片段）、矛枪舞（《木兰从军》片段）、《尼姑的爱情》[9]一剧中的舞蹈、《梁红玉抗击侵略者的胜利》[10]中的舞蹈。[11]

据沃克斯统计，在莫斯科的音乐厅观看中国剧团演出的有1.2万名观众，在列宁格勒维堡区文化之家（Выборгский дом культуры）观看的有1.5万人（另一份资料的统计是1.6万人）。[12]

实际上，中国剧团在苏联期间，当时的各种主要报纸（在莫斯科有《真理报》《消息报》《共青团真理报》《莫斯科晚报》《工业化报》《戏剧句》《苏维埃艺术》，在列宁格勒有《列宁格勒真理报》《接班人报》和早晚发行的《红色报》）每天都有介绍，在专门的文学和戏剧出版物（《工人与戏剧》《苏维埃戏剧》《红色处女地》《明星》）中有综述总结类文章

---

1 《汾河湾》。——译者注
2 《刺虎》。——译者注
3 《打渔杀家》。——译者注
4 《宇宙锋》。——译者注
5 《贵妃醉酒》。——译者注
6 《盗丹》。——译者注
7 《红线盗盒》。——译者注
8 《麻姑献寿》。——译者注
9 《思凡》。——译者注
10 《抗金兵》。——译者注
11 实际演出剧目不止这些。——译者注
12 《1.6万名观众观看了梅兰芳剧团的巡演》，《红色报》（晚版）1935年4月9日。

发表。¹ 这些报道和文章使我们能够把梅兰芳剧团巡演的准确日程表编排出来。

在两个城市的行程安排中，中国演员（自然首先是梅兰芳）在每一个城市都大概用一个星期的时间了解苏维埃戏剧，与艺术活动家和普通观众见面。因此可以想见，在当时不仅苏联人看到了中国的戏剧艺术，中国演员也从苏维埃戏剧中学到了"功课"，了解了普通苏联人的生活。

角度不同、观点各异的戏剧、电影、文学和绘画等艺术活动家们一致的赞美，综合起来描绘出中国戏剧难以置信的表象。此次巡演成为莫斯科和列宁格勒戏剧生活中的大事件。

剧团巡演的组织工作是在其抵达前半年就开始了。1934年12月，在苏联的媒体上就已经刊登了梅兰芳领导的中国剧团筹备行程的消息。²

1935年2月7日，《真理报》刊登了其驻上海记者发来的梅兰芳关于戏剧谈话的电报稿³，随后在主要的报纸上刊登将要巡演的海报。

2月19日，该记者又报道了上海送别梅兰芳剧团启程的情况。⁴ 2月28日，中国剧团抵达符拉迪沃斯托克（海参崴），结束了在苏联"北方号"轮船上进行了为期10天的海上航行。⁵

巡演前夕，在各种出版物上为广大观众刊登了众多的介绍中国戏剧的启蒙文章，有陪同京剧团来的中国教授张彭春的文章⁶，有C.M.爱森斯坦（当时他还没有看过中国戏剧，但多次听到了关于梅兰芳的事，包括从查

---

1 〔俄〕Б.А.瓦西里耶夫《中国古典戏剧——梅兰芳的表演》，《工人与戏剧》1935年第8期，第5—7页；ВЛ.鲁德曼《中国戏剧的音乐》，《工人与戏剧》1935年第8期，第8—9页；И.莱温（Левин И.）《现代中国戏剧》，《苏维埃戏剧》1935年第5—6期，第23页；В.А.瓦西里耶夫《中国古典戏剧——"梨园"艺术》，《明星》1936年第6期；В.恰尔斯基（Чарский В.）《梅兰芳》，《红色处女地》1935年第6期，第222—226页。

2 《邀请中国剧团来巡演》，《苏维埃艺术》1934年12月17日。

3 〔俄〕加尔特曼（Гартман）《中国演员梅兰芳正在准备到苏联来巡演》（《真理报》驻上海记者电），《真理报》1935年2月7日。

4 〔俄〕加尔特曼《在上海为梅兰芳送行》（《真理报》驻上海记者电），《真理报》1935年2月20日。

5 《杰出的中国演员梅兰芳在符拉迪沃斯托克》，《红旗报》（符拉迪沃斯托克）1935年3月1日。

6 张彭春《梅兰芳——写在莫斯科巡演之前》，《苏维埃艺术》1935年3月11日。

梅兰芳在苏联：1935年的巡演及其在苏联媒体上的反响

理·卓别林那儿听到的）[1]、戏剧评论家 И. 克鲁季（И. Крути）[2]、列宁格勒汉学家 Б.А. 瓦西里耶夫（Б. А. Васильев）[3]的文章，另还有多次到过，在中国长期生活过，并对中国的戏剧文化已经有比较清晰了解的作家、戏剧家和翻译家 С.М. 特列季亚科夫（话剧《怒吼吧！中国》的作者）的文章[4]。介绍中国剧团的文章甚至还出现在基辅的报纸上[5]，尽管巡演的计划没有那里。

京剧团与沃克斯合作发行了几种小册子，总体上介绍中国传统的戏剧艺术并特别地介绍了演出剧目（有英语和俄语两种版本）。[6]

3月12日早晨7点45分，中国剧团乘坐的"远东号"特别快车抵达莫斯科。С.М. 特列季亚科夫和苏联驻中国全权代表处秘书从亚历山大罗夫站开始陪同梅兰芳，联盟新闻电影制片厂（Союзкинохроника）摄制了在北方火车站抵达和欢迎的场面。晚上在大都会饭店举行了中国演员与新

---

[1] 〔俄〕С.М. 爱森斯坦《梅兰芳的戏剧》，《共青团真理报》1935年3月11日。更完整的版本见 С.М. 爱森斯坦《梨园魔法师》，《爱森斯坦选集》，莫斯科1968版，第311—324页。

[2] 〔俄〕И. 克鲁季《中国演员的表演艺术》，《戏剧旬》1935年第8期，第11页。

[3] 〔俄〕Б.А. 瓦西里耶夫《梅兰芳与中国戏剧》，《消息报》1935年3月12日。

[4] 〔俄〕С.М. 特列季亚科夫《梅兰芳——我们的客人》，《真理报》1935年3月12日。1935年4月14日，С.М. 特列季亚科夫在沃克斯的发言中谈道："七年来，我没有一次如这样的看戏。它的所有演出，我只有一次没有看过。而且应当说，一次比一次获得更大的享受。当你进入到这种戏剧的形象化语言之中，它就变得非常明晰的、特别容易理解和特别的真实。"（《生机盎然的艺术——梅兰芳在苏联巡演研讨会速记稿》，拉尔斯·克莱贝尔格发布并做序言，莫斯科《电影艺术》1992年第1期。）

[5] 〔俄〕Б. 马尔特（Март Б.）《梨园的弟子们》，《基辅无产者报》1935年3月12日。后来在基辅的报纸上又介绍了巡演的印象。И. 巴切利斯（Бачелис И.）《梨园艺术》，《基辅无产者报》1935年3月28日。

[6] Mei Lanfang and the Chinese theatre. On the occasional of his appearance in the USSR. Moscow-Leningrad. The Allunion Society for cultural relations with foreign countries，1935; Mei Lanfang and Chinese drama. N. B.〔1935〕; Мэй Лань-фан и китайский театр. К гастролям в СССР, М.-Л. : ВОКС, 1935; Гастроли китайского театра под руководством известного режиссера и артиста Мэй Лань-фана. М.-Л.，1935.

闻媒体的见面会。¹

苏联艺术活动家们与梅兰芳的相识是在沃克斯召开的盛大的招待会上（放映了电影并举行了正式的宴会，3月14日），中国电影演员胡蝶和苏联戏剧、电影活动家Б.А.舒米亚茨基（Б. А. Шумяцкий）、А.Я.泰伊罗夫、С.М.爱森斯坦、С.М.特列季亚科夫共同出席。当时给客人们放映了电影《恰巴耶夫》和中国剧团抵达莫斯科的新闻纪录影片，该影片即是此前两天在С.М.爱森斯坦的亲自指导下联盟新闻电影制片厂拍摄的，是日晚上，梅兰芳与这位电影导演有了第一次私人会晤。

3月19日，中国大使馆为欢迎梅兰芳举行了招待会。中国演员表演了两出短戏，《灵猴》及《费贞娥与"虎"将军》。

3月20日，在戏剧工作者俱乐部举行了同梅兰芳的见面会，内容是关于中国戏剧的讲座和包括梅兰芳本人参加的戏剧片段演示。张彭春做关于中国传统戏剧的讲座，Н.П.奥赫洛普科夫（Н. П. Охлопков）用俄语宣读。与讲座内容相伴，中国演员表演了歌唱（生角和旦角的嗓音），还有武打技巧和程式化动作展示（所有人都记住了"骑马"的动作）。²

评论家М.Ю.列维多夫（М. Ю. Левидов）写到，在讲座和演示的时候，他感到一些畏怯并产生了浓厚的兴趣。"有浓厚的兴趣是因为感受到，展现在我们面前的是全新的艺术原理。说畏怯是因为我们所理解的一贯采用的美学评价方法在这里都不适用。"³1910至1920年代，在俄罗斯导演艺术的探索中，列维多夫看到了苏联和别国的迥异于欧洲情调的艺术可能接近的路径。"Н.叶夫列维诺夫（Н. Евреинов）曾经幻想过类似于程式化戏剧的风格，梅耶荷德排演的《图兰朵公主》（瓦赫坦戈夫版）似乎也曾

---

1 《梅兰芳来了》，《莫斯科晚报》1935年3月13日；《梅兰芳在莫斯科》，《真理报》1935年3月14日；《梅兰芳在莫斯科》，《工业化报》1935年3月14日；《中国剧团在莫斯科》，《共产主义教育报》1935年3月14日；《两种文化的相遇——梅兰芳谈其剧团在苏联的行程》，《劳动报》1935年3月14日；《梅兰芳在莫斯科》，《共青团真理报》1935年3月14日；《梅兰芳：我的致谢》，《消息报》1935年3月14日。

2 〔俄〕С.М.特列季亚科夫《大师们的交流》，《真理报》1935年3月22日。

3 〔俄〕М.Ю.列维多夫《前奏曲：梅兰芳等在艺术家俱乐部的讲演》，《莫斯科晚报》1935年3月22日。

部分地带有那样的风格，即'中国式'戏剧的风格。在中国戏剧中，我们感受到了它巨大的戏剧文化的存量。这种戏剧文化的姿势动作和熟练技巧方面也有我们能够学到的东西。"[1]

报纸上提到的出席见面会的名单中，还有В.Э.梅耶荷德、И.М.莫斯克温（И. М. Москвин）、С.М.米霍埃尔斯（С. М. Михоэлс）、В.О.马萨利季诺娃（В. О. Массалитинова）、Е.О.柳比莫夫-兰尼斯基（Е. О. Любимов-Ланский）、И.Н.别尔谢涅夫（И. Н. Берсенев）、С.М.爱森斯坦、В.Л.祖斯金（В. Л. Зускин）、Ю.А.扎瓦茨基（Ю. А. Завадский）、Н.П.赫梅廖夫（Н. П. Хмелев）、Ц.Л.曼苏罗娃（Ц. Л. Мансурова）等。

3月22日，首次公开试演。他们为挑选的有备而来的艺术活动家们演出了《一只可疑的鞋子》《费贞娥与"虎"将军》，以及《姑娘英雄》中的剑舞。

3月23至28日，中国剧团每天为社会公众演出。中国剧团巡演活动详细具体的日程安排，除了自己的演出外，排得满满的且内容相当丰富。在莫斯科期间，中国演员们在大剧院、国家梅耶荷德剧院（ГосТИМ）、莫斯科卡美尔剧院（Московский Камерный Театр）、瓦赫坦戈夫剧院（Театр им. Е. Б. Вахтангов）、尤里·扎瓦茨基剧院（Театр Юрия Завадского）、莫斯科模范艺术剧院（МХАТ，在观看话剧《樱桃园》的幕间休息时，观众起立向梅兰芳鼓掌）、音乐厅等处观看演出。梅兰芳参观了在历史博物馆举办的"苏联十七年戏剧艺术家展"，艺术理论家А.М.埃夫罗斯（А. М. Эфрос）为中国客人担任专业导游。

3月29日晚，在大剧院观看芭蕾舞剧《天鹅湖》（*Лебединое озеро*）后，应С.М.爱森斯坦的邀请，梅兰芳和《虹霓关》一剧的演职人员来到莫斯科电影制片厂拍摄该剧的有声电影，拍摄工作一直持续至深夜，共用了5个多小时。[2]

第二天，即3月30日，梅兰芳在位于列昂季耶夫斯基小巷（Леонтьевский

---

1 〔俄〕М. 列维多夫《梅兰芳的戏剧》，《莫斯科晚报》1935年3月22日。
2 梅兰芳《我的无限敬意》，《同时代人回忆爱森斯坦》莫斯科1974年版，第258—261页。

переулок)的К.С.斯坦尼斯拉夫斯基的家里拜访了斯氏。同斯氏谈话之后,梅兰芳观摩了歌剧音乐学校的演员们在这里排演的歌剧《塞尔维亚的理发师》。[1]

3月31日,梅兰芳剧团抵达列宁格勒,接待的计划和莫斯科相似。在中国演员抵达前夕,沃克斯列宁格勒分会发行了小册子,包括下列文章:А.Я.阿罗舍夫的《向伟大的演员致敬》、Б.А.瓦西里耶夫(科学院列宁格勒东方学研究所教授)的《梅兰芳——伟大的中国舞台艺术大师》、С.М.爱森斯坦的《梨园魔法师》、С.М.特列季亚科夫的《五亿观众》。[2] 在列宁格勒的报纸上登载了一系列向观众介绍中国传统戏剧的文章。[3]

亦如在莫斯科一样,在十月火车站迎接中国演员的是隆重的欢迎仪式。4月2日晚在欧洲宾馆,梅兰芳面对着作家[Н.С.吉洪诺夫、О.Д.福尔什(О. Д. Форш)、А.Н.托尔斯泰(А. Н. Толстой)、К.А.费定(К. А. Федин)]、东方学家[院士Ф.И.舍尔巴茨科伊(Ф. И. Щербатской)、Б.А.瓦西里耶夫]、演员[В.А.米邱林娜-萨姆伊洛娃(В. А. Мичурина-Самойлова)、Н.Ф.莫纳霍夫、Б.А.巴博奇金(Б. А. Бабочкин)]等做了发言。当天在维堡区文化之家公开试演了几个片段:《一只可疑的鞋子》、《相貌丑陋的学者》(Уродливый ученый)[4]、《虹霓关》以及《姑娘英雄》一剧中的舞蹈。

4月3至8日,中国剧团为列宁格勒的广大观众演出。巡演结束后,剧团用两天的时间参观城市,观看演出[在国立戏剧院(Театр

---

1 〔俄〕梅兰芳《纪念斯坦尼斯拉夫斯基》,《戏剧》1953年第9期,第164—165页。И.Н.维诺格拉斯卡雅(Виноградская И. Н.)《斯坦尼斯拉夫斯基的生平与创作大事记(1863—1938)》(第4卷),莫斯科艺术剧院2003年修订版,第321—322页。

2 〔俄〕《梅兰芳与中国戏剧——致在苏联的巡演》,莫斯科、列宁格勒,沃克斯1935年版。

3 〔俄〕С.М.特列季亚科夫《客人的戏剧——写在中国剧团巡演之前》,《红色报》(晨版)1935年4月1日;《欢迎梅兰芳——科学院列宁格勒东方学研究所教授Б.А.瓦西里耶夫的谈话》,《列宁格勒真理报》1935年4月1日;Б.А.瓦西里耶夫《中国古典戏剧——写在梅兰芳领导的中国剧团巡演之前》,《接班人报》1935年4月1日;А.布鲁斯托夫(Брустов А.)《凤凰:写在梅兰芳领导的中国剧团巡演之前》,《列宁格勒文学报》1935年4月1日;Н.卡斯塔列夫(Костарев Н.)《梅兰芳的戏剧》,《列宁格勒真理报》1935年4月2日。

4 《钟馗嫁妹》。——译者注

Госдрамы）、列宁格勒国家歌剧芭蕾舞剧模范小剧院（МАЛЕГОТ）等处]。梅兰芳在国立戏剧院为演员和导演们展示基本身段（没有化妆和穿戏装）。为迎接中国剧团的到来，俄罗斯科学院（РАН）普希金俄罗斯文学研究所（ИРЛИ）特意地举办中文版的普希金作品展览。在东方学研究所召开了梅兰芳与汉学家В.М.阿列克谢耶夫（В. М. Алексеев）院士、Б.А.瓦西里耶夫、Н.А.涅夫斯基（Н. А. Невский）的见面会。

列宁格勒的戏剧评论界对梅兰芳巡演的反响表现得激烈和热烈程度丝毫不亚于莫斯科。在这些文章中[1]，А.И.皮奥特洛夫斯基（А. И. Пиотровский）、К.Н.杰尔扎温（К. Н. Державин）的评论最为重要。

4月11日，京剧团返回莫斯科。巡演行程全部完成的三天后，在沃克斯莫斯科分会召开了关于中国剧团演出的研讨会。在4月14日的研讨会上，В.И.聂米罗维奇-丹钦科担任主席（他担任主持并做总结发言），С.М.特列季亚科夫、М.Ф.格涅辛（М. Ф. Гнесин）、В.Э.梅耶荷德、А.Я.泰伊罗夫、С.М.爱森斯坦结合自己的观感发表讲话。[2] 所有的这些发言者有着多种不同的戏剧观点，但一致的评价是，中国剧团的到来对于苏联（乃至整个欧洲）的戏剧界都是大事。最后，聂米罗维奇-丹钦科总结道：

---

[1] [俄]Бо Р. 布罗江斯基（Бродянский Бор.）《千百年凝练的演技——记中国剧团的演出》，《红色报》（晚版）1935年4月3日；А.И.皮奥特罗夫斯基《梨树繁花似锦——观梅兰芳演出有感》，《红色报》（晚版）1935年4月4日；К.杰尔扎温《最精致的演员表演技艺》，《接班人报》1935年4月4日；Б. 布罗江斯基（Бродянский Б.）《穿越时光隧道，透过难懂的方块汉字》，《红色报》（晚版）1935年4月5日；М.扬科夫斯基（Янковский М.）《独一无二的戏剧表演》，《红色报》（晨版）1935年4月10日。

[2] 1978年公布了В.Э.梅耶荷德在这次研讨会上的发言，该发言的记录保留在俄罗斯国立艺术档案馆[РГАЛИ]（[俄]В.Э.梅耶荷德《谈梅兰芳的巡演——1935年4月14日在沃克斯的发言》，见《В.Э.梅耶荷德的创作遗产》，莫斯科全苏戏剧协会1978年版，第95—97页）。1992年，讨论会的另一份存于国立中央十月革命档案馆（ЦГАОР）的档案速记稿刊登出来（《生机盎然的艺术——梅兰芳在苏联巡演研讨会速记稿》，拉尔斯·克莱贝尔格发布并做序言，莫斯科《电影艺术》1992年版，第1期）。把两份档案相对照，可以判断，速记稿文本有可能只是研讨会发言的简化版。可以确认的是，这是沃克斯关于中国剧团巡演的正式的官方总结。

东西文化的对话

"所有人都承认,中国剧团给我们的戏剧生活带来了深刻而重要的冲击。"[1]

在巡演及随后的几个月,戏剧评论界是逐层地、按照元素来分析中国剧团的演出,有写演员的表演艺术的〔Н.Д.沃尔科夫(Н. Д. Волков)[2]、И.И.巴切利斯(И. И. Бачелис)[3]、С.М.特列季亚科夫[4]等〕;有写音乐和节奏的〔ВЛ.鲁德曼(Вл. Рудман)[5]〕;有写舞台装置、服装和化妆的〔К.Ф.尤翁(К. Ф. Юон)[6]〕;有写手势、姿势和动作的精致优美,涵盖了手势、造型和舞蹈的〔В.伊文格(В. Ивинг)[7]〕。还有从整体介绍和分析的角度出发,写有关"分寸"的把握等方面的文章〔М.С.沙吉尼扬(М. С. Шагинян)[8]〕。

在研讨会上,中苏专家们围绕着巡演提出了,诸如"异域文化"(把东方与西方、俄罗斯与中国、日本与中国的文化相比较)、"迥异于欧洲情调的"、"古老的"、"凝滞的"、"程式化"的戏剧艺术与已经确立的具有"普遍的"、"苏维埃的(统一的,但同时亦是多民族的)"、"现代或具有现实意义的"、"动作感强的"、"现实主义"特征的"社会主义现实主义的原则"相协调的问题。

由此,1935年梅兰芳剧团来到苏联对中苏两国戏剧的影响在三个方面表现得最为明显:

第一,梅兰芳本人对斯坦尼斯拉夫斯基的戏剧理论和戏剧教育学产生

---

[1] 《生机盎然的艺术——梅兰芳在苏联巡演研讨会速记稿》,拉尔斯·克莱贝尔格发布并做序言,莫斯科《电影艺术》1992年版,第1期。

[2] 〔俄〕Н.沃尔科夫《观梅兰芳的戏剧表演》,《苏维埃艺术》1935年3月29日。

[3] 〔俄〕И.巴切利斯(Бачелис И.)《梅兰芳演出的戏剧》,《共青团真理报》1935年3月24日。

[4] 〔俄〕С.М.特列季亚科夫《古装新戏》,《真理报》1935年3月26日。

[5] 〔俄〕ВЛ.鲁德曼《中国戏剧的音乐》,《工人与戏剧》1935年第8期。

[6] 〔俄〕К.Ф.尤翁《绚丽的色调——梅兰芳舞台艺术中的布景和装扮》,《消息报》1935年3月27日。

[7] 〔俄〕В.伊温格《表演艺术大师——舞蹈和表意动作在梅兰芳舞台艺术中的运用》,《消息报》1935年3月24日。

[8] 〔俄〕М.沙吉尼扬《戏剧的中和性》,《真理报》1935年3月24日。

了兴趣。关于这一点，他在自己的回忆录中有介绍。[1]

第二，梅耶荷德的戏剧吸收了梅兰芳的方法。早在1910年梅耶荷德就对东方戏剧产生了兴趣，1920年代末他在巴黎观看了日本歌舞伎的表演，但直接接触中国戏剧还是第一次。

梅耶荷德的学生C.M.爱森斯坦很轻松地就能指出梅耶荷德的戏剧（就发展的逻辑方面）与梅兰芳戏剧的相似之处。"在我们的一类戏剧——梅耶荷德的戏剧中，我看到了与梅兰芳博士表现手法的相近之处。"[2]

在沃克斯的讨论会上，梅耶荷德也说："梅兰芳博士的戏剧在我们这儿的呈现取得的成就是相当大的，超出了我们的预期。"[3]在发言中，梅耶荷德强调了中国舞台艺术中手的技巧的运用，他还注意到了演出时经过仔细调整和校正的韵律结构。但最主要是，梅耶荷德创作的基础即普希金"程式化戏剧"理论与梅兰芳的实践之间有相近之处。因此，就有了俄罗斯经典剧目以中国戏剧的形式加以呈现的可能性。"想象得出，用梅兰芳博士的表演方法演出普希金的戏剧《鲍里斯·戈东诺夫》是可以的。"[4]

1935年春天，梅兰芳巡演期间，梅耶荷德第二次排演格里鲍耶陀夫（Грибоедов）的《聪明误》（实际是新排的戏剧）。梅耶荷德在沃克斯的那次讨论会上说："在看过梅兰芳博士的两三场排演后，我产生了要重排的想法，我感觉到我过去所做的一切都应该改变。"[5]

---

1 梅兰芳《纪念斯坦尼斯拉夫斯基》，《戏剧》1953年第9期，第163—164页。

2 《生机盎然的艺术——梅兰芳在苏联巡演研讨会速记稿》，拉尔斯·克莱贝尔格发布并做序言，莫斯科《电影艺术》1992年第1期。

3 〔俄〕В.Э.梅耶荷德《谈梅兰芳的巡演——1935年4月14日在沃克斯的发言》，参见《В.Э.梅耶荷德的创作遗产》，莫斯科全苏戏剧协会1978年版，第95页。

4 〔俄〕В.Э.梅耶荷德《谈梅兰芳的巡演——1935年4月14日在沃克斯的发言》，参见《В.Э.梅耶荷德的创作遗产》，莫斯科全苏戏剧协会1978年版，第96页。

5 〔俄〕В.Э.梅耶荷德《谈梅兰芳的巡演——1935年4月14日在沃克斯的发言》，参见《В.Э.梅耶荷德的创作遗产》，莫斯科全苏戏剧协会1978年版，第95页。

东西文化的对话

1935年9月，即中国剧团巡演半年后，第二版的《聪明误》上演。在演出的海报上有两句献词："不仅献给钢琴家利沃夫·奥博林（Льв Оборин）（在第一版中即如此写），而且献给梅兰芳"。梅耶荷德在首演后说："在这最新的改编版中有中国演员梅兰芳（在舞台节律的安排方面）影响的印迹""在这部剧中令人难忘的是，梅兰芳领导的中国剧团演出的'民间口头创作'方面的一系列特征补充到这部剧的音乐元素中。"[1] 戏的结尾，特别是索菲娅·法穆索娃（Софьи Фамусова）的姿态与动作轻盈优美的练习曲[2]——长围巾舞［A.H.赫拉斯科娃（А. Н. Хераскова）表演］吸收了梅兰芳的表演方法。

更有意思（也是鲜为人知）的是，梅耶荷德把他对中国传统戏剧艺术的理解纳入国立梅耶荷德剧院附属戏剧学校培养演员的教学大纲中。在4月沃克斯的研讨会上，梅耶荷德说："在这个时代，我要更全面地研究这个问题。因为我不仅是导演，而且还是教员，我一定要对在我们学校里学习的那些年轻人做这方面内容的报告。"[3]

1935年夏天，在梅兰芳巡演两个月之后，梅耶荷德在致戏剧学校领导者的信中写道："必须列入戏剧基本常识（即《戏剧常识》教材，也就是导演专业的基础知识）中，它包括导演专业的基础、舞台装置、音乐创作的原理、戏剧创作的路径、导演的剪辑与体系（要介绍斯坦尼斯拉夫斯基、梅耶荷德、梅兰芳等）。"[4] 在这封信中，梅兰芳不是作为杰出的演员，而是以导演、革新家的身份同梅耶荷德的老师斯坦尼斯拉夫斯基及梅耶荷德本人并列。1936年冬天，梅耶荷德面对毕业生谈到了在戏剧中动作的重要性及多样性，他说："中国戏剧是赋予了动作以极大意义的戏剧形式

---

1 〔俄〕В.Э.梅耶荷德《谈〈聪明误〉（第二个舞台演出版）的演出原则》，参见《梅耶荷德的文章、书信、演讲、谈话集》（第二部分1918—1939），莫斯科1968年版，第322页。

2 一种难度大的短小乐曲。——译者注

3 〔俄〕В.Э.梅耶荷德《谈梅兰芳的巡演——1935年4月14日在沃克斯的发言》，参见《В.Э.梅耶荷德的创作遗产》，莫斯科全苏戏剧协会1978年版，第97页。

4 〔俄〕В.Э.梅耶荷德《谈〈聪明误〉（第二个舞台演出版）的演出原则》，参见《梅耶荷德的文章、书信、演讲、谈话集》（第二部分1918—1939），莫斯科1968年版，第323页。

之一。……我们的戏剧与这种戏剧已经接近了,但还要经过大约25年至50年的时间。未来戏剧的荣耀是建立在这种戏剧的基础上。未来将出现西欧歌剧与中国戏剧表演方式的某种融合。"[1]

第三,梅兰芳的创作带来的影响是与电影艺术相联系的。C.M.爱森斯坦评价中国演员的表演:"在艺术领域的所有音区中都有完美的惊人的工作技能。"[2]这一点对有声电影艺术最重要和具有现实意义。

在沃克斯的研讨会上,爱森斯坦开诚布公地提出了关于梅兰芳剧团未来发展道路的特别意见:"我个人认为,无论是艺术领域,还是技术领域中的现代化,都是这个戏剧应该竭力避免的。我甚至想大胆地对我们的朋友们提出一些批评。我有一个印象,当他们从列宁格勒回来以后,除了梅兰芳博士依然保持着完整的令人惊奇的技能,没有受到任何影响外,他周围一些人的表演似乎带上了我们的情调,而我想说,这对演戏没有好处。……我想,人类的戏剧文化完全可以尽力地保留这个戏剧本身所固有的极其完美的形式,而不打破其发展的轨迹。"[3]

由于受到梅兰芳剧团在苏联巡演的启发,在发言中提出的关于苏维埃各共和国民族戏剧命运的那些富有建设性和前瞻性的建议(C.M.特列季亚科夫),关于密切并行的东西方戏剧的关系的思考等(特别是关于梅兰芳和莎士比亚)(C.M.特列季亚科夫、А.И.皮奥特洛夫斯基)还可以列出来。但最主要的是,人们意识到(包括口头发言和在出版物上发表的评论在内)把欧洲的戏剧模式作为唯一的值得研究和模仿的戏剧样式的局限性与不足。梅兰芳剧团的巡演,就俄苏戏剧(作为欧洲舞台艺术的组成部分)来说,为尚未利用的东方戏剧艺术处女地的开发创造了可能性。因此,笔者有这样一种观点,那就是1935年梅兰芳剧团巡演的主要"回

---

[1] 〔俄〕В.Э.梅耶荷德《谈梅兰芳的巡演——1935年4月14日在沃克斯的发言》,见《В.Э.梅耶荷德的创作遗产》,莫斯科全苏戏剧协会1978年版,第121页。

[2] 《生机盎然的艺术——梅兰芳在苏联巡演研讨会速记稿》,拉尔斯·克莱贝尔格发布并做序言,载于莫斯科《电影艺术》1992年第1期。

[3] 《生机盎然的艺术——梅兰芳在苏联巡演研讨会速记稿》,拉尔斯·克莱贝尔格发布并做序言,载于莫斯科《电影艺术》1992年第1期。

声",不仅应该在梅兰芳巡演之后即去寻找,而且还应在更久远的20世纪至21世纪之初的俄罗斯戏剧艺术的发展中去探索。

(原文发表于《戏曲艺术》2017年第3期,收入本书中略有改动)

梅兰芳与列宁格勒文艺学术界交流在苏联期刊中的反应

著者 〔俄罗斯〕叶可佳[1]（台湾"国立清华大学"助理教授）

（笔者按：本文介绍1935年访问苏联期间为梅兰芳代表团在列宁格勒所组织的活动，以及报纸相关报告。具体探讨代表团在科学院东方研究所与苏联汉学家和东方学家的会议。列宁格勒汉学家Б.А.瓦西里耶夫是当时全苏联唯一的戏曲专家，给苏联读者和戏友大量介绍中国传统戏曲和梅兰芳的表演艺术。在访问结束后，他的学术教育性文章及采访发表在列宁格勒的报刊上，而本文对此也做探讨。）

一、梅兰芳在列宁格勒的演出过程和文艺交流[2]

本小节主要探讨梅兰芳剧团和陪伴梅氏的人士在列宁格勒参加的文化交流。在列宁格勒接待梅氏剧团的委员会成员包括：苏史节维奇（Boris Sushkevitch，1887—1946），导演、演员、教育家，他自1933年起担任列宁格勒模范话剧院的艺术指导（现在是名为普希金的俄罗斯国家模范

---

[1] 作者为俄罗斯籍。俄文名：扎维达夫斯卡娅·叶卡捷琳娜。
[2] 感谢莫斯科大学库普佐娃·欧尔加教授提供的相关资料。

话剧院），自 1937 年担任新剧院（Novy Teatr）的艺术指导；莫纳赫夫（Nikolai Monahov，1875—1936），轻歌剧演员、话剧演员，他 1918 年参加彼得格勒话剧大剧院（现在名为 Tovstonogov 国家模范大话剧院）的创办，然后一直在这家剧院当戏头；吉哈诺夫（Nikolai Tikhonov，1896—1979），苏联诗人；特拉乌贝格（Leonid Trauberg，1902—1990），电影导演、剧作家。当地报刊每日报道梅兰芳的剧团在列宁格勒的演出情况，其中包括《列宁格勒真理》（*Leningradskaia Pravda*）、《接班人》（*Smena*）、《红色报》（*Krasnaia Gazeta*）等报纸。演出后专业文艺期刊如《工人的剧院》（*Rabochij Teatr*）、《苏联剧院》（*Sovetskij Teatr*）、《红色新时代》（*Krasnaia Nov*）、《星》（*Zvezda*）等，也发表了评论文章。列宁格勒汉学家王希礼（Boris Vasiliev，1899—1937）演出前在《消息报》（*Izvestia*）发表了一篇《梅兰芳与中国戏剧》（"Mei Lanfang i kitaiskij teatr"）的文章，刊载于该报 1935 年 3 月 12 日，第 4 页。此外，给民众上了一堂介绍中国戏曲的课。

梅氏剧团到达列宁格勒前，苏联对外文化交流协会出版了一本文集，其中包括苏联革命家、外交官、作家阿罗舍夫（AleksandrArosev，1890—1938）的文章《向伟大的演员致敬》、王希礼的《中国舞台大师梅兰芳》、爱森斯坦（SergeiEisenstein，1893—1948）的《梨园魔法师》、特列季亚科夫（SergeiTretiakov，1892—1939）的《五亿观众》。

演出前夕，列宁格勒报纸还发表了一些介绍京剧的文章，如特列季亚科夫的《客人的戏剧：关于中国剧团的巡回演出》（《红色报》，1935 年 4 月 1 日）[1]、王希礼的《向梅兰芳致敬：采访东方研究院王希礼教授》（《列宁格勒真理》，1935 年 4 月 1 日）、王希礼的《中国古典戏剧：中国演员

---

[1] 莫斯科演出时，特列季亚科夫也发表了一篇《梅兰芳是我们的客人》（"Mei Lanfang-nashgost"，刊载于《真理报》，1935 年 3 月 12 日，第 4 页）。特列季亚科夫先介绍剧本、动作、脸谱和道具的程式化，强调戏曲的古老（他写的"几千年的历史"显示他的外行身份），戏曲颂扬孝、义、忠等儒家美德与中国社会。作为革命派的代表，特列季亚科夫认为戏曲早就失去了它的意义，但西式的话剧很难获得观众的青睐。笔者认为这篇文章的内容很大程度上参考了王希礼的论著。

梅兰芳的巡回演出》(《接班人》,1935年4月1日)、A.布鲁斯托夫的《凤凰:梅兰芳的中国剧团的巡回演出》(《列宁格勒文学报》,1935年4月1日)、基·科斯塔列夫[1]的《梅兰芳的戏剧》(《列宁格勒真理报》,1935年4月2日。

1935年3月31日梅兰芳剧团到达列宁格勒,自4月3至8日演出完后,梅兰芳的剧团观摩了几场戏剧表演:在列宁格勒国家模范小歌剧院看了《麦克白夫人》,在国家模范大话剧院看了《理查三世》。拜访国家模范大话剧院时,梅兰芳给该院的演员和导演做本色表演。苏联科学院的俄罗斯文学研究所专门准备了《普希金作品在中国》的展览。4月9日或10日梅兰芳在列宁格勒苏联科学院的东方研究所与著名汉学家阿列克谢耶夫院士(Vasily Alekseev, 1881—1951,汉名阿翰林)、东亚语言专家涅夫斯基副教授(Nikolai Nevskij, 1892—1937)和阿翰林的学生王希礼教授等座谈。记者EvgeniyTank的文章《梅兰芳拜访科学院》("DoktorMeiLanfangvakademiinauk")报道了梅兰芳拜访科学院的东方研究所的情况,作者首先提到苏联汉学家对中文汉字拉丁字母化的工作。的确,阿列克谢耶夫院士在东方研究所领导的中国研究室(Kitaiskij Kabinet)进行这方面的研究。学者们接待梅兰芳时,请他喝茶,边坐边聊天。参加这次座谈的人士有:阿列克谢耶夫院士、张彭春教授、王希礼教授、涅夫斯基副教授、余教授(也许是梅氏剧团的副指导余上沅或是编剧余一清)、驻俄赤塔领事、俄罗斯文学经典的中国翻译Ku先生(应该是耿济之[2],1899—

---

[1] N. Kostarev(1893—1941?),军人、作家、剧作家。1926至1927年在中国当过记者,1928年在列宁格勒出版了《我的中国日记》(*KostarevNikolai, Moikitaiskiednevniki. Leningrad: izdatelstvo "Priboi"*)。

[2] 1933年2月,伪满洲国在苏联赤塔新建领事馆。此时在苏联赤塔有两个领事馆,一个是中华民国的,另外一个是伪满洲国的。笔者在http://big5.eastday.com:82/gate/big5/shszx.eastday.com/node2/node4810/node4851/node4864/u1ai61714.html读到:"2月27日上午11时,船只抵达海参崴,受到热烈欢迎。第二天,驻海参崴的中国总领事设午宴招待当地官员,直至下午4时才散席。当天晚上,颜惠庆暂且告别梅兰芳、胡蝶等人,乘坐专车先行。一周后又再次会合,一同乘车前往莫斯科。3月6日,专车抵达赤塔,颜惠庆见到老部下耿济之(时任驻赤塔领事馆总领事)。"耿济之翻译了很多俄国文学名著,从1939年起连续四年一直在赤塔,他把主要精力放在阅读文学著作和翻译研究工作上。1935年梅兰芳访苏演出,耿陪同梅兰芳去莫斯科,其间亲自担任梅的翻译,并与梅兰芳同志一起会见并结识了苏联文艺界的著名人士。

1947)、中央社（Central News）特派驻苏记者 Mr.King（应该是戈公振，1890—1935）。这位中国记者顺便请阿列克谢耶夫院士给中国报纸写一篇文章。好不容易，参加这一次会谈的人都会中文。梅博士感叹："苏联戏剧真多种多样！其中有那么多探索和实验！任何莫斯科剧团在我们那儿演出都一定会成功的。"

接下来作者提到，可以看出来梅氏、他的理论家张氏与苏联导演的意见有了分歧。梅氏渴望能有激烈的讨论和争论，他请东方学专家多提出诚恳的意见。张教授的发言涉及翻译困难的问题。随着历史的变迁，中国字的语义发生了很大的变化，为了做出修辞水平较高的译文，一定要先做不少工作。张教授给自己定下一个目标：给100个中文字找到准确反映这些字的英文词汇。其实，连俄文的词义翻译出来也是很难的，最近发表的《罪与罚》的中文译本[1]就存在着一些可笑的译法，如原文的"他的钱从来不消尽"（dengi u nego nikogda ne perevodolis）被误翻成"他父母不再汇付给他"。客人们在一个大厅看到独一无二的展品，包括20世纪的党项手写稿、去年在土库曼斯坦共和国发现的粟特手写稿（这些文献显示出8世纪中国与伊朗的关系），还有科兹洛夫（Piotr Kozlov，1863—1935）在黑水城的发现。与西方不一样，这些宝贵的资料没落到自大有钱人的手里，而是落到具备科学知识的苏联专家手里。我们的客人说："我们的东方研究基于科学。"

笔者还发现一份资料，补充说明莫斯科和列宁格勒合作研究中国京剧和梅兰芳的艺术。藏于圣彼得堡的苏联科学院档案里有一封信（档案号：ПФА РАН Ф.820，Оп.2，Д.218，Л.18），日期为1935年3月24日，是莫斯科的国家中央戏剧博物馆（Tsentralny teatralny muzei imeni Bahkrushina）写给阿列克谢耶夫院士的，请他来本馆帮助检查和了解梅

---

[1] 1931年耿济之将陀思妥耶夫斯基的名著《罪与罚》翻译成中文，一般认为，译稿在商务印书馆付印中被"一·二八"战事炮火所毁，但笔者从博客 http://blog.sina.com.cn/s/blog_4c57e17701014yr1.html 得知，《罪与罚》的译稿奇迹般地在台湾得到出版，由远景出版社1979年版，1986年再版。此外，1931年北京的出版社发表了韦丛芜翻译的《罪与罚》，也许这一次的评论就是针对韦丛芜的译文。

兰芳赠送的一些戏剧有关的资料（其中有服装和乐器），当时国家中央戏剧博物馆计划举办相关的展览（1970年博物馆发生了大火灾，很多梅氏送的物品被烧尽）。此外，该馆还请阿列克谢耶夫写一篇介绍中国戏剧的报告。这份资料说明梅氏的访问受到很多文艺机关的关注，引起轰动效应。

二、王希礼的文章

为了进一步了解梅氏与列宁格勒文艺和学术界的交流，本小节探讨王希礼在梅兰芳演出前后在列宁格勒的报刊上所发表的文章。其中值得注意的有4篇：

1.《梅兰芳与中国戏剧》（《消息报》，1935年3月12日，第4页）；

2.《中国古典戏剧：中国演员梅兰芳的巡回演出》（《接班人》，1935年4月1日）；

3.《向梅兰芳致敬：采访东方研究院王希礼教授》（《列宁格勒真理》，1935年4月1日）；

4.《中国古典戏剧：梅兰芳的表演》（《工人的剧院》，1935第8期，第5—7页）。

王希礼是鲍里斯·亚历山德罗维奇·瓦西里耶夫（Boris Vasiliev，1899—1937）的汉文名字。他出生于彼得堡一个普通公务员家庭，1922年毕业于彼得堡大学东方系，自1918年开始成为俄罗斯汉学先驱者阿列克谢耶夫院士的学生。王希礼对中国戏剧有浓厚的兴趣，他撰写的一篇《中国戏剧》的学术文章，被列入1929年出版的《东方戏剧论文集》（*Vostochny teatr.Sbornik statei*，列宁格勒：《ACADEMIA》1929年版，第196—267页），这是第一篇在苏联甚至整个西方出版的中国戏剧有关的学术论文。

东西文化的对话

笔者已对《工人的剧院》期刊发表的王希礼的文章做过分析。[1] 同一期上还有另一位汉学家鲁德曼的文章《中国戏剧的音乐》("Muzyka kitaiskogo teatra")[2]。这篇文章也由梅兰芳的表演所引起，是最早的一篇苏联专家对京剧音乐关注的文章。1937年他在《苏联音乐》(*Sovetskaia muzyka*，第8期，第37—54页）上发表了一篇文章，题目是《中国戏剧的音乐》，其中分析了在中国记录的京剧曲牌及其旋律。

在梅兰芳演出前，《列宁格勒真理》（1935年4月1日）发表了王希礼教授的采访《向梅兰芳致敬：采访东方研究院王希礼教授》，这篇文章从欢迎伟大演员的致辞开始。王希礼表示："梅兰芳剧团的来临在我国美术、文化和政治方面有重大的意义。虽然中苏两国的戏剧传统不同，但我国的观众有能力了解和欣赏中国大师'程式化'的表演艺术，这个表演方式是千年辛苦的结果。其实，除了中国观众外，只有苏联观众能完全了解和接受这种艺术。西方观众的偏见太多，将中国戏剧视为奇怪的、异国的东西。梅兰芳在苏联有很多愿意向他学，也愿意跟他分享的朋友，甚至在列宁格勒的苏联东方研究中心有苏联科学院东方研究所、名为Enukidze的东方语言学院[3]、冬宫的东方组、国家美术学院[4]的中国戏剧教研室。我们从梅兰芳剧团可以学很多：第一，中国戏剧中音乐和颜色很重要，整个表

---

1 叶可佳《汉学家王希礼、文学家特列季亚科夫论中国戏曲与梅兰芳》，载于《戏曲研究》2014年第91辑，第64—80页。

2 弗拉基米尔·鲁德曼（Vladimir Rudman，生卒待考），汉学家、翻译家，19世纪20年代毕业于海参崴的东方学院，20世纪30至50年代大量翻译和发表中国现代文学作品。他翻译的周立波的小说《暴风骤雨》（1948）于1951年在莫斯科出版缩写版，1952年发表了《中国作家作品》(*Rasskazy kitaiskih pisatelei*)的译文集。鲁德曼的论著给苏联读者介绍新中国文学和俄国文学在中国的情况［如《普希金在中国》(*Pushkin v Kitae*)，发表于《新世界》(*Novy Mir*) 1949年第6期，第223—227页］。另外，他的文章涉及新中国的教育制度、美术、电影等，他还把普希金、马雅科夫斯基等的诗歌翻译成中文。

3 中央活东方语言学院（Zentralny institut zhivyh vostochnyh jazykov），1920年建于彼得格勒，属于国家教育委员会，主要培养能在东方国家工作和教学的人才，包括阿拉伯文、亚美尼亚文、格鲁吉亚文、印度文、蒙古文、波斯文、中文、土耳其文等专业。

4 国家美术学院（Gosudarstevennaja akademia iskusstvoznania），1931年建于莫斯科，1933年搬迁到列宁格勒与当地艺术史研究所合并，有5个部门：文学研究所、戏剧研究所、电影研究所、美术研究所和音乐研究所。

演按照节奏发展，我国最优秀的导演梅耶荷德、泰伊罗夫等就是追求这种状态；第二，中国演员的技术达到了完美水准，每一个动作非常精确；第三，梅兰芳'抒情'（liricheskij）和'武功'（voinstvennij）、舞蹈的完美一定给观众和芭蕾舞蹈家留下很深印象。从另一个角度看，作为深思熟虑的、思想先进的戏剧导演的梅兰芳先生很认真地研究苏联戏剧，也能从我们的经验中学到很多，我们很期待梨园仙子的来临。"

那么，从这份采访中可看到学术界对梅氏访问的评价，探讨了中苏互动和交流的前途。

王希礼的《中国古典戏剧：中国演员梅兰芳的巡回演出》（《接班人》，1935年4月1日）一文从同样的一句话开始："在中华民国家喻户晓的伟大演员梅兰芳，他的访问证明了中苏文化、经济和政治关系的巩固。中国民族经典（klassicheskij）戏剧也叫'京戏'，是封建文化的产物，后来成为中国大众的艺术，剧场是民众最热爱的娱乐场所。"这几句是在当时的报刊里必有的话，著者一定要强调京戏是民众的艺术而不是统治者的艺术。接下来，王希礼借用1929年《中国戏剧》里对京剧的解释："中国戏是程式化的，观众必须了解这些程式才能够看懂京剧。"随后，他给苏联观众介绍程式化戏剧的主要原理：无布景、脸谱的颜色、步法和动作的意义，并介绍了京剧的5个行当。从文章中可以看出来，王希礼对梅兰芳的生平不太熟，错误地写到梅氏生于中国南方（其实，他的祖籍是江苏泰州）。同时，著者也强调梅兰芳对京剧改革的贡献，将其称为"老形新剧"（novyj teatr staryh form）。

梅兰芳演出前，王希礼在《消息报》发表了一篇《梅兰芳与中国戏剧》的文章。他首先介绍了中国戏剧的历史：8到13世纪是早期阶段，但其本源在公元前的古代。在当下的中国有两种戏剧："古典"的（klassicheskij）和"现实主义"的（realisticheskij），前者是封建社会和文化的产物，与传统文学密切相关；后者与西方话剧相似，主要受到来自西方的影响，其中斯坦尼斯拉夫斯基的莫斯科美术剧院（Moskivskij hudozhestvennij Teatr）的影响很重要。西式话剧中有几位剧作家代表革命流派。王希礼将戏曲史分成如下的阶段：一、13至14世纪为宫廷戏；

东西文化的对话

二、元朝时逐渐进入大众社会；三、17至18世纪戏曲的观众主要是都市人；四、19至20世纪戏曲才真正成为普及很广泛的大众艺术。全世界只有两国——中国和苏联如此陶醉于戏剧。在中国家喻户晓的众多名角，其中的"明星"是梅兰芳。王希礼分出三个戏曲流派：京戏或二黄为北方剧种；昆曲为南方剧种；梆子为更古老的剧种。三者的差别在于音乐和曲牌的不同，但皆称为"古典戏"，由独唱和对话组成，独唱用文言文，对话用白话。中国音乐有四调音阶，对西方观众而言，戏曲伴奏的声音是生疏的。戏曲演员用假声唱，北方戏用打击和弦乐器伴奏，南方戏用管和弦乐器伴奏。传统上，男演员扮演所有行当，但最近出现男扮男角色，女扮女角色的戏班，甚至有些全女演员戏班。中国的剧本四分之三为历史题材戏（封建社会的重要历史事件），剩下的是抒情的、日常的和幻想的题材。以上四者基于丰富的传统文学。在中国家喻户晓的脚本共约200种，而新剧本稀少。传统剧本不是完整的故事，是段子，其前后的片段也是单独的戏。

接下来，该文章介绍梅兰芳的生平及他早年在京沪的演出。王希礼指出，梅兰芳对京戏的革新从古装歌舞剧《嫦娥奔月》开始，据戏曲理论家张厚载（王希礼写到他，字张豂子）[1]说，梅氏表演中的新方面不脱离传统，他对传统做了独特处理，使行当变更，他的艺术代表了过渡性的表演形式。他的表演革新在于对舞蹈和动作的强调、故事心理层面的深化，他把南方戏的抒情加到北方戏曲中，把正旦和花旦的角色融合起来，前者的独唱很重要，后者的对话较多，两者合起来后加强了京剧的音乐和戏剧元素。

总之，王希礼的这一篇文章详细而又专业地分析了梅兰芳对京剧的革新。

---

[1] 或许，王希礼指的文章是张厚载《我的中国旧剧观》，参见《新青年》第5卷第4号。

三、结语

本文梳理了梅兰芳剧团及陪同人士 1935 年 3 月 31 日至 4 月 11 日在列宁格勒的活动,以及列宁格勒和中央报刊对本次国家级访问的报道。笔者探讨了中国人士拜访苏联科学院东方研究所的情况。阿列克谢耶夫院士和王希礼教授当时在苏联是主要的两位中国戏曲专家,而王希礼对戏曲和梅兰芳的艺术在苏联的普及和介绍做出很大贡献。作为汉学家,王希礼能够更准确地、更专业地阐述京剧和戏曲的审美及其原理,而记者因为缺少这方面的知识背景,经常通过俄国人的审美观去评论中国戏剧。如特列季亚科夫在中国待过两年多、熟悉中国文化,但他还是会用马克思观念去判断和批评戏曲,将其称为"过时的艺术"。

梅兰芳表演美学解释的苏联视野
——以 1935 年苏联的报刊评论为核心

邹元江（武汉大学教授）

一

笔者曾经写过一篇 6 万余字的长文《梅兰芳表演美学解释的日本视野——以梅兰芳 1919、1924 年访日演出为出发点》，分上下篇。[1] 之所以要专门研究"梅兰芳表演美学解释的日本视野"或"梅兰芳表演美学解释的苏联视野"，[2] 其问题的出发点就是因为对梅兰芳表演美学的解释国内票友、研究者与国外不同国别、不同文化背景的研究者、艺术家的差异是很大的，甚至异国他乡对梅兰芳所代表的戏曲艺术的解释反而在陌异的视域里更加醒豁明晰地让国内的解释者看明白被我们习以为常的思维习惯所遮蔽的真理，这其中当然也包含着难以避免的误读。更耐人寻味的是，梅兰芳身边的文人对这些异国评价的翻译有意删改所导致的虚饰的引导效果。令人深思的是，这个问题学界从未关注过。

在北京梅兰芳纪念馆藏有一份 1935 年梅兰芳访问苏联演出后，苏联

---

[1] 载于《戏剧艺术》2014 年第 3、4 期。
[2] 2014 年 10 月 22 至 23 日，在中国艺术研究院和梅兰芳纪念馆联合举办的"梅兰芳表演体系国际学术研讨会"上，笔者提交了约 3.5 万字的论文，题目是《梅兰芳表演艺术的世界意义——以梅兰芳 1935 年访问苏联为关节点》。

东西文化的对话

各家报刊上评论文章的匿名中文翻译者的译稿文档,[1] 共涉及 6 家报刊[2] 的 12 篇文章（其中《真理报》4 篇、《红色报（晚版）》3 篇）。特别值得注意的是，梅兰芳 3 月 23 日在莫斯科音乐厅首演后的第 5 天，也就是 1935 年 3 月 28 日发表在《普罗列塔里报》[3] 上的巴奇里斯撰写的《梅树荫下的清歌妙舞》一文（共 1958 字）。

巴奇里斯在文章一开始就提及苏联戏剧界和观众经常谈论的中国戏曲表演艺术的"虚拟"方式问题，他说：

> 通常，一提起中国的戏剧，一般人总要说到它的各种虚拟的方式是如何为一般受欧洲文化洗礼的观众所不习惯。如果偶然听说到关于中国戏剧的各种特点，这种不习惯的感觉会立刻地被激起。例如骑着手中的马鞭便可以代替一匹马；演员只要用手脚做一点姿势，就算跨过一个高的门槛，但在戏台上却看不见任何门槛；他如白纸穗可以区别鬼和人之类。
>
> 梅剧团第一次的露演，使我们廓清了一切关于虚拟方式的错觉。事实告诉我们：中剧里的各种虚拟方式很少妨碍对于中国戏剧独特艺术的明了和领会。退一步说，即使中剧的各种虚拟方式会妨碍对于中国古代美术的领会，也绝不会比西剧中所谓"相反配景法"和纯粹欧式的巴莱（芭蕾）舞里所用的各种虚拟方式来得厉害些。

西方演艺界和学界及观众对中国戏曲习以为常的虚拟表演如此关注，

---

[1] 见北京梅兰芳纪念馆藏档案［甲 10101］。该文档里的译文是书写在有"荣宝斋"红色字样的黄色信笺纸上，并加以装订成册。

[2] 《普罗列塔里报》（基辅）、《红色报（晚版）》（列宁格勒）、《红色报（晨版）》（列宁格勒）、《变换方向报》（列宁格勒）、《劳工莫斯科报》（莫斯科）、《文学周刊》（莫斯科）、《真理报》（莫斯科）。其中，《红色报（晚版）》和《红色报（晨版）》同属一家报社。

[3] 中文译者在译文前有一段介绍《普罗列塔里报》的话，说该报"发行于基辅，为马克莱茵加盟共和国著名新闻纸之一"。

其实恰恰说明了中西戏剧表现方式的差异。巴奇里斯显然是一开始就想破解西方人对中国戏曲表演一直存有的疑惑，他信心满满地通过亲眼所看梅剧团的第一次表演，就下了一个结论："廓清了一切关于虚拟方式的错觉"。可问题是这个"错觉"是不是真的"廓清"了呢？其实未必。那么，戏曲艺术的虚拟表演方式对西方观众而言是不是一个"错觉"呢？巴奇里斯认为是一个错觉。在他看来其实原本不应该有这个错觉。为什么呢？巴奇里斯说得很清楚："中剧里的各种虚拟方式很少妨碍对于中国戏剧独特艺术的明了和领会。"意思是说，原本以为戏曲艺术的虚拟表演是会让不熟悉中国戏曲艺术的西方观众不知所云，难以理解，可事实上并非如此。中国戏曲艺术的虚拟表演甚至比西剧中的"相反配景法"，甚至纯粹欧式的芭蕾舞里所用的各种虚拟方式更好理解一些。真的是这样吗？按照巴奇里斯举例说的一根马鞭代替一匹马，或演员跨过一个没有门槛的门的说法似乎真是这样。

迭尔热文在《梅伶的绝技》一文中，通过他对中国象形文字的理解似乎也印证了巴奇里斯的说法："梅剧团广用各种虚拟方式。每个演员在舞台上表演的各种动作在真实生活里是不会觅出的；因此，观众领略戏剧须借重各种虚拟的方式。中剧里每一身段每一发音与其说'描写'真实，毋宁谓'指示'真实，观众不是在观看中国优伶的表演，而是在读优伶的表演——就好像读写着象形字体的作品，每个象形的字'指示'一个意义。"[1]也就是说，中国的戏曲艺术的虚拟表演真的没那么神秘，看优伶的虚拟表演不就像"读"写着象形字体的作品那样，每个象形的字都"'指示'一个意义"那么简单吗？

以象形文字的理解方式来"廓清"对虚拟的"错觉"，迭尔热文可能受到当年在苏联影响很大的爱森斯坦的影响。爱森斯坦早在1929年撰写的《电影拍摄原理与象形文字》一文中就说过，"会意"是一种交合或组合活动，"两个象形元素的交合不应视为一加一的总和，而是一个新的成

---

[1]《变换方向报》，1935年4月4日。这里所说的"每个演员在舞台上表演的各种动作在真实生活里是不会觅出的"与后面的语义是有矛盾的，此处忽略不作讨论。

品,即是说,它具有另一个层面、另一个程度的价值;每一象形元素各自应合一件事物,但组合起来,则应合一个意念……这就是'蒙太奇',是的,这正是我们在电影里所要做的,把意义单一、内容中立的画面(镜头)组合成意念性的脉络与系列"。[1]这段文字还有另一个表述:

> 最有意思的事始于第二类汉字——"会意",也就是"综合的"一类。原来,两个简单的象形字综合起来,或者更确切地说是组合起来,并不被看作是它们二者之和,而是二者之积,即另一个向度、另一个量级的值;如果说,每一个单独的象形字对应于一件事物,那么,两个象形字的对(并)列却变成对应于一个概念。通过两个"可描绘物"的组合,画出了用图形无法描绘的东西。
> 例如:水的图形加上眼睛的图形,这就是"泪",
> 耳朵的图形放在门的图形旁边,这就是"闻",
> 犬和口就是"吠",
> 口和鸟就是"鸣",
> 刀和心就是"忍",如此等等。
> 这不分明就是蒙太奇吗!!
> 是的。这和我们在电影里尽量把单义的、中性含义的图像镜头对列成为有含义的上下文和有含义的序列的做法完全一样。[2]

在爱森斯坦看来,"蒙太奇"技巧的发明就是来自中国"六书"中的"会意"说。"六书"一词最早见于《周礼·地官》。班固在《汉书·艺文志》中记为:"古者八岁入小学,故周官保氏掌养国子,教之六书,谓象形、象事、象意、象声、转注、假借,造字之本也。"[3]这就是所谓"四

---

1 转引自〔美〕叶维廉《中国诗学》,三联书店1992年版,第24页。
2 〔俄〕爱森斯坦《蒙太奇论》,富澜译,中国电影出版社2003年版,第476—477页。
3 班固《汉书·艺文志》,岳麓书社1993年版,第765页。

象两用"说，即把象形、象事（指事）、象意（会意）和象声（形声）作为造字之法，或汉字形成之根据。而"转注"和"假借"是用字之法，即由"四象"文字发挥其功能，或依本义引申新义，或借用本声另表他义，体不改而扩大其用。象形和象事是"形"之本，象意或会意为"意"之本，而象声或形声则为"音"之本。许慎在《说文解字·序》中将"六书"写为"象形"、"指事"（象事）、"会意"（象意）、"形声"（象声）、"转注"和"假借"。他说："象形者，画成其物，随体诘诎，日月是也。""指事者，视而可识，察而见意（义），上下是也。""会意者，比类合谊（宜），以见指撝，武信是也。"[1]《说文》曰："武，楚庄王曰：夫武，定功戢兵。故止戈为武。"于省吾《释武》曰："武从戈、从止，本义为征伐示威。征伐者必有行。'止'即示行也。征伐者必以武器，'戈'即武器也。"《说文》又曰："信，诚也。从人，从言，会意。"即将两个以上的象形或象事字（作为偏旁）并列起来以合成新的字义，这就是会意字构成的内在机制。

依照迭尔热文的说法，每个象形的字都"'指示'一个意义"。"指示"显然是非常明确的指认、可确认某事的意思。这与"六书"里的"指事"意义接近，"指事"即"象事"，是"视而可识，察而见意（义）"。可戏曲表演中的虚拟方式却比这种"视而可识，察而见意（义）"的"指事"（"指示"）或"象事"要复杂得多。挥动马鞭代骑马的动作并不是可以"视而可识，察而见意（义）"的，尤其对初次接触戏曲艺术的西方观众而言更是如此。一方面戏曲的马鞭是变了形的，真马鞭是软性弯曲的，而戏曲马鞭是直硬的，而且有五六个装饰穗，并不与真马鞭相一致；另一方面戏曲马鞭只是暗示了马的存在，它并没有直接"指示"（"指事"）了马的存在。戏曲的马鞭只是相当于骑马这个动作的一个象形字的偏旁，即以显性的马鞭的存在，暗示出隐性的马的存在。这就是比"指事"（"指示"）或"象事"要复杂得多的"六书"中的"会意"（"象意"）说。马鞭与骑马的"会意"就相当于"止戈为武"的"止"与"戈"的"会

---

[1] 潘运告编著《汉魏六朝书画论》，湖南美术出版社2002年版，第12页。

东西文化的对话

意",这是更具有心象生成的心观感受视域。

可问题是,类似于马鞭代骑马、迈门槛不见门槛、身摇晃而不见船形的"'指示'一个意义"的戏曲虚拟方式是并不多见的,而戏曲更多的虚拟方式是很难被轻松明确"'指示'一个意义"的。比如"鹞子翻身""气椅""起霸""走边""抢背""吊毛""甩发""跳门槛""云手""拉山膀",等等。《牡丹亭》杜丽娘的唱词"拣名门一例一例里神仙眷",梅兰芳也无法将身段的虚拟动作与唱词加以对应的解释:

> "拣名门",离开桌子,向大边走过去。"一例一例里神",用右手先右后左,再归右,指三下,唱完已走到大边。"仙眷",右手搭袖,左臂伸开,左手翻袖,踏步慢慢下蹲,完成一个"卧鱼"的身段。[1]

"卧鱼"这个身段辞典的解释是:

> 武功程式动作。右踏脚,双手斜托掌;双腿徐徐弯曲下蹲成盘卧状,以臀部和右腿着地,随即身向右拧以右背着地并压左脚尖上,同时左背手置腰部,右手下划放于后脑处将头枕起。[2]

---

[1] 《梅兰芳全集》(叁),河北教育出版社2001年版,第74页。

[2] 吴新雷主编《中国昆剧大辞典》,南京大学出版社2002年版,第591—592页。梅兰芳曾讲到他在20世纪二三十年代排演《贵妃醉酒》如何理解"卧鱼"的含义:"这三个卧鱼,我知道前辈们,只蹲下去,没有嗅花的身段。我学会以后,也是依样画葫芦地照着做。每演一次,我总觉得这种舞蹈身段,是可贵的,但是问题来了,做它干什么呢?跟剧情又有什么关系呢?大家只知道老师怎么教,就怎么做,我真是莫名其妙地做了好多年。有一次无意中,把我藏在心里,老不合适的一个闷葫芦打了开来。我记得住在香港的时候,公寓房子前面有一块草地,种了不少洋花,十分美丽。有一天我看着可爱,随便俯身下去嗅了一下,让旁边一位老朋友看见了,跟我开玩笑地说:'你这样子倒很像在做卧鱼的身段。'这一句不关紧要的笑话,我可有了用处了。当时我就理解出这三个卧鱼身段,是可以做成嗅花的意思的,因为头里高、裴二人搬了几盆花到台口,正好做我嗅花的伏笔。所以抗战胜利之初,我在上海再演《醉酒》,就改成现在的样子。"见《梅兰芳全集》(壹),河北教育出版社2001年版,第237—238页。显然,这种将一个戏曲的程式动作做"实对"的解释是过于执着了。

显然，这个纯粹是为了好看的高难度的程式虚拟动作无论如何也是不能轻易就"'指示'一个意义"与"仙眷"的词义相对应的，甚至二者之间都没有多少关联性。这正是中国戏曲艺术与西方话剧艺术完全不同的表现方式：词义与表达词义的身段虚拟动作并不是相统一的，而是相间离的。[1]

所以说巴奇里斯只看了一次梅剧团的演出就以为"廓清"戏曲艺术的虚拟表演的"错觉"，这本身也是一种"错觉"。迭尔热文好像读象形文字一样来"读"每一个戏曲艺术的虚拟表演都"'指示'一个意义"，显然，这也是一种合理的"错觉"。其实，戏曲艺术的虚拟表演并不仅仅在"指示"（"指事"）、"会意"（"象意"）的层面所能够确切解释的，它与一个更复杂的戏曲表演的"构成模式"关联在一起。张彭春早在1935年为了向苏联观众介绍梅兰芳的表演艺术，就曾特别指出过中国戏曲舞台上的表演有一种"构成模式"。这个"模式"是在表演的过程中"贯串于肌肉动作、口头说唱、音乐伴奏、服装化装等各方面"，即"在每一种表演艺术手段中都有一列字母组合，而字母组合的各系统又似乎是由同一种语法所控制的。这是中国舞台艺术的一个饶有风趣的特征，值得进行详细深入的研究。希望海外戏剧界的有识之士不要忽略这一点"。[2] 所谓每"一列字母组合"，其实就是每一个行当基于童子功的训练所奠基的复杂化的身段程式组合，这就相当于一个家族的每一个独立的个体；而所谓"字母组合的各系统又似乎是由同一种语法所控制的"，就相当于基于家族遗传因子的"家族相似"性；"同一种语法"就如同家族遗传因子的同一作用的

---

1 梅兰芳则不这么看，他在谈到昆曲《思凡》时说："在京戏里，夹杂在唱功里面的身段，除了带一点武的，边唱边做，动作还比较多些之外，大半是指指戳戳，比画几下，没有具体组织的。昆曲就不同了，所有各种细为繁重的身段，都安排在唱词里面。嘴里唱的那句词儿是什么意思，就要用动作来告诉观众。所以讲到'歌舞合一，唱做并重'，昆曲是可以当之无愧的。"梅兰芳在谈到《嫦娥奔月》的最后一场嫦娥唱【南梆子】所伴随的一段"袖舞"时也说道："一切袖舞的姿态都直接放在唱腔里边，把一家家欢乐的情形，一句句描摹出来，唱做发生了紧密的联系。这是我从昆曲方面得到的好处。"见《梅兰芳全集》（壹），第335、286页。

2 张彭春《中国舞台艺术纵横谈》，原载《梅兰芳与中国戏剧》（英文版），后收入崔国良等编《张彭春论教育与戏剧艺术》，南开大学出版社2003年，第575页。

不可逆。也正是这"同一种语法"的不可逆性,构成了家族各个不同系统具有"家族相似"的衍生"谱系"。

关于这个问题,焦菊隐在之后的1938年由巴黎埃·德罗兹书店出版的他于同年在巴黎大学用法文撰写的博士学位论文《今日之中国戏剧》中也初步论述过,即在焦菊隐看来中国戏曲艺术的构成实际上是"创造了一套用于表演的字母表"的拼字体系,因为它和中西文字的组织法最为相类:"比如说以法语字母为例,这二十六个小小的字母组成的词汇,其数量之大着实让人吃惊。一个民族的精美文化所蕴含的种种思想均能借以清晰明白地表达出来"。焦菊隐由此举例说:"比如京戏的西皮和二黄腔,它包括四种调式及十四个板式。……京戏戏曲的全部乐曲就是由这些板式构成的。我们在不同的戏里能听到用这些调式设计的唱腔,可以听到相同的板式,只有调式及板式的先后顺序是可以改变的;这一点恰如词的构成中字母位置的变动情况一样。中国演员在学艺时期学会了这些调式、板式及其他表演技术程式之后,不需要导演的帮助很快就能扮演任何一出戏中的角色,其原因就在这里。这也就使导演的存在不起作用了。这种情况说明了为什么中国观众重视演员的才能胜过重视戏本身。"[1]

其后不久,焦菊隐又在《旧剧新诂》一文中对这个"拼字体系"做了系统深入的研究,指出:"旧剧是要以有数的符号单位去描写千万不同的环境、人物、思想、情绪,所以它完全属于拼字的体系。在这个体系之下,其角色的定型,衣服的分类,颜色的应用,歌调牌子的使用,动作的规定,甚至于场子、台词和音乐的配合也都赋有着一贯的作风。"所以说,"旧剧是借了有数目限制的符号单位,依照传统的艺术文法拼合而构成的。……在演员排练一个新编的剧本之时,不需要重新练习什么,更不需要重新学习什么,因为该练习的和该学习的,早在学徒时期已经练过学过。现在只要每个演员把从前跟老师学过的那些单位依照剧本的穿插,斟酌着用上去,便可成功一个完善的演出。所以旧剧界称排戏为'攒戏',

---

[1] 《焦菊隐文集》(第一卷),戴明沛等译,文化艺术出版社2005年版,第139、140页。

就是大家拼凑的意思。旧剧从来没有导演，因为它的演出只凭各种演技单位的拼凑，所以绝不需要导演。"[1]即每一个"字"都是独特的，但作为"字"的系统又是同一的。只不过作为"字"的系统的同一性却是由"拼（合）"而成。"拼（合）"所成的"字"的系统就是结构性的，这种结构性的生成正是依据"同一种语法所控制"才能奏效的。这正是思考中国京剧表演美学体系"构成模式"的出发点。即每一个"字"的独特性即相当于不同行当的表演特性，而"同一种语法"即相当于戏曲各行当表演特性共同的缘发根底性。每一个"字"的独特性依据"同一种语法"来"拼（合）"（"控制"）成一个表达系统，也就如同各行当的虚拟表演特性基于共同的缘发根底性而构成中国戏曲虚拟表演体系的审美维度。

毫无疑问，焦菊隐的这些对中国戏曲艺术的身体虚拟表演之所以间离的根源性的思考是极其深刻的，巴奇里斯显然并不能在这个意义上"廓清"对戏曲艺术虚拟表演的"错觉"。

二

紧接巴奇里斯《梅树荫下的清歌妙舞》上文的下面这两段话特别耐人寻味：

> 阻碍对于中国戏剧领会的，不是虚拟方式，而是中剧与中国民族生活完全隔离及中剧古老的历史性。封建时代是中国古典戏剧的全盛时期，不过此种仅供皇室享受的艺术演来演去内容毫无改进。
>
> 此次梅剧在俄公演，剧台与观众之间显然发生裂痕。这种破裂的原因并不是由一般注视人种差别者所说的亚洲人欧洲人

---

[1] 见1941年桂林《扫荡报》，参见《焦菊隐文集》（第一卷），文化艺术出版社2005年版，第426、429—430页。

（？）要之悬殊，也不是由于国民性之各异，而是由于历史上时代之不同。叶夫列茵诺夫氏曾企图提倡中古欧剧，但他的复古运动所招致观众的反感或不亚于中国戏剧；如果纯粹的莎士比亚戏剧能够复兴起来，这种戏剧，尽管用浓厚的欧洲色彩演染着，距离着现代也不会比中剧来得近些。[1]

在这两段话的眉页上有一个批注，应该是改译者张之毅的笔迹："此两节可删可不删，从学术的研究眼光来看，觉得立论颇为切当，但中国人不求甚解，漫尔遇目，难免从字面上发生误解，故觉删去为妥。"[2] 为什么改译者会认为此两段话"立论颇为切当"呢？难道中国戏剧真的如巴奇里斯所说"与中国民族生活完全隔离"吗？显然，无论是巴奇里斯还是改译者都对中国戏曲的内容有误读。其实在中国戏曲舞台上表演的内容从未对中国的戏曲观众造成过理解的"阻碍"和"隔膜"，这与中国戏曲的特殊编演方式直接相关。周贻白曾列表统计了307出戏曲本事演变的情况，发现"中国戏剧的取材，多数跳不出历史故事的范围，很少是专为戏剧这一体制联系到舞台表演而独出心裁来独运机构。甚至同一故事，作而又作，不惜重翻旧案，蹈袭前人"。也即，中国的戏曲表演绝对不会造成观众对所表现的内容和"在舞台上已成定型"[3]的许多历史人物理解上的"阻碍"和"隔膜"。如果说对第一次接触中国戏曲艺术，又不熟悉中国历史的西方人士看戏曲所表现的内容有一定的"阻碍"和"隔膜"还情有可原的话，那么，对于改译者而言却深为认同这种看法则只能说明他对戏曲的特性有些"隔膜"。

其实，巴奇里斯之所以会提出这个问题是因为他是从西方话剧的表现重心出发的。即西方话剧更突出思想内涵和日常生活内容的表现，中国戏

---

[1] 《普罗列塔里报》，1935年3月28日。

[2] 在这个译稿文档的最后一页，署有"改译者 张之毅"几个字。

[3] 周贻白《中国戏剧本事取材之沿袭》，见《周贻白戏剧论文选》，湖南人民出版社1982年版，第245、246页。

曲恰恰不以思想内涵和日常生活内容的表现为重心，而更加注重对已真相大白的故事梗概（看戏之前观众早已熟知剧情）如何极其复杂化、程式化、载歌载舞化、美轮美奂化的呈现。因此，复杂化的故事、故事中的人物、人物性格在起承转合情节中的展开等这些话剧所关注的核心问题，在戏曲中都是可以被忽略的。这也就是为什么中国戏曲"演来演去内容毫无改进"的根本原因。也就是说中国戏曲更加注重借助故事梗概（而不是故事本身）来凸显极其艰奥化、复杂化的行当童子功的"美"的表现，而西方话剧更加注重对故事本身基于模仿、体验为核心的"真"的再现。改译者如此认同巴奇里斯的判断，显然，他也是在西方话剧的语境里对戏曲艺术的误解。

其实认为中国戏剧与中国民族生活完全隔离的这种看法在这个文档的其他文章中也有类似表述，如迭尔热文在《梅伶的绝技》一文中说："在现代的中国，芸芸众生所尝到的生活的滋味同在戏台上的所演唱的大不相同。但中国戏剧仍能掀动中国民众的心绪；它把人类特有的情意的冲突整个地显示给观众，它利用清妙的技术迷醉观众。"[1] 显然，迭尔热文的说法更切中当时中国芸芸众生所尝到的生活滋味与梅兰芳在苏联所上演的剧目内容的差异。但迭尔热文却非常敏锐地发现了一般看来是非常矛盾的问题：虽然梅剧团演唱的内容与百姓的生活大不相同，但为何"中国戏剧仍能掀动中国民众的心绪"呢？迭尔热文的答案，是中国戏曲能"把人类特有的情意的冲突整个地显示给观众，它利用清妙的技术迷醉观众"。这是一个极其到位的对中国戏曲艺术审美精神的领悟。

"冲突论"是西方戏剧近代以来最为核心的戏剧理论之一，中国戏曲虽也有以强烈的冲突为主的剧目，如最早传入西方的《赵氏孤儿》等，但更多的剧目却并没有如此以矛盾冲突为主体结构的，而是以特定的情意衍化出的特定的情境为结构的主体。所以，迭尔热文所说中国戏曲能"把人类特有的情意的冲突整个地显示给观众"就是非常贴合中国戏曲的结构方

---

[1] 《变换方向报》，1935年4月4日。

式（西方话剧以情节结构为主，中国戏曲以情感结构为主）。而这里所说的把人类特有的情意的冲突"整个地显示给观众"，这个"整个地显示"的表述也极其精确。什么叫"整个地显示"呢？也就是全方位地利用各种可能的身体技术手段来显现出原本极其难于表现的情意蕴含。这正是中国戏曲与西方话剧最大的差异。中国戏曲是以演员建立在童子功对身体表现的可能性极其繁难艰奥所开掘出的能够"迷醉观众"的"清妙的技术"基础上的，是以行当差异化的极其丰富的美轮美奂的唱念做打程式"整个地显示"所要表达的情意、情感内涵的。这就是为什么中国戏曲舞台上演员演唱的内容虽与百姓的生活大不相同，可"中国戏剧仍能掀动中国民众的心绪"的根本原因。这也很好地回答了为什么中国戏曲"演来演去内容毫无改进"，而观众也并不苛求这一点，反而仍能被"掀动心绪"的艺术审美的根源。

显然，巴奇里斯对中国戏曲艺术并没有从"整个地显示"的黑格尔意义上的"形式即内容"的审美价值层面加以理解。他虽然也注意到"中国的戏剧是一种悠远的、特殊的、古代的艺术"，但由于他更看重思想内涵和日常生活表现戏剧理念，割裂形式与意蕴的内在关系，因此，他对"和生活隔离"的中国传统戏曲艺术的判断是有限定的："它的有价值，仅属于形式的技术方面"。

当然，把中国戏曲艺术的价值仅仅定位为"形式的技术方面"，这并不是巴奇里斯独有的看法，而是当年梅兰芳访问苏联时一种接近主流的看法。[1] 最引人关注的就是1935年4月14日在全苏对外文化交流协会召开的戏剧座谈会上参加并主持了这次座谈会的丹钦科的看法。他前后有两次发言。第一次主要是赞扬中国戏曲的形式的完美性，他说："对于我们来说，最珍贵的是看到了中国舞台艺术最鲜明、最理想的体现，也就是中国文化贡献给全人类文化的最精美、最完美的东西。中国戏剧以一种完美的，在

---

[1] 梅兰芳在莫斯科演出时，特列季亚科夫在《真理报》发表的《梅兰芳是我们的客人》一文就认为，戏曲早就失去了它的意义，但在中国西式的话剧很难获得观众的青睐。参见本书中叶可佳的论文《梅兰芳与列宁格勒文艺学术界交流在苏联期刊中的反应》。

精确性和鲜明性方面无与伦比的形式体现了自己民族的艺术。……我从未想到过，舞台艺术可以运用这样杰出的技巧，可以把深刻的含意和精练的表现手段结合在一起。"由此，丹钦科坦率地承认中国戏剧给了苏联戏剧以"深刻重要的冲击"。可关键是丹钦科在座谈会结束时他第二次发言所提出的问题："关于苏联艺术、俄罗斯艺术能够向中国艺术提供些什么？"之所以想到要"提供什么"，肯定是他感到中国戏曲艺术尚有不足之处。但他对"提供什么"却持谨慎的态度，他说："我们对于任何具有突出特点的艺术都特别谨慎。大家很害怕谈出自己的想法来，会产生一些吸引力，会引人注意。可是要吸收这些想法，却对艺术起了破坏作用。"可见丹钦科是真正明白了中国戏曲的艺术特征，[1]所以他担心他的意见会破坏这种纯粹的艺术本身，而他所要"提供"的意见恰恰是与戏曲艺术的审美本质相抵触的，即"我们这些在很大程度上是从事形式工作的——在这个词的狭窄意义上说——艺术工作者，必须把内容放在第一位"。[2]显然，巴奇里斯把戏曲艺术的价值仅仅限定在"形式的技术方面"，这与他认同包括丹钦科在内的苏联艺术家将艺术的更高价值视为深刻的思想内容是完全一致的。

三

其实，面对陌异的戏剧样式西方戏剧界做出任何价值判断都是可以理解的，可问题是当面对这些以陌异的眼光作出判断的异国评论文章，我们这些熟悉中国戏曲的翻译者和改译者应当具有什么样的心态。从上文所引的巴奇里斯的《梅树荫下的清歌妙舞》一文中中国改译者的删改（画

---

[1] 1935年9月4日，丹钦科在给一位演员的信中写道："梅兰芳真是一个奇迹，凡是关心艺术向前发展的戏剧界人士，都可以从他那儿在演技、节奏和创造、象征诸方面学到东西。"见〔苏联〕《聂米洛维奇-丹钦科书信集》（第2卷），莫斯科艺术出版社1979年版，第441页。

[2] 〔瑞典〕拉尔斯·克莱贝尔格整理《艺术的强大动力》，李小蒸译，载于《中华戏曲》第14辑，山西古籍出版社1993年，第3—4、16、17、18页。

圈），其实已经暴露出改译者许多微妙的心态。

巴奇里斯说：

> 我们目中的中国戏剧是一种悠远的、特殊的、古老的艺术——和生活隔离，它的有价值，仅属于形式的技术方面。

改译者将原译文改译为：

> 我们觉得中国的戏剧是一种悠远的、特殊的、古代的艺术——它的有价值，最属于形式的技术方面。

改译者为什么要将原译文"和生活隔离"画圈删去呢？很显然就像他对全文画圈删改的意图一样，他的画圈删改都是为了维护中国戏曲艺术的美好形象和回护梅兰芳的尊严。画圈删去"和生活隔离"是维护中国戏曲艺术的美好形象；而将原译文中国戏曲艺术的"有价值，仅属于形式的技术方面"改为"最属于形式的技术方面"，"仅"与"最"虽一字之差，但显然语意已大变。巴奇里斯的原义是中国戏曲艺术由于"和生活隔离"，从内容上看价值不大，所以，如果说它还有价值，那么也"仅属于形式的技术方面"。实际上巴奇里斯全文的主旨就是表面上肯定梅兰芳的表演技术"是最完美的"，但也仅此而已，实质上是想说这种艺术已然没落了。改译者删去"仅"字，改为"最"字，显然既是维护中国戏曲艺术，也是回护梅兰芳的表演艺术主要的审美特征。

改译者对巴奇里斯下面这段话的删改也是令人深思的。这一段原译文是：

> 现今中国戏剧根深蒂固，与欧洲企图复兴旧剧者情形不同。我们研讨的重心在阐明为何封建时代形成的中国戏剧，能保存其固有之特点以迄今日？还是由于大部分封建的遗毒尚未廓清？还是由于高尚的艺术比产生它的时代来得广些？像莎士

比亚戏剧似的。

改译者将原译文改译为：

> 现今中国戏剧根深蒂固，与欧洲企图复兴旧剧者情形不同。我们研讨的重心在阐明为何旧时代形成的中国戏剧，能保存其固有之特点以迄今日？

其实，中国戏曲艺术之所以至今都"根深蒂固"，并"能保存其固有之特点"，关键并不是"由于大部分封建的遗毒尚未廓清"这种外在的政治原因，而是巴奇里斯所意识到的"是由于高尚的艺术比产生它的时代来得广些"这种更深层次的艺术审美的原因。遗憾的是，改译者却将原译文"还是由于大部分封建的遗毒尚未廓清？还是由于高尚的艺术比产生它的时代来得广些？像莎士比亚戏剧似的。"这一段文字用黑线圈了起来。显然，改译者并没有意识到这被圈起来的一段话实际上是原文作者巴奇里斯深得问题实质的根本性解答，尤其是他对中国戏曲"能保存其固有之特点以迄今日"的深层根源"是由于高尚的艺术比产生它的时代来得广些"的解释是极有见地的。

毫无疑问，这种不顾原文价值倾向的主观上为尊者讳的画圈删改，显然是改不胜改的，由此致使译文的本意不可能不失真。这无疑是翻译传播的大忌。可令人遗憾的是，《梅树荫下的清歌妙舞》全文一共14段，除了上面提及的这几段文字外，最后6段文字也有几处被改译者做了不同程度的再改译。如倒数第6段的原译文是：

> 中国戏剧并非全然古典的戏剧：现在中国已经有些戏班摆脱封建时代遗留下的圈套——居然男伶已不再去扮演旦脚——不过在中国，形式上，被民众崇拜的梅兰芳的剧艺，总得算是最完美的；梅氏的绝技，使我们认识伟大的中国民族文化的一部分。

改译者将原译文改译为：

> 中国戏剧并非全然古典的戏剧；现在中国的戏剧已逐渐走上了现时代的途径。在中国，被民众崇拜的梅兰芳的剧艺，总得算是最完美的；梅氏的绝技，使我们认识伟大的中国民族文化的一部分。

此段的眉页上有一个批注，应该是译文审定改译者的笔迹："此节可删"，但又用黑线圈起来了。可能是审定者在用黑线圈了一部分原译文"已经有些戏班摆脱封建时代遗留下的圈套——居然男伶已不再去扮演旦脚"，将之修改为"戏剧已逐渐走上了现时代的途径"一句话后觉得还可以用，才为"此节可删"的批注加上的黑线圈。关键是"梅氏的绝技，使我们认识伟大的中国民族文化的一部分"这一句审定改译者可能认为很重要，还专门在"使我们认识伟大的中国民族文化的一部分"每个字边打了着重号（黑点）。但实际上审定改译者修改的这一段与原译文的意思大相径庭。原文的意思是：中国戏剧现在已经不是全然古典的戏剧了，已经有些戏班摆脱了封建时代遗留下的圈套——居然男伶已不再去扮演旦脚了。这句话的潜台词是：这是一件好事。但问题是，梅兰芳仍是男伶扮演旦脚。所以，原文作者巴奇里斯就不能直接说中国现在有些戏班摆脱了封建时代遗留下的男伶扮演旦脚的圈套是一件好事这样的话，而是把话锋一转，语气让了一句："不过在中国，形式上，被民众崇拜的梅兰芳的剧艺，总得算是最完美的；梅氏的绝技，使我们认识伟大的中国民族文化的一部分。"也就是说原文作者巴奇里斯真正肯定的是中国现在有些戏班摆脱了封建时代遗留下的男伶扮演旦脚的恶习，但面对来访的客人梅兰芳，又不能这样直接批评他脱离时代，只能委婉地说"不过……形式上……总得算……"。这一句看似肯定的话，其实通过"不过""形式上""总得算"等词的语义、语气的限制，对梅兰芳的艺术作了有限度的肯定。所谓"有限度的肯定"，有几层意思：一是虽然中国现在有些戏班摆脱了封建时代遗留下的男伶扮演旦脚的恶习，但真正影响大的艺术家还是梅兰芳，梅兰芳在形式上仍是中国戏曲的形象代言人；二是梅兰芳的男旦艺术也只是从艺术形式上有它的特点，但从更加注重内容或思想意义的西方话剧的视角看，这种仅仅是艺术"形式上"的长处是属于技术的较低的艺术层面。[1] 原文作者这段话的最后一句"梅氏的绝技，使我们认识伟大的中国民族文化的一部分"，也是从这种作为技术的较低的艺术层面来肯定梅兰芳的绝技是"伟大的中国民族文化的一部分"的。[2] 换言之，"中国民族文化的一部分"就是由这种"形式上"的较低的层面构成的，而这与西方话剧艺术对深刻思想的追求是相去较远的。

又如倒数第 4 段的原译文为：

> 当然的结果，因剧情的稚（？）奇，观众遂不得不将其注意力完全移注在演员——梨园弟子的身上。

审定改译者将原译文改为：

> 我们在观剧的时候，大都把全部的注意力完全移注在演员的身上。

---

[1] 原译文倒数第 5 段说的就是中国传统戏曲在内容上所存在的问题："当我们欣赏梅剧的时节有时恍若身置唐代；中国戏剧多在数百年前编就，反映封建时代历史上可歌可泣的史绩。费贞娥憧憬于忠君之大义，假意配嫁虎将军，后又趁机手刃虎将军于床上；但虎将军究系（弑）叛君者的党羽，而非（弑）叛军者本人，贞娥因感觉自己小题大做，无补实际，也就自（吻）刎而死。（见《刺虎》一剧）《红线盗盒》一剧描写一个诸侯的侍女，在和他主人站在敌对地位的一位将军的秘盒里，窃去重要的文件，结果，不幸运的将军遂不得不屈服了。《青石山》一剧述说一段（很荒诞）神话的故事：从青石山的后面转出一个（白）狐（狸）精；一位道士请出天神关平去降妖，狐精用长矛和关平激战，杀得天翻地覆，有两次关平被妖精战败，道士用自己的神剑把妖精降伏。"

[2] 原译文倒数第 3 段就是说的中国优伶的技术问题："中国优伶，多身怀多方面的技术，因为中国戏剧迄今仍能保有其综合性，而没有发生分化的作用。对话、哑剧、唱功、武功、舞蹈，都是中国戏剧不可缺少的要素；音乐则尽其联系各种动作和表演的功能，是唯一的组织要素；演员的一举一动都要和繁复而清晰的击（？）竹节奏相符和（合）。"

东西文化的对话

审定改译者画上黑线圈的"当然的结果,因剧情的稚(?)奇,观众遂不得不将其"一句,其实正说明原文作者的意思是指中国戏剧的剧情都是荒诞幼稚(?)离奇的,不足以观,所以,观众不得已才将全部的注意力放在演员身上。[1] 如今经审定改译者这么一删一改,这样的意思完全变了,好像观众只注意演员的表演,其他方面则都被隐匿悬置起来。

最突出的是审定改译者对最后一段的译文删改。这一段的原译文为:

> 在梨树荫下,美好的艺术之花在盛开着。但这满覆着粉红花瓣的古老梨树已经不能再结(果)实了,开花吐华是虚妄的,无生命的;树根已经深埋在硗(qiāo)薄(土地坚硬不肥沃)[2] 的土质里了。只有中国民族伟大的解放运动才能将这已枯(萎)的梨枝重新灌注些再生的树汁。如果这事能够实现,中国民族将有充满新生命的艺术在梨园中演唱。如此才能达到中国民族伟大的解放运动。

审定改译者将原译文改为:

> 在梅树荫下,美好的艺术之花在盛开着。我希望梅氏再将这棵荣繁的梅树重新灌注些新鲜的树汁。如果这事能够实现,中国民族将有充满新生命的艺术在舞台上演唱。如此才能达到中国民族伟大的解放运动。

---

[1] 原译文倒数第2段就是说观众把注意力都放在梅兰芳的表演上:"表演的老练和柔媚,在各样的表情和手势里充分地表现出来,同时又给予各种动作以不可形容的玲珑轻快,这样美妙的艺术,让梅伶表演的无懈可击:——梅伶不愧为艺术上一颗灿烂之星。梅伶表演火候纯清:迷人的柔和、扮相的娇嫩,手势的优雅,表情的动人和纯朴,是何等美的配合!梅伶能活用这些绝技,所以他扮演的各种角色,如柔顺的妻室,忠实的女奴,勇义的侍女,虽然都是历史久远的女子典型,但在舞台上好像也充满了人类的热情,甚至于复活了。此外,戏装的光泽华贵和面部化妆的考究,更是锦上添花,完成中剧给予观众的美感。"

[2] 本文引者注。

显然，审定改译者将原译文"已枯（萎）的梨枝"这几个字改为"荣繁的梅树"，这是与原文完全相反的语义表达。原文作者巴奇里斯《梨[1]树荫下的清歌妙舞》一文的主旨就是认为中国传统的戏曲艺术（作者用"梨树"代表中国戏曲的"梨园"）已经不能再结果实了，因为它的树根已经埋在贫瘠的土质里，即便是开花吐华，也是无生命的虚妄。只有中国人民的伟大解放运动才能拯救这已枯萎的梨枝发出新芽。这是再清晰不过的对中国传统戏曲艺术的价值判断，其中也隐含着对梅兰芳的艺术委婉的否定。无疑，审定改译者是不能接受巴奇里斯的判断的，因此，除了大段删除这些否定古老梨树已无生命的话，他还将原译文泛指戏曲梨园的"梨树"改为确指的梅兰芳的"梅树"，将"已枯（萎）的梨枝"改为"荣繁的梅树"。由此，全文的主旨（包括标题）就大变，由原本委婉批评、否定以梅兰芳为代表的中国传统戏曲艺术，转变为歌颂、褒扬梅兰芳为代表的"梅树"充满新生命的百花在戏曲梨园里盛开。如此一来，原本并不起眼的巴奇里斯《梅树荫下的清歌妙舞》一文，就被改译为梅兰芳百年学术研究、翻译传播史上的一篇奇文！

由此"奇文"的存在，我们就不能不追问一些未尽的问题：此文的作者巴奇里斯是谁？中文的原翻译者是谁？中文的审定改译批注者张之毅又是谁？还有提倡中古欧剧的叶夫列茵诺夫是谁？[2] 此译文后来以什么方式披露过？尤其是该文在苏联报纸上的原文[3]是怎样的？对该文应如何准确

---

[1] 原译文是"梨树"，被改译为"梅树"。

[2] 2015年4月10日在北京前门建国饭店举行的"纪念梅兰芳1935年访苏演出八十周年国际学术研讨会"上，当笔者的发言结束后，莫斯科国家艺术研究院梅耶荷德遗产研究委员会的谢尔巴克夫·瓦吉穆先生回应了笔者所提出的问题："巴奇里斯是20世纪20至30年代苏联的评论家，他曾写了两篇关于梅兰芳的文章，除了《普罗列塔里报》外，还有一篇发在《共青团真理报》上。叶夫列茵诺夫1935年已经移民到国外，1908年他曾经参与了俄罗斯研究古代戏剧的戏剧家研究小组，其目标是复兴中世纪喜剧方法，像古代中世纪宗教戏剧模式等，小组每一季仿造一个，比如17世纪西班牙喜剧等，但意大利喜剧的复兴计划没有实现。这个戏剧研究流派主要是探索经典戏剧的模式。"

[3] 1935年3月28日《普罗列塔里报》上巴奇里斯撰写的《梅树荫下的清歌妙舞》原文扫描件在"纪念梅兰芳1935年访苏演出八十周年国际学术研讨会"后不久，由莫斯科大学的库普佐娃·欧尔加教授通过叶可佳女士发给笔者，在此特别致谢！

东西文化的对话

翻译,等等。我们只有对这些尚可存疑的问题做细致深入的考证研究,才能通过这个个案进一步认识在中外文化互动交流中可能存在的历史虚饰,尤其是对"梅党"自觉或不自觉地有选择的宣传策略(隐恶扬善、为尊者讳等)有更加切实的直观理解。

梅兰芳等与苏联文化艺术界的交流与互动及相互借鉴研究

"梨园魔法师"遇《樱桃园》导演
——梅兰芳与康斯坦丁·斯坦尼斯拉夫斯基在莫斯科的会见

著者 〔法〕欧唐·玛铁（AUTANT-MATHIEU）
（法国国家学术研究中心研究部主任）
译者 周丽娟（中国戏曲学院教授）

> 斯坦尼斯拉夫斯基诚恳谦和的态度鼓舞着我，也深深地铭记在我的脑海里。回国后，我时时回忆起这位艺术上的伟大的创造者，他的坚持不懈和坚忍不拔的精神。
>
> ——梅兰芳[1]

1935年的春天，梅兰芳来到了莫斯科，他的戏剧让布莱希特、特列季亚科夫、爱森斯坦等先锋艺术家们着迷，当时他们正在为创立新的"非亚里士多德式"（布莱希特）、程式化（梅耶荷德）、视觉的和模仿的（泰伊罗夫[2]）戏剧艺术的呈现形式而探索着。这些艺术家们在讨论发言和发表的文章中无一例外、毫不掩饰地表达着自己的赞美，爱森斯坦更是用生动

---

[1] 梅兰芳《纪念斯坦尼斯拉夫斯基》，载于《戏剧》1953年第9期，第165页。
[2] А.Я. 泰伊罗夫（А. Я. Таиров，1885—1950），俄苏导演、卡美尼剧院的创立者和艺术总监、俄罗斯苏维埃联邦社会主义共和国人民演员（1935年）。——译者注

形象的语言称梅兰芳为"梨园魔法师"[1]。实际上,他们确信梅兰芳的艺术会对苏联戏剧产生巨大的影响。

事实也的确如此,就戏剧领域来说,1935年9月25日梅耶荷德排演的《智慧的痛苦》第二个版本的舞台剧上演,在演出海报中写上了"献给梅兰芳"的字样,在这个版本中留下了梅兰芳"舞台节律"安排方面的印记。[2] 看过了梅兰芳的演出,俄罗斯戏剧界的同行们明白了,他们自己还不会运用手势、眼神、节奏等元素及有效地支配时间和舞台上的空间,他们在舞台上堆砌了许多毫无意义的布景和道具。[3]

然而,就在京剧团巡演的第二年,残酷的镇压猛烈地冲击到了苏联的戏剧界(1936年,大批的被指责为形式主义的艺术家遭到起诉和逮捕),阻碍了梅兰芳演出后开始的戏剧改革的进行。[4]

虽然梅兰芳在苏联巡演的辉煌和全面的成功没能够很快地转化为成果,但是梅兰芳与斯坦尼斯拉夫斯基在莫斯科的会见,对中国戏剧艺术和西方舞台表演形式的交流仍然具有标志性作用。

一、1935年3月,莫斯科

1935年3月,正当梅兰芳在苏联巡演的时候,人民委员会通过决定,

---

1 〔俄〕С.М.爱森斯坦《作品选集》(第六卷),莫斯科艺术出版社1968年版,第311页。该文写于梅兰芳巡演之前,1940年重新发表时又做了改写,收入《作品选集》的是新版本。

2 〔俄〕В.梅耶荷德《智慧的痛苦》(1935年),参见В.梅耶荷德《文章、书信、演讲、谈话集》,莫斯科艺术出版社1968年版,第322页。

3 〔俄〕В.梅耶荷德《В.Э.梅耶荷德的创作遗产》,莫斯科全俄戏剧协会(ВТО)1978年版,第95—97页。1910年,梅耶荷德看了歌舞伎演员花子(Ханако)在欧洲巡演的版本,这个体验启发他在随后排演的《唐·璜》一剧中采用悄无声息的小黑人"库罗姆巴"(куромбо)的表演。1915年,他在位于博罗金街自己的戏剧学校里排演中国戏剧,在这个戏剧中他尝试进行哑剧和音乐即兴创作的实验。

4 参见爱森斯坦发表在1935年5月11日《共青团真理报》上的讲话,他在该发言中提出要研究梅兰芳戏剧优秀而丰富的资料,用以"丰富我们自己的方法"。

"梨园魔法师"遇《樱桃园》导演——梅兰芳与康斯坦丁·斯坦尼斯拉夫斯基在莫斯科的会见

批准斯坦尼斯拉夫斯基开设自己的歌剧—戏剧学校。当时,这位在艺术剧院越来越成为批评对象的老艺术家,就在这所学校里暗中进行着培养演员-歌手的探索。令人惊异的是,这恰好发生在京剧团的演出在舞蹈、歌唱和造型艺术方面以自己极致的尽善尽美让苏联观众大为震惊之时。在歌剧—戏剧学校里,歌唱和表演技艺的传授同时进行,通常这些专门的技能在西方戏剧中单独存在。斯坦尼斯拉夫斯基在其戏剧体系中尝试重点关注身体动作和外在特征,他认为演员表演的推动力是通过身体动作的轨迹,而不是通过体验来实现的,过度地将自己封闭于心理领域的探索,会导致表演失去其在空间的表现力。因此,梅兰芳巡演结束几个月以后,在歌剧—戏剧学校的一次排练中,斯坦尼斯拉夫斯基把梅兰芳作为运用音乐和姿态动作富于节奏的榜样,建议学生们:"要学习梅兰芳表演技艺的精确性",[1] 这不是偶然的。

梅兰芳来到了对西方"纯说话的戏剧"有浓厚兴趣的国家,那时良好的中俄关系促成了这次活动,增进了双方的文化交流。在俄罗斯,梅兰芳发现了导演的艺术。在莫斯科艺术剧院,他观看了契诃夫的戏剧《樱桃园》(Вишневый Сад),还和斯坦尼斯拉夫斯基一同在斯坦尼斯拉夫斯基歌剧院观看拉辛(Россини)的歌剧《塞尔维亚的理发师》(Севильский Цирюльник)一剧的排演。

两位大师不止一次地见过面,而梅兰芳受邀来到斯坦尼斯拉夫斯基的家里,这一事实的意义相当重大。这样两位艺术家可以不受严格的正式会见的规定礼节的限制交流观感和设想。

从苏方来看,聂米罗维奇-丹钦科(他和斯坦尼斯拉夫斯基共同领导艺术剧院)认为梅兰芳是"难得的天才人物",他高度评价了梅兰芳的表演技艺、演出的节奏感,但是他没有体验到京剧虚拟表演中真正的乐趣,

---

[1] 参见 В. 科米萨尔列夫斯基(В. Комиссаржевский)在梅兰芳著《舞台生活四十年》一书中写的序言,莫斯科艺术出版社1963年版,第11—12页。还可参见梅兰芳《纪念斯坦尼斯拉夫斯基》,载于《戏剧》1953年第9期,第165页。

也没能参透其中的象征性涵义。[1] 梅兰芳的戏剧让斯坦尼斯拉夫斯基立即产生浓厚兴趣的与其说是表演的最终结果（在舞台上的动作、姿势总的编排情况），不如说是梅兰芳表演的编排机制，以及为取得在细节上精雕细琢的效果而必须进行的训练。

在对艺术的理解方面，这不是形式起着支配作用的两种相接近的美学观点的交汇，这是两位艺术家、演员和教育家的会见，他们潜心思考着戏剧法则的本质特征，思考着在不损害前辈的创造、保留其生机勃勃的活力的前提下，怎样复兴和传承艺术传统。也正是斯坦尼斯拉夫斯基回答了某些观众对梅兰芳戏剧表演的编纂时刻都处于变化之中的惊奇："梅兰芳的表演是有艺术规则的自由动作"。[2]

在培养演员和传承戏剧传统方面，中国、俄罗斯的这两位艺术家以下的交往具有象征意义：1937年1月11日，斯坦尼斯拉夫斯基体系的第一部分——《演员的自我修养》在美国翻译出版，斯氏请翻译伊丽莎白·赫帕古德（Элизабет Хапгуд）给相识不久的梅兰芳寄去一本[3]，另一本寄给了交往多年的马克斯·莱因哈特。他们两个是该书的第一批国外收件人。这种关注对梅兰芳很重要，1937年5月12日，梅兰芳写信感谢斯坦尼斯拉夫斯基，称他的书是一部伟大的著作，称斯氏永远是他的导师及他的所有同行的表率。[4]

然而，由于中俄之间复杂的历史关系，斯坦尼斯拉夫斯基和梅兰芳的交往在苏联长期没有引起关注。1974年，尼古拉·西比里亚科夫（Николай Сибиряков）出版的《斯坦尼斯拉夫斯基的世界意义》

---

[1] 〔俄〕В.聂米罗维奇-丹钦科《1935年9月4日由柏林致Л.Д.列昂尼多夫（Л. Д. Леонидов）的信》，参见《创作遗产》（第三集书信卷，1923—1937），莫斯科艺术剧院2003年版，第463页。

[2] 梅绍武《外国观众和评论家眼中的梅兰芳》，参见《梅兰芳与京剧》，新世界出版社1981年版，第62页。

[3] 〔俄〕К.С.斯坦尼斯拉夫斯基（К. С. Станиславский）《文集》（第9卷），莫斯科艺术出版社1999年版，第664页。

[4] 《外国文学》1956年第10期，第222页。英文信保留在戏剧艺术博物馆，存档号KS2642。

（*Мировое Значение Станиславского*）[1]一书中连捎带着都没有提到中国，在这本书中作者详细地梳理、分析了莫斯科艺术剧院的巡演在国际上的影响及斯氏体系的博大精深。[2]当时的中国正是"文革"时期，康斯坦丁·斯坦尼斯拉夫斯基被认为是资产阶级的代表人物，而他的著作也被"忘却"了。

二、翻译和误读[3]

当梅兰芳在苏联巡演之时，中国对苏联的戏剧究竟有多少了解呢？在中国话剧的历史中，1916年斯坦尼斯拉夫斯基的名字是与新戏剧的诞生和契诃夫《海鸥》（*Чайка*）一剧的上演联系在一起的。斯氏后来逐渐地主要是作为演员和教育家被提及，他帮助表演者在工作中，在体验自己扮演角色的现实主义精神中加强自身修养。中国的评论家们特别准确地观察到："斯坦尼斯拉夫斯基体系的演员们不是模仿生活，而是表现生活的本质、生活的精神"。这也许是梅兰芳在观看《塞尔维亚的理发师》一剧的排演时得出的结论，当时斯坦尼斯拉夫斯基建议表演者："坚持不懈地寻找其内在的作用，真正的、长时间的、有效的、适合于目的的……创造人类的精神生活，乃是我们的目标所在。"[4]

著名导演黄佐临给予中国传统戏剧艺术的描述是比较准确的："这种

---

[1] 该书介绍了К.С.斯坦尼斯拉夫斯基是演员、导演、教育家、戏剧思想家、表演艺术现实主义流派的创立者。世界上许多国家创立的戏剧流派、戏剧学校、表演艺术学院，都是按照斯坦尼斯拉夫斯基体系培养青年演员的。该书还介绍了美国、英国、法国、意大利、爱尔兰、德国、日本、保加利亚、南斯拉夫、波兰、罗马尼亚、匈牙利、捷克斯洛伐克等国家的著名戏剧活动家，概述了他们对戏剧艺术的看法及对斯坦尼斯拉夫斯基体系的理解。——译者注

[2] 〔俄〕Н.西比里亚科夫《斯坦尼斯拉夫斯基的世界意义》，莫斯科艺术出版社1974年版，1988年再版时无任何改变。

[3] 该部分参见伏伟峰（Фу Вэйфэн）的副博士论文《斯坦尼斯拉夫斯基"体系"在中国戏剧教育中应用的历史与经验》，圣彼得堡图书编目СПб，СПГАТИ，2009。

[4] 《歌剧艺术的改革家斯坦尼斯拉夫斯基》，莫斯科音乐出版社1988年版，第210页。

东西文化的对话

艺术外在的特征（流畅性、伸缩性、雕塑性和程式化）是与隐含的生活的本质、身段动作、语言有着密不可分的联系。"[1]

20世纪30年代的中国渴望建立现代戏剧，因此，他们在艺术剧院中寻找适合演出现代戏剧的样板。艺术剧院是导演的剧院，它的创作是建立在集体的基础之上：乐师、舞台艺术家和服装设计师均参与到戏剧的创作中。在这里化妆和服装艺术尤为重要，无论是现代戏剧，还是历史戏剧，能够上演的全部剧目是艺术剧院的基础。艺术剧院演出的话剧依靠的是剧作家的作品（这与梅耶荷德剧院创作的话剧不同，在他的剧院中，导演就像"编剧"一样要重写剧本），也就是说艺术剧院能够成为中国演员学习西方"话剧"的样板。

1941年，斯坦尼斯拉夫斯基的《我的艺术生活》一书被译成中文，该书让中国人明白了俄苏戏剧的起源及其创作基础。在该书的《手册·导读》[2]中可以学到西方演员的表演技能，同时让中国的实践者们关注到了斯坦尼斯拉夫斯基的另一本书《演员的自我修养》，这本书是从英文转译过来的，是斯氏教育方法和思想的翻译缩减本。在中国，对斯坦尼斯拉夫斯基体系诸多问题的解读竟然是和那些没有具体案例的、难以弄明白的复杂概念，如"体验""任务""贯串动作""情绪记忆""超意识或下意识"等联系在一起的。进入角色、从自身条件出发、在第四堵墙内表演——按照这样的要求去做，对东方戏剧演员来说是非常棘手的问题，他们不习惯于将任何一种心理学的、任何一种个性特征投入到自己的表演当中，因为他们所面对的观众——是欣赏程式化的内行，看戏对他们来说是为了消遣开心，而不是为了体验角色的情感。在中国体验派很难存在下去，中国传统的戏剧是表演的戏剧，是符号化和程式化的戏剧。

---

[1] 黄佐临《梅兰芳、斯坦尼斯拉夫斯基、布莱希特戏剧观比较》，见《京剧与梅兰芳》，新世界出版社1981年版，第28—29页。

[2] 〔俄〕К.С.斯坦尼斯拉夫斯基《文集》（第9卷），莫斯科艺术出版社1990年版，第371页。

三、美学体系千差万别，但训练的方法是相似的

梅兰芳说，艺术是向前发展的，他拒绝将京剧视为永久保留着僵化形式的集合体。这位中国艺术家对待本民族艺术的态度，与他的俄罗斯同行[1]的观点有什么不同吗？

在梅兰芳的戏曲学校和康斯坦丁·斯坦尼斯拉夫斯基的戏剧学校里，两位艺术大师与教师们一起把本流派的知识传授给学生及其校外的追随者。在出演重要的角色之前，学生先从群众角色、次要角色开始演起。教师示范，学生模仿。康斯坦丁·斯坦尼斯拉夫斯基的"示范"一直相当著名，且经常可以取代语言。这项训练工作是长期的、艰难的，需要不断地重复再重复，直到手势、动作准确地表达不只是理性的，而且是下意识的。演员的任务不在于简单地模仿，而在于塑造形象，需要把握人物的灵魂和精神。因此，演员的手势、眼神、动作、表情具有基础性的意义。在1936至1937年，当斯坦尼斯拉夫斯基排演《哈姆雷特》的时候，他对演员说："首先应该理清脉络，尽力地感受作品总的意向，以看不见的触角深入到剧中每一个出场人物的内心，为此要寻找眼神，适应剧中人物、贴近自己，找出其中的纽带和桥梁。"[2]

的确，表演技艺能够呈现人物的精神状态，但它不排斥内在的情感。表演就意味着把外在的特征，无论是程式化的还是写实的演技——和内在情感（精神）联系在一起，演员应该去体验他所扮演的角色的感情。梅兰芳写道："当我扮演这样或那样的角色时，我应该像他，观众看到的我，已经不是我本人了。"[3] 如果演员能够做到让观众忘记了他并把他当成剧中的人物，这是相当成功的。最后一个阶段是进入到神魂颠倒之境（康斯坦丁·斯坦尼斯拉夫斯基）或者无意识的状态（梅兰芳），当那个神秘时刻到来的时候，所有一切都是自然而然地发生，无法理解这是怎么回事。

---

1 此处指斯坦尼斯拉夫斯基。——译者注
2 〔俄〕К.С.斯坦尼斯拉夫斯基《文集》（第4卷），莫斯科艺术出版社1991年版，第368页。
3 〔法〕傅秋敏《梅兰芳的戏剧艺术》，巴黎友丰出版社1998年版，第82页。

两位艺术家都对绘画、服装样式和舞台布景感兴趣。斯坦尼斯拉夫斯基与著名艺术家（西莫夫[1]、多布任斯基[2]、伯努瓦[3]、列里赫[4]）合作，梅兰芳本人也从事绘画。两位艺术家的目标是——美、和谐、轻盈敏捷，动作和对白服从于节奏（包括音乐、身段动作和声音）。

梅兰芳没有接受现实主义美学，但他认为重要的是了解历史语境，只有这样才能更好地感受自己所塑造的角色。

总体上说，两位艺术家都认为，对戏剧艺术进行创新和推动艺术"向前发展"、剧目问题至关重要。

四、结语

1935年，梅兰芳剧团在俄罗斯巡演，让我们看到了无论是现实主义的拥护者，还是程式化戏剧的捍卫者，都存在着可能接近的那些共同点。我不妨做这样的假设，对梅耶荷德来说，这次会见能够早些实现就好了，因为在当时，他正在探索象征主义剧目的呈现方式。符号化的中国戏剧是社会上各类人物典型特征的专门化（即根据演员的特点固定扮演专门的角色），在演出中，角色的念白伴着音乐且自始至终都有音乐，其中起支配作用的是动作和念白的节奏，在这里演员说着所扮演角色的话走上舞台变

---

[1] 维克多·安德烈耶维奇·西莫夫（Виктор Андреевич Симов，1858—1935），俄苏美术家、舞台美术家、俄罗斯联邦功勋艺术活动家（1932）。——译者注

[2] 姆斯季斯拉夫·瓦列里安诺维奇·多布任斯基（Мстислав Валерианович Добужинский，1875—1957），俄苏画家、艺术史学家、艺术评论家、舞台美术家。——译者注

[3] 亚历山大·尼古拉耶维奇·伯努瓦（Александр Николаевич Бенуа，1870—1960），俄苏画家、艺术史家、艺术评论家。——译者注

[4] 尼古拉·康斯坦季诺维奇·列里赫（Николай Константинович Рерих，1874—1947），俄苏画家、舞台设计师。——译者注

成"一个艺术作品"[1]。中国戏剧对演出梅捷尔林克[2]、索洛古布[3]、布洛克[4]的戏剧能够给予梅耶荷德有价值和辅助的解决问题的思路。[5]

梅兰芳为俄罗斯与中国戏剧艺术教育的交流开辟了道路。1956年,在俄罗斯后斯大林主义解冻初期,俄文杂志《外国文学》很快就发表了梅兰芳致斯坦尼斯拉夫斯基的感谢信,在信中有感谢斯氏赠送《演员的自我修养》一书的话[6]。1963年,梅兰芳的著作《舞台生活四十年》在苏联翻译出版。

梅兰芳来到莫斯科之前,在中国已有少量的戏剧理论与实践的书籍。常常是学生演员只是按照本行当开列的姿势进行系列练习,但是没有任何解释,为了达到需要的效果,应该怎样训练。用斯坦尼斯拉夫斯基的书来教授演员和导演现代和现实主义的西方戏剧的精神,尽管有误读,因为时而被认为是最好的方式,时而被认为是最差的方式,时而受到追捧,时而又遭到压制,但斯坦尼斯拉夫斯基体系在长时间里是唯一完整的演员培养方式,这种方式在中国的戏剧教育中留下了印迹。正是梅兰芳把接力棒从莫斯科传到了北京。

(原文发表于《中国文艺评论》2019年第1期,收入本书中略有改动)

---

1 〔法〕傅秋敏《梅兰芳的戏剧艺术》,巴黎友丰出版社1998年版,第83页。

2 莫里斯·波利多夫·马利·梅捷尔林克(Метерлинк,1862—1949),比利时作家、戏剧家、哲学家、象征主义戏剧的代表作家,1911年获诺贝尔文学奖。

3 菲奥多罗·索洛古布(Фёдор Сологуб,1863—1927),俄苏象征派诗人、作家、剧作家。

4 亚历山大·亚历山大洛维奇·布洛克(Александр Александрович Блок,1880—1921),俄苏诗人、作家、戏剧家、翻译家、文学评论家,俄国象征派诗歌的主要代表,俄国诗歌革命时期新旧交替中承前启后的重要诗人。

5 参见1907年布留索夫对传统的象征主义戏剧中演员表演的评论。见〔法〕C.阿米亚尔-谢弗雷尔《俄国象征主义者与戏剧》,洛桑,人类时代出版社1994年版,第193页。

6 参见《外国文学》1956年第10期,第222页。

梅耶荷德的表演艺术对东方传统戏剧经验的借鉴

著者 〔俄罗斯〕谢尔巴克夫·瓦吉穆（Щербаков Вадим）（俄罗斯国家艺术研究院首席研究员、梅耶荷德遗产研究委员会会员）

译者　周丽娟（中国戏曲学院教授）

（译者按：2015年中国戏曲学院戏曲研究所召开了"纪念梅兰芳1935年访苏演出八十周年国际学术研讨会"，俄罗斯国家艺术研究院首席研究员、梅耶荷德遗产研究委员会会员谢尔巴克夫·瓦吉穆提交了论文《梅耶荷德的表演艺术对东方传统戏剧经验的借鉴》。作者介绍了以梅耶荷德为代表的苏联戏剧家对戏剧演出形式进行的多方面探索，进而分析了苏联观众能够接受和理解中国戏曲表演的深层次原因。梅耶荷德提出在戏剧表演中要利用东方戏剧中的舞蹈元素，他借鉴远东传统戏剧经验创立了"音乐喜剧"的概念。1935年梅兰芳等传播的戏曲文化不仅使梅耶荷德的艺术理论和实践得到了某种确证，而且还直接影响了他的诗化喜剧《聪明误》的排演。现将论文译出，以供研究者参考。）

梅兰芳博士在莫斯科和列宁格勒的巡演取得了令人震惊的成功，俄罗斯最杰出的戏剧活动家们多次观看他的演出。这里首先要提到的是弗谢沃罗德·梅耶荷德（Всеволод Мейерхольд）和谢尔盖·爱森斯坦（Сергей

Эйзенштейн）的名字。那些对舞台艺术的呈现形式、演员外化的表演技艺有浓厚兴趣的流派的代表人物高度评价中国客人的表演技艺，完全是理所应当的。

然而，更引人注目的还不是这一点，欣赏传统的中国戏剧表演是苏联最广大观众的愿望，同时他们也以满腔的热情接受了中国演员的表演。尽管"京剧"艺术的编纂语言是象征性和符号化的，与习惯了俄罗斯戏剧表演类型的观众相距甚远，但我们国家的观众完全能够适应。在梅兰芳的作品中，苏联的戏剧工作者们与其说看到了浓郁的东方情调，毋宁说看到了演员表演技艺的精确完美地展示。他们已经做好了体验中国客人们所表演角色情感的准备，也就很轻松地接受了他们精致的表演形式。

这个意外的效果来自于长期的积累和精心的准备。在梅兰芳剧团到来的那一年，著名的美国汉学家刘易斯·查尔斯·阿灵顿在北京出版的书中就论证了，全世界唯有俄罗斯的戏剧能够把天朝[1]的戏剧表演技艺吸收到自己传统的舞台表演艺术中来（см.: Arlington, LewisCharles. Le théâtre chinois depuis les origines jusqu'à nos jours. Peking, Henry Vetch, 1935, p.xvii.）。从1910年代末开始，苏联观众经常地在形式包罗万象、风格千差万别的剧院的舞台上观看演员们在戏里的生活方式——剧中人物的"吃、喝、示爱、走路、穿衣"等细节，根本不用拘泥于逼真的日常生活的样子。我国的导演们尽心尽力地广泛传播舞台表演艺术的假定性原则，把它们渗透到了广大观众的意识中。换句话说——迅速发展的俄罗斯戏剧、大范围和孜孜不倦地探索舞台演出形式的试验、在舞台上非自然主义的形象化结构、令人信服的演出场面为观众接受"京剧"话语准备了适宜的土壤。

以弗谢沃罗德·梅耶荷德为代表的俄罗斯戏剧界进行的有意识的先锋戏剧的一些尝试结果，在某些方面很容易地与中国传统戏剧相对照。梅耶荷德在世界舞台艺术的历史上探索寻找新的戏剧语言，在他极不寻常的戏剧呈现方式中，演员表演技艺的概念和导演艺术的幻想具有决定性的

---

1 指中国。——译者注

作用。

还在1900年代中期，梅耶荷德就已经逐渐脱离了舞台上的表演与"真实生活相一致"的演剧方式。在他的戏剧概念体系中，演员转化为艺术品。在他自己所饰演角色的情感表达中，一定是依据经过选择的反映那个时代的文献中最好的造型艺术的样板。1910年梅耶荷德演出了俄罗斯第一部戏剧哑剧[1]。在这部哑剧中，不道德地摆布别人命运的悲惨的真相透过"矫揉造作、凭空虚构的动作表象"清晰地渗透了出来。稍晚，梅耶荷德在自己领导的彼得堡的戏剧学校开始进行一系列实验性质的探索，试图从实践中理解古老的意大利即兴喜剧的诗学。假面具、形体动作、无言而明白易懂的主题、错综复杂的情节，成为梅耶荷德创立新的舞台话语的构成元素。1917年革命前的最后一年，梅耶荷德迷恋上了传统的远东戏剧，对他来说，演出的那些产生于地域和文化彼此隔绝的非古典的戏剧形式，基本上是没有区别的。正是在这个时候，梅耶荷德郑重地宣称："舞台上每一个动作都应该如中国戏剧表演所要求的那样——即都要把舞蹈元素纳入其中。"

应该说，梅耶荷德拥有的关于远东戏剧的知识几乎是从书本上得来的。的确，他看过日本女演员高纳科（Ганако）和萨达·阿国（Сада Якко）的表演，她们曾在欧洲举办音乐会，演出了在风格体裁方面基本上是变了形的歌舞伎戏剧。根据这些演出做出某些判断，自然是可以的，但毕竟知识的主要来源是书本和学者朋友的讲述。依据这些，梅耶荷德有了日本和中国传统戏剧的表演原则相似的概念。正因如此，在阐释自己理论的一些发言中，他经常会提到歌舞伎，也间接地提到了"京剧"。这就为当今的梅耶荷德创作的研究者们探寻和找到应用与日本或中国戏剧的结构性原则相适应的这样或者那样的范例提供了可能性——通常，在这种情况下的选择取决于戏剧学家自身的知识素养。

主要的、相似的有时是有趣的东方故事情节，大概可以证明以下内容：远在世界舞台艺术统一的理论原则出现之前，经过戏剧建设活生生的

---

[1] 即1910年排演的《科伦宾娜的围巾》。——译者注

东西文化的对话

实践，梅耶荷德理解了这样一个事实，即通过观看舞台上具有不同文化背景的演员的表演，他看到了人类表达力丰富多彩的客观法则的呈现形式，而他同时代的人很少有人能够利用这些法则。

因此，梅耶荷德的戏剧——首先是表演的戏剧。但不仅如此，从1900年代开始，他在歌剧方面做了很多的工作。在自己的戏剧学校里，他开设"戏剧配乐朗读课"，由音乐家米哈伊尔·格涅辛（Михаил Гнесин）主持工作。梅耶荷德密切地关注着伊戈尔·斯特拉温斯基[1]、达里乌斯·米伊奥[2]、谢尔盖耶维奇·普罗科菲耶夫[3]等现代歌剧作曲家的作品，他在自己的创作中，表现出密切联系音乐剧和话剧关系的趋势。梅耶荷德在音乐中探寻不同于自然主义动机的表演的韵律结构的本源。1925年在演出《教师布布斯》（Учитель Бубус）时，他提出了"音乐喜剧"的概念，并利用远东传统戏剧的经验建立这个概念体系。

以下是梅耶荷德关于这一问题的两点陈述：

> 在这里音乐差不多不间断地参与其中，念白运用的是歌剧中独特的宣叙调，像普罗科菲耶夫（弹奏者）一样的自由流畅，就像在古老中国的剧院里，乐队是督促观众集中注意力的办法。[4]
>
> ……古代日本和古代中国的戏剧导演们知道，如果观众有些困倦，就需要稍微地让他们提一下精神，目的是让观众在剧场中不是很沉闷。因此，这些导演们也是很有心计的。他们

---

[1] 伊戈尔·费奥多罗维奇·斯特拉温斯基（Игорь Фёдорович Стравинский，1882—1971），俄苏音乐家、20世纪世界音乐文化的代表人物之一，其音乐作品以风格多样性而著称，早期的作品具有鲜明的俄罗斯传统的印记。——译者注

[2] 达里乌斯·米伊奥（Дариус Мийо，1892—1974），法国音乐家、指挥家、音乐评论家和教育家。——译者注

[3] 谢尔盖耶维奇·普罗科菲耶夫（Сергей Сергеевич Прокофьев，1891—1953），俄苏音乐家、钢琴家、指挥家、俄罗斯苏维埃联邦社会主义共和国人民演员、列宁奖章和斯大林奖获得者。——译者注

[4] 参见B.费奥多罗夫编辑的介绍该剧的说明书，莫斯科戏剧出版社1925年版，第6页。

的乐队在整场演出时一直在疾速地弹奏敲打着,不管需要还是不需要。最终我们也仿效古老的中国和日本的戏剧,加进了音乐,或者是构建某种类似于配乐朗诵式的演出场景。[1]

梅耶荷德在排演古典的俄罗斯诗化喜剧《智慧的痛苦》时,在戏剧表演方面进行了念白和音乐相协调的最有说服力的试验,并取得了成功。他把恰茨基(该剧中的主要角色)变成了疯狂的乐器演奏者,这个演奏者没有乐器就根本无法生存。只要有可能,恰茨基都会跑到钢琴旁,弹奏出浪漫派的音乐。在该剧中导演是以体现主人公"内心独白"的音乐代替了台词,观众可以清晰地听明白主人公的悲伤、愤怒和抒情的感受。对演员来说,音乐成为最准确表达内心情感的介质。

依据新的舞台脚本,重排这部戏剧恰巧赶上梅兰芳剧团来到莫斯科之际。不出所料的是,中国艺术家的表演促使俄罗斯的这位艺术大师把新的特色融入自己的排演中。梅耶荷德写道:"在这次排演的版本中,留下了中国演员梅兰芳影响的印迹(在舞台节律方面),我把这出戏〔亦如过去献给 Л. 奥博林(Л. Оборин)[2]一样〕献给梅兰芳。"[3]

在这出俄罗斯喜剧演出的海报上,写上了献给两位艺术家的名字:著名钢琴家 Л. 奥博林和伟大的中国演员梅兰芳。的确,艺术的世界是共同的,而精神存在于个体的理解之中。

(原文发表于《戏曲艺术》2018年第4期,收入本书中略有改动)

---

[1] В.Э. 梅耶荷德《文章、书信、演讲、谈话集》(第2卷),莫斯科艺术出版社1968年版,第80页。

[2] 奥博林(1907—1974),俄苏钢琴家、音乐家、教育家、俄罗斯苏维埃联邦社会主义共和国人民演员、斯大林奖章获得者。——译者注

[3] В.Э. 梅耶荷德《文章、书信、演讲、谈话集》(第2卷),莫斯科艺术出版社1968年版,第322页。

梅兰芳与爱森斯坦

著者 〔俄罗斯〕克雷曼·瑙姆（Клейман Наум）
（莫斯科爱森斯坦中心主任）
译者 周丽娟（中国戏曲学院教授）

［笔者按：梅兰芳在莫斯科时，爱森斯坦几乎每天晚上见到他——观赏他的表演，共同出席苏联对外文化交流协会的会议，在斯坦尼、梅耶荷德或泰伊罗夫剧院一起参加活动。梅氏表示同意拍一夜的纪录片，但隔天早上拍摄工作就被禁止。目前有一种说法是，爱森斯坦保密地冲出了正片，把完整的纪录片剪完赠送给梅博士。但目前为止，正片还未被发现。梅兰芳来苏前，爱森斯坦于3月发表了一篇《梨园魔法师》的文章，表明爱森斯坦从天真地对日本戏剧的迷恋转向对中国戏剧的认真研究。1939年爱森斯坦修改并补充了《梨园魔法师》的内容，从这篇文章中可看出，爱森斯坦主要的美学观念，即表象和形象，后者才是现实中看到的东西的一种抽象的总结。另一个巧合是，1934年美国著名歌手、演员保罗·罗伯逊（Paul Robeson）来苏，爱森斯坦在美国与他成为朋友，罗伯逊的教育背景与中国研究有关，这一次罗伯逊赠送他一本法国汉学家马塞尔·葛兰言（Marcel Granet，1884—1940）的名作《中国思想》（*La pensée chinoise*，1934），而这一本书也极大地促进了爱森斯坦对中国文化的兴趣。接下来，本文分析爱森斯坦的理论著作和电影中具有的中国文化和美术的影子。爱森斯坦认为梅氏的表演应用了一种古老的能引起观众反应的手段，并指出京剧的表演体系符合普遍性的心理和审美表现。2002年问

世的《方法》(Metod)一书，讨论了两种思维方法："进步"的（现代的）和"退步"的（古老的），认为两者要一起应用。1929年爱森斯坦发表的《画面之外》(Za kadrom)一文，表示镜头的表现方法类似于字而不是字母。据他的了解，梅兰芳的贡献在于，他将南北的两种传统融合起来。电影评论者一般认为，爱森斯坦晚期的作品《伊凡雷帝》带有歌舞伎的审美，但笔者认为也可以看出京剧的影子。］

一、一次的见面，终生的友谊

1935年3月，爱森斯坦与梅兰芳在莫斯科的会见是其创作生涯中最重要的事件之一。为迎接梅博士的巡演，爱森斯坦写了一篇热情洋溢的文章——《梨园魔法师》。谢尔盖·米哈伊洛维奇[1]差不多每天晚上都和这位伟大的演员见面——观看他的演出，共同出席在沃克斯（即苏联对外文化关系协会）和其他正式场合举行的招待会，在斯坦尼斯拉夫斯基剧院、梅耶荷德剧院、泰伊罗夫剧院一起参加活动。从保存下来的他们在一起的电影镜头和照片来看，爱森斯坦的脸上总是洋溢着幸福的笑容。

梅兰芳给了爱森斯坦以极大的荣幸，他同意在剧院演出结束后，利用晚上的时间在新闻电影制片厂拍摄电影。爱森斯坦不仅想用胶片记录下表演场景，而且想通过分镜头和蒙太奇等更高级的表现方式，将京剧艺术呈现给观众。他们在晚上完成了《虹霓关》的拍摄工作，不幸的是，第二天鲍里斯·舒米亚兹基部长（Борис Шумяцкий，时任苏联文化部长）以"上级领导没有同意"为由，将拍摄工作禁止。目前有一种说法，拍摄好的副片仍然被冲洗显影出来，而所有的拍摄胶片印出来的正片，由爱森斯坦秘密地剪辑出一些分镜头场景，送给了梅博士。在银幕上，"联盟新闻电影制片厂"的新闻简报影片只有其中短短的几秒钟……这部独一无二

---

[1] 即爱森斯坦，这里用的是他的名字加父称，在俄语里表示尊敬的称呼。——译者注

的电影真的还存在吗？它有什么样的命运？是否还有找到它的可能？

在莫斯科公寓的墙上，爱森斯坦挂上了有梅兰芳签名的照片及搜集到的京剧脸谱和京剧服装纪念品。在观看过梅兰芳演出之后，谢尔盖·米哈伊洛维奇在多部学术著作中，在全苏国立电影学院的一些课堂上，在工作实践等多种语境下，均回忆起这位伟大的中国演员。爱森斯坦论述中国文化——它的典型特征和世界意义最集中地体现在《梨园魔法师》一文中。这篇文章有多方面的参考价值，这里我们暂做初步的探讨。

二、《梨园魔法师》一文及其语境

（一）结构的形象性和它的元素

1935年，梅兰芳剧团在莫斯科演出之前，爱森斯坦写出了《梨园魔法师》一文，这篇文章被收入《梅兰芳与中国戏剧》的集子。该集子的出版是为了帮助苏联观众理解不符合其欣赏习惯的舞台艺术。但实际上，这篇文章是爱森斯坦创作和艺术理论研究进程中的重要转折点，特别地体现在他由早期迷恋日本艺术向成熟地理解中国艺术的转变上。这在他本人于1940年讲话的详细提纲中可以得到验证：

> 我在文章中特别经常地利用东方的研究资料：有时是日本的，有时是中国的。最初是日本的经验，后来更多的是中国艺术的经验。
>
> 这不是偶然的——在《梨园魔法师》一文中，我讲到了原因。
>
> 但是合乎逻辑地得出以下结论，即日本人和中国人有些类似于古代的罗马人和希腊人，抑或是现代的美国人和欧洲人的对比关系。亦如合理化与非理性化的、数量少的与无数的、序列的与独特的、机械的与情感的相互对比关系。因此，在希腊人那儿有"黄金分割"对称的秘诀，而在罗马人那里是简单的

相重性等等，绝非偶然。

> 创新者——日本人也是这样机械的二维概念。而相应的中国人是原始的、自然的、"奇特的"（在黑格尔的思维中）。艺术自身"内在复杂的机制"、中日艺术的对比、表演方式和技巧首先引起了我的兴趣。比较"庸俗化的"日本人帮助我们探究较原始的方面，然后我们更进一步，深入到形象问题、更深层次的形象塑造问题，中国人在这方面给予了巨大的帮助。它让你从罗马几何学转向希腊人的元几何，从左拉绚丽的全套系列的技艺到普希金和果戈理的有机性，从凡尔赛公园的形式逻辑到英国公园的自然秩序。[1]

下面要谈的是爱森斯坦美学体系中最重要的一对范畴：表象和形象。简单地说，第一个是我们在现实中直接看到的"图像"或是"特征"，第二个是肉眼可见的"综合"及显现出来的内在的涵义。这种思维不仅特别地存在于给定的现象或者过程中，而且贯穿于整个现象和过程的全部体系中——具有庞大的数量。但是，它与抽象的、学术的或者哲学思维的表达方式不同，形象保留了感官的可感知性和情感的影响。1920年代，爱森斯坦在自己的诸多经典文章中，就涉及了这种差别，在此基础上，1934年他依据自己在电影学院的讲义，开始撰写教科书《导演学》。京剧团的到来意外地给爱森斯坦科学地（辩证地）理解、直接地观察表象和艺术形象之间美学差别的观点提供了有力的论证依据。

> 中国戏剧本质特点的可借鉴性……触及的是一个最令人感兴趣的问题，它现在和将来都会成为与我国艺术发展有关的非常紧迫的问题之一。在这方面，中国戏剧可以说是不可超越的，是任何艺术作品固有的那些特点的最终——最后阶段的

---

[1] 该段引自〔俄〕C.M.爱森斯坦《梨园魔法师》，《爱森斯坦选集》（第五卷），莫斯科艺术出版社1968年版，第311—324页。——译者注

概括，并达到了最高的境界。

　　这些特点的综合和总和是鉴定作品的艺术性，即它的形象性的基本核心。作品的形象性问题是我们正在建立新的实践美学的中心课题之一。虽然我国的艺术已经把握了人的性格和形象、人的行为和行动方式，但在许多方面也仅限于艺术形象的描绘，正在描绘而并未完成。但是，作品的艺术感染力并不能只限于此，也不能到此为止。艺术形式还要符合被表现现象的外观……

　　这里要谈的是中国文化最有趣的一面和它的经常性的呈现形式——中国的戏剧，它似乎是纯粹表象的对立面，同时又似乎依托于具体真实表象的形象概括的极端夸张。它的形象塑造已经凝练到了具有重要标志意义的新阶段——象征性的程式化阶段……

　　那些可以依据特征判断其涵义的物体具有某些特定的象征性涵义的固定性，有意思的是这些涵义不是一成不变的。同一物体，比如说桌子、椅子和用马鬃做的小掸子[1]，依赖与之相联系的不同的使用状态，可以变成需要表现的具有无穷无尽涵义的客体。在中国戏剧里他们就是这样做的。相比于其他物体，桌子大概更能幻化成包罗万象的客体，它时而是茶桌，时而是餐桌，时而是大堂案，时而是祭坛……

　　象征性标志物和身段动作赋予客体舞台涵义"多变性"等类似的规定不是采取绝对固定的形式。或许，这种涵义不固定的特点比舞台上象征性标志物的程式化表现方式本身还要更令人惊奇。而最值得关注的是，这一思维特点完全不是戏剧所独有的，其根源相当的深，它是中国式思维和整个概念体系所固有的深层次的特点。舞台表演体系中的特征只是在特殊领域的

---

[1] 拂尘。——译者注

局部体现罢了。[1]

（二）前逻辑思维、逻辑思维和具象（后逻辑）思维

伴随着梅兰芳的到来还有下面两个事件。1934年底，非洲裔美国人保罗·罗伯逊第一次来到莫斯科，他是伟大的歌唱家和演员，爱森斯坦和他还在美国的时候就已成为朋友，爱森斯坦曾想拍摄由他出演的关于1791年至1804年在海地发生的"黑色革命"的电影。从所受的教育来看，罗伯逊是汉语文学家，他很热衷于和爱森斯坦讨论远东文化。1935年1月23日，爱森斯坦收到他寄来的生日礼物，这是法国汉学家马塞尔·葛兰言写的《中国思维》一书。爱森斯坦极其认真和带着浓厚的兴趣痴迷地阅读它。这本书成为爱森斯坦具有重要价值的理论成果的有力佐证材料，也就是在那一年，即1935年1月9日，他在全苏电影工作者创作会议上所做报告中阐释的观点：

"艺术作品的辩证法是建立在最奇特的'二元性'基础之上的。艺术作品的影响是建立在其中同时发生的双重过程：能够迅速地超越时代提升思想意识，同时又能够通过结构形式洞察到最深层次的情感思维。这两个截然不同指向之间对立的融合可以建立形式和内容极其协调的紧密联系，以这种联系的紧密性判断真正的艺术作品。在此之外没有真正的艺术作品。"

换句话说，在艺术作品中，为了能够实现具象（后逻辑）思维的美学功能，不仅需要运用现代逻辑分析的能力，而且还要运用早期（原始的）可感觉的——"前逻辑的""综合的"思维形式。在梅兰芳的作品中，他看到的恰恰是他所期望的那样一种艺术的完美体现，梅兰芳不是简单地运用古代传统，而是采纳和运用最古老的"机制"："在我们面前好像是情感形象思维综合体系的最完美的传说，在当今社会条件和需求下，有意地不脱离自己所固有的基本的规律性的东西，拒绝运用那些在不同社会条件和

---

[1] 该段引自〔俄〕C.M.爱森斯坦《梨园魔法师》，《爱森斯坦选集》（第五卷），莫斯科艺术出版社1968年版，第311—324页。——译者注

期许中培植的西方特色的后一个阶段的逻辑——不是带着自己发展起来的全部辉煌和豪华进入新阶段,而是更宽泛地——进入到对于现象表现的情感形象思维方式所固有体系的丰富和精致化中。……正如客观上所看到的那些内部流程的阶段和特征,在进行创作时,通过那些阶段和特征,不可避免地传递出当时的创作潮流,表现为创造性的行动……"

在这种情况下,爱森斯坦强调合乎规律的包罗万象的特征,这些规律以自己的形态出现在京剧艺术中,其本质上是京剧自身对全人类心理和审美的表现形式:

> 中国戏剧有着令人惊叹的体系和技巧,它比一系列的"奇特性"和程式化更值得关注。关注这一体系和技巧,是为了深入地思考那样一种思维特性。它体现在多种形式中,似乎离我们相当遥远,但在其深处却有与我们接近的东西,因此,虽然不是总能为我们所理解,但至少能引起我们内心的共鸣。[1]

总结蕴含着千百年来传承下来的社会的、哲学的、艺术传统的中国艺术的历史经验,爱森斯坦得出了以下结论:

> 中国式思维体系的独特性深深地植根于中国历史所经历过的那些社会形态更迭的进程中。这一符合社会发展早期阶段在意识中反映的独特罕见的社会现象在后来没有消逝,而被奉为传统的经典,并被后期各个阶段的经验丰富起来,人们以崇敬和虔诚的态度对待这一相当完美的事物,而不去否定它。这种被神化了的完美的历史经验成为后来判断动作和表现形式的标准和规范。在某种程度上,任何一种思维的类似传承都有这样的特点,在艺术思维方面尤其如此,但是问题在于在程度上的

---

[1] 该段引自〔俄〕C.M.爱森斯坦《梨园魔法师》,《爱森斯坦选集》(第五卷),莫斯科艺术出版社1968年版,第311—324页。——译者注

差别。在中国文化体系中，这些特点被突出地强调了，甚至在社会领域之外，这些特点也给人以主要的决定性的印象。刚开始接触它时便有此感觉。

这些特性是理解中国极精致的象形文字和标志的最困难的先决条件。事实证明，在戏剧舞台上道具方面，让我们惊奇不已的多义性和多变性原来是任何一种中国式表现手段的基本特征。这些特征与完整的一系列其他元素一样，非常明显地记录了封建制度之前的传统思维和观念。"[1]

必须同时利用"复古"和"进步"的思维方法，这两种方法奠定了此后整个艺术观念体系的基础，亦即爱森斯坦在《方法论》一书中阐释的内容，但他还没来得及写完。这本书的资料于2002年公布。

（三）电影结构中的多义性和多变性

还在1929年的时候，爱森斯坦在其《镜头以外》（即《画面之外》）一文中，就对电影镜头作为"字母"，并由这些字母编成蒙太奇的"单词"和"惯用语"这一认识，提出了异议。他证实了，电影镜头不是字母，而是类似于象形文字，蒙太奇的结构类似于最古的图画文字，而不是字母文字。

> ……最简单的相关联的两个象形文字的结合不能视为二者之和，而是看作另一个作品，亦即成为另一个向度，另一个量级的值；如果每一个独立的象形文字对应一个客体、一个事实，把两个象形文字并列在一起就呈现出一个与之相关联的概念。两个"可描绘物"组合起来成为一个用图形不可描绘的现象。

---

[1] 该段引自〔俄〕C.M.爱森斯坦《梨园魔法师》，《爱森斯坦选集》（第五卷），莫斯科艺术出版社1968年版，第311—324页。——译者注

例如：水和眼睛的图形表示的是——"哭"，

耳朵放在门旁边的图形就是——"听"，

狗和口的图形——"吠"，

口和小孩子——"哭叫"，

口和鸟——"鸣"

刀和心脏——就是"悲"，如此等。

这也就是——"蒙太奇！！"

是的，确切地说，这与我们在电影里尽力地把语义单义的、中性的图像镜头，组合到有涵义的语境和序列中的做法是可以相提并论的。

可以肯定的是，爱森斯坦在这个时候还谈到了"利用单一涵义镜头的可能性"问题。深入研究远东艺术的原则，包括京剧诗学的原则，帮助他克服了这个错觉——理解了细微"元素"的单一涵义在结构中是不可能存在的，梅兰芳演出展示的正是在演员表演方面或者小道具中多涵义，亦即被语文学家称为的多义现象。正是在——包括身段、念白、镜头内部和蒙太奇音画结构等各种表现手段多义性的基础上，爱森斯坦拍出了成熟的电影《白静草原》《亚历山大·涅夫斯基》《伊凡雷帝》等。

爱森斯坦把京剧表演中小道具涵义的"变化无常"用"多变性"一词标出，我们也要关注这个词。笔者大胆地提出一个假设，这个观察的结论是爱森斯坦深入研究电影色彩理论的推动因素之一，因为在电影结构中，特定颜色值的不稳定性是色彩理论建立的基础。

三、艺术的综合性和文化的统一性问题

艺术的综合性和文化的统一性问题贯穿着爱森斯坦创作过程的始终，这一问题的产生不仅受到在他青年时代驰名的音乐家瓦格纳[1]和斯克里亚

---

1 里夏德·瓦格纳（1813—1883），德国作曲家。——译者注

东西文化的对话

宾[1]的影响,而且也是使所有类型的电影表现手段,包括叙事性和空间性,时间的节奏和音乐、念白、音响的声音、动作和服装……互相配合,联系起来成为统一的和谐有机体的需要。梅兰芳的巡演为爱森斯坦打开了在人类表达力全部资源中,中国利用原则的秘密:

> 中国的戏剧表演在其发展史上最古老的时期就是综合性的:舞蹈和歌唱是不可分的,后来分开了。在北方,弱化了姿势与动作轻盈优美的表演,歌唱被突出地强调了。在南方,戏剧演出观赏方面的技艺获得了夸张地繁荣,行话里一直有这样的说法,北方人说去"听"戏,南方人则说去"看"戏。
>
> 综合的任务就落到了梅兰芳的身上,正是梅兰芳恢复了最古老的传统。
>
> 这位伟大的演员研究古老的舞台表演技艺,他不逊于本民族文化的博学多识之士和鉴赏家,他回归了演员表演技艺本来的综合性。再现了戏剧表演带给人的强烈印象,恢复了身段动作同音乐、奢华的舞台服饰复杂而又文雅的结合。[2]

1941年,爱森斯坦开始着手拍摄悲剧电影《伊凡雷帝》时,遇到了一个有疑惑的问题,毫无疑问,他回忆起了梅博士的表演。1939年他修订并补充了《梨园魔法师》一文,准备把它重新发表。

通常,分析《伊凡雷帝》风格的时候,电影艺术研究者要引证日本歌舞伎的表演,但笔者认为,至少在这里也可以看出京剧的影子。爱森斯坦在其后出版的《激情的本质》一书中专门研究了新阶段的声画对位问题,按时间来说,是可以证实笔者的这一观点的。中国的艺术和哲学在这个研

---

[1] 亚历山大·尼古拉耶维奇·斯克里亚宾(Скрябин,1817—1915),俄苏作曲家、钢琴家。——译者注

[2] 该段引自〔俄〕C.M.爱森斯坦《梨园魔法师》,《爱森斯坦选集》(第五卷),莫斯科艺术出版社1968年版,第311—324页。——译者注

究中占据着中心的位置。

特别有意思的是，爱森斯坦此时很清晰地从欧洲（德国）古典哲学的基本概念和观念向远东世界秩序观转变。他更加痴迷老子的哲学，将道家、阴阳家等诸子学说作为共同的"源流"，纳入到他理论探讨的全套工具中。……但这并不意味着拒绝欧洲的，包括俄罗斯文化的传统，相反爱森斯坦在统一的世界文化中找到了"共同点"。因此，他在分析安德烈·鲁勃廖夫[1]《三位一体》的圣像画时，展示了他的哲学深度和带有阴阳家观点的对艺术尽善尽美的鉴赏力。

在《激情的本质》一书中，爱森斯坦是把梅兰芳作为忠实于传统和勇敢的革新家的榜样来回忆的："无怪乎戏剧史学家们寻找介于梅兰芳戏剧结构与早期希腊戏剧样式之间的共性。无怪乎在梅博士的表演过程中，我们观察到他所展示的传承标准。在这一鲜活的案例中，我们可以看到，他在遵守内在严格的规则和不可更改的'标准'的同时，又能够使京剧成为最鲜活乐趣的源泉。"

毫无疑义，1935年与梅兰芳的艺术及其本人的结识，是爱森斯坦观察作为世界文化不可分割的组成部分——伟大的中国文化动态中的一个转折点。

---

[1] 安德烈·鲁勃辽夫（Андрей Рублёв，约1360—1430），古代俄罗斯最著名的和最受尊敬的圣像画家。——译者注

梅兰芳与苏联芭蕾

著者 〔俄罗斯〕科什诺娃·娜塔莉娅（Коршунова Наталья）
（俄罗斯国家艺术研究院高级研究员）
译者 周丽娟（中国戏曲学院教授）

（译者按：京剧艺术是中国的国粹，芭蕾舞是苏联的国宝。梅兰芳是中国京剧表演最具代表性的艺术大师，加林娜·乌兰诺娃是苏联芭蕾舞表演艺术最具标志性的舞蹈家。梅兰芳和乌兰诺娃均为世界级的表演艺术大师，他们都以对事业的虔诚，对艺术的不懈和完美的追求而创立了自己的流派。1935年梅兰芳走上莫斯科、列宁格勒的舞台，一展风采。20世纪50年代，乌兰诺娃来华演出，轰动一时。在机缘巧合之下，不同国家、不同文化背景培养的两位博采众长的艺术大师相识并多次欣赏彼此的表演艺术。中国京剧界与苏联芭蕾舞界的交流对京剧和芭蕾舞艺术的创作和演出产生了哪些影响？这是中俄乃至世界戏剧界和舞蹈界应该关注的问题。2015年中国戏曲学院戏曲研究所召开了"纪念梅兰芳1935年访苏演出八十周年国际学术研讨会"，俄罗斯国家艺术研究院高级研究员科什诺娃·娜塔莉娅提交了论文《梅兰芳与苏联芭蕾》。现将论文译出，以供研究者交流、参考。）

众所周知，中国戏剧是综合性的艺术。在中国戏剧中，所有元素——念白、歌唱、音乐、舞蹈、武打、哑剧等构成统一和谐的有机体。

东西文化的对话

1935年3月，梅兰芳剧团在苏联演出了一些剧目之后，许多观众明确地认为中国戏剧是舞蹈的戏剧。一篇评论文章写道："或许，节奏感是中国戏剧主要和最迷人的品质。它渗透到演员表演的面部表情技巧和身段动作中，使表演动作具有令人惊异的优美，并能轻松敏捷地转换到武打技巧上，尽管武打技巧有其内在的复杂性，但姿势与动作仍表现得轻盈而优美。歌唱的嗓音也是程式化的假嗓子，非常富于节奏感，并善于表达各种感情色彩。"[1]

在报纸上刊登的每一篇评论文章中，评论家们几乎都要绞尽脑汁地描写一下中国演员在舞台上怎样走台步。我们不懂中国语言，也不是时时能参透中国戏剧程式化表演动作的含义，但现场的观众至少都能清楚地理解剧中人物的情绪和感情。这得益于梅兰芳及其剧团的演员们所特有的精湛的表演技艺。身体的姿态、面部的表情、手腕直到指尖的动作，都和音乐的节奏相协调——所有这一切都是潜心思考、精心打磨的结果。一位戏剧评论家指出："梅兰芳的十个手指就是在演员表中没有列出名字的十个剧中人物。我们可以不理解音乐、对服装的华丽产生审美疲劳、对故事情节脉络不感兴趣，但是你的目光却一直不能从所有时间都在做动作的手臂上，所有时间都处于舞蹈状态的手指上移开。它们时而是有含义的，时而是装饰性的，宛如古老的在微型彩画上描绘着云朵、树叶、绿草的精致的衬景。"[2]

在为梅兰芳剧团巡演撰写评论的作者中，有两位著名的芭蕾舞评论家——В.П.伊温格（В. П. Ивинг）和В.И.戈卢波夫-波塔波夫（В. И. Голубов-Потапов）。伊温格尝试着描述演员的身段动作，并将其与古典舞中的大舞步相比较："舞蹈是从一连串疾速的劈腿动作开始的，也就是演员跳起来，双腿像圆规一样张开呈一条直线，直接落到地板上。"[3] 他这

---

[1] 〔俄〕И.巴切利斯《梅兰芳演出的戏剧》，《共青团真理报》1935年（第69号）3月24日，第4版。

[2] 〔俄〕С.特列季亚科夫《伟大的技艺》，《真理报》1935年（第81号）3月23日，第4版。

[3] 〔俄〕В.伊温格《表演艺术大师——舞蹈和表意动作在梅兰芳舞台艺术中的运用》，《消息报》1935年（第7号）3月24日，第4版。

样形容吴玉玲在《钟馗嫁妹》一剧中扮演的鬼魂的表演技巧。梅兰芳精致的表演艺术给戈卢波夫-波塔波夫留下的印象是:"梅兰芳手执双剑的舞蹈,他的双臂从手腕到指尖、他的双腿,每一个手指、每一个关节都在跳舞。他的整个身体亦如一架圆润通透的乐器在演奏。"[1]

但是,尽管评论家们指出在中国剧团的演出中,造型、动作和舞蹈是其最重要的呈现形式,但芭蕾舞界并没有表现出特别的兴趣。实际上,他们只是由于当时的某些原因没有察觉到。

从1930年代初开始,在苏联的芭蕾舞艺术创作中开启了戏剧芭蕾舞时代,最突出的现象是以著名文学作品[例如,P.B.扎哈罗夫(P. B. Захаров)根据A.C.普希金(А. С. Пушкин)的诗排演的芭蕾舞剧《巴赫奇萨拉伊斯基的喷泉》(*Бахчисарайский фонтан*),及随后Л.М.拉夫罗夫斯基(Л. М. Лавровский)排演的威廉·莎士比亚的《罗密欧与朱丽叶》等]的情节为基础,推出了一批内容丰富又深刻的多幕芭蕾舞剧。在这些芭蕾舞剧中,准确地再现了历史时代并摆脱了程式化的束缚。同时,对诠释情节有积极作用的、有理性的、有根据的舞蹈表意动作占支配地位,这时,表演者大多会采用革命前传统的芭蕾舞姿势和动作,用高雅古典的舞蹈来"诠释"剧中人物。1920年代,对造型艺术的探索被批判为搞形式主义,因此导演们不敢把这样的尝试进行下去。梅兰芳到来之前的一段时间,芭蕾舞剧的导演们开始对国内以及世界上各个民族的舞蹈产生了兴趣,但是当时还没有全力以赴地去钻研,只是"模仿"演出——依据形象史料(照片、版画、图画)编创芭蕾舞舞谱。在大多数情况下,是把民间舞蹈"改成适于"舞台上表演的样子,并融入古典舞蹈的动作中。这样,芭蕾舞完全存在于自己特有的古典舞的世界中,演员几乎不关注其他的艺术样式。

此外,苏联的芭蕾舞慢慢地变成了官方艺术,政府安排到苏联访问的其他国家的外交代表团和文化界人士观看。通常演出的是Б.В.阿萨菲耶夫(Б. В. Асафьев)作曲、В.И.瓦伊诺年(В. И. Вайнонен)排演的芭

---

[1] 〔俄〕B.波塔波夫《初步印象》,《劳动报》1935年(第68号)3月23日,第4版。

东西文化的对话

蕾舞剧《巴黎的火焰》(Пламя Парижа)，该剧以规模盛大的芭蕾舞表演场面讲述了法国大革命的一些故事。按照计划，中国剧团的演员们要和梅兰芳一道在大剧院（Большой театр）观看 П.И. 柴可夫斯基（П. И. Чайковский）的《天鹅湖》(Лебединое озеро)，该剧以自己独特的风格成为苏联芭蕾舞剧的"外交名片"。本来还有可能给他们观看最接近当时主题，由 Р.М. 格林艾尔（Р. М. Глиэр）作曲，反映中国人民与外国侵略者斗争的芭蕾舞剧——《红罂粟》(Красный мак)。这部剧是 1927 年排演的，被认为是第一部苏维埃芭蕾舞剧，但是到 1935 年之前就已经过时了，由于不受欢迎，也就长时间地从演出剧目中消失了。[1]

因此可以说，对苏联芭蕾舞演员来讲，1935 年中国剧团的演出如过眼烟云，他们真正地评价梅兰芳及其剧团的艺术是在稍晚一些时候。

20 世纪 50 年代初，苏联芭蕾舞迎来了一个新的时代：戏剧芭蕾舞逐渐地走进了历史，芭蕾舞剧的导演们对舞蹈本身产生了兴趣，开始寻找姿势与动作优美的富有表现力的语汇，开始研究音乐，转向场面不大、结构简单的小戏的创作。此时，苏联芭蕾舞演员们史无前例的长时间的出国演出，观摩来苏联巡演的西方芭蕾舞导演和演员们的作品。当时，由于政治的原因，中苏之间建立了特别的友好关系，通过了加强文化关系的决定——中国的艺术大师们到苏联访问，苏联的演员们也被派到中国来进行长时间的巡演。这一时期，两位杰出的表演艺术家——梅兰芳和芭蕾舞女舞蹈家 Г.С. 乌兰诺娃（Г. С. Уланова）有了交往的机会。

1952 年，以明星乌兰诺娃为代表的大剧院剧团在中国的多个城市演出一个月。在北京他们见到了梅兰芳，梅兰芳安排他们参观自己的戏曲学校。乌兰诺娃回忆说："我们观摩学生们的表演，开始观看低年级学生的

---

[1] 《红罂粟》是三幕八场芭蕾舞剧，有着神话般的尾声，作曲是 Р.М. 格林艾尔，芭蕾舞剧导演是 В.Д. 季霍米罗夫（В. Д. Тихомиров）、Л.А. 拉希林（Л. А. Лащилин），编剧 М.И. 库里尔科（М. И. Курилко）。1927 年 6 月 14 日，在大剧院首演。剧中主要人物：桃花由 Е.В. 黑尔策尔（Е. В. Гельцер）饰演，苏联船长由 А.Д. 布尔加科夫（А. Д. Булгаков）饰演，李善甫由 И.В. 斯莫利佐夫（И. В. Смольцов）饰演，中国魔术艺人由 А.М. 梅谢列尔（А. М. Мессерер）饰演，港口监工由 И.Е. 西多罗夫（И. Е. Сидоров）饰演。

表演,最后是高年级的,学生演员们展示的难度越来越大。他们的动作和面部表情技巧越加地富有表现力和说服力。学生们表演了京剧《白蛇传》的若干片段,包括演出了大段精彩的多人武打场面。他们手持长剑与标枪在快节奏中打斗,表演的停顿张弛、严丝合缝让我们吃惊。打斗的技术技巧也越来越难,扣人心弦的表演让观众如醉如痴。我们也以暴风雨般的掌声表达着自己的心满意足。"[1]

第二天,为苏联演员演出了有戏剧巨匠们参加的更丰富的节目。梅兰芳表演了京剧《贵妃醉酒》,乌兰诺娃谈道:"眼前的一切如魔法一般:刚才他还在和我们交谈,是一位温文尔雅、已过中年的男子,有些疲惫,总是若有所思……转瞬间,我们在舞台上看到的是一位年轻曼妙的女子,她郁闷地喝着酒,热切地期盼着自己的主宰者的到来。我们观看她的双手的动作变化,她的眼神,她走的两三下台步……但最主要是双手的表演。当梅兰芳演出结束之后,我按捺不住激动的心情,请求梅兰芳,让我看看他的双手,试图想寻找一下它们高超表现力的'奥秘'。"[2] 当然,这很难探究到什么,因为这些动作和姿势是伟大的艺术,是艰辛的劳动和超凡天赋的结晶,也是千百年来民族戏剧传统表演技术技巧的升华。

自然,梅兰芳也观看了苏联演员们的表演。他高度评价 O.B. 列佩申斯卡娅(О. В. Лепешинская)、М.М. 普列谢斯卡娅(М. М. Плисецкая)的表演艺术,但是给他留下最深刻印象的还是加林娜·乌兰诺娃的舞蹈。1959年,在《文学报》上刊登了梅兰芳观看芭蕾舞剧演出的评论文章,他写道:"在肖邦迷人的音乐伴奏下,优雅而婀娜多姿的魔法师们在舞台上像微风一样轻盈地旋转,如朵朵白云般飘动着,又如轻盈的雪花在飞舞。她们像一小群摇曳的美丽的鸽子。欣赏着苏联演员演出的第一场音乐会,我感到苏联芭蕾舞光荣的独舞者们是仙女魔法师,她们把自己卓越的

---

1 〔俄〕Г.С. 乌兰诺娃《与中国朋友们在一起》,《消息报》1953 年(第7号)1月9日,第3版。
2 〔俄〕Г.С. 乌兰诺娃《在新中国三十天》,《苏维埃艺术》1952 年(第104号)12月27日,第3版。除了梅兰芳的表演外,还给苏联演员演出了《闹天宫》中的几场。正如乌兰诺娃所说:"著名的演员扮演了猴子一角,他展示了难以置信的掌控身体、面部肌肉和眼睛的能力。这是极成功的身体、姿势动作和面部表情技巧的训练。"

东西文化的对话

艺术展现在北京人面前。当'肖邦'的旋律变成天籁般、忧伤的圣-桑的乐曲时，全场观众为之动容。天鹅之死那场舞蹈……加林娜·乌兰诺娃跳着……舞台上没有布景，但她似乎把静静湖面秋天的清冷带进了演出大厅里，清冷的月光映照着孤零零的天鹅的影子。在她的手势中，有对逝去的春天凄凉的追忆，有对自己与王子爱情的怀念，并因对王子的爱不可能回报而悲伤。"[1]

梅兰芳和加林娜·乌兰诺娃是在不同的文化背景和不同的国家中培养出来的艺术家，表演着不同类型的艺术，对待职业敬畏的态度把他们联系在了一起，他们都是反复地思考所饰演角色的呈现方式，精心地打磨着每一套舞蹈动作。乌兰诺娃被称为有思想的芭蕾舞演员，她亦如梅兰芳一样，在编创一组新的舞蹈时，反复探寻着最细微的差别——眼神、头的转动、手臂活动的曲线、身体的姿势，竭力地找到准确的姿态和动作，强化女主人公的情感表达并把自己的表演变成独具特色的艺术。乌兰诺娃在排演中摸索出"定格"的舞步型，此后几年没有丝毫的改变。前面提到的芭蕾舞剧《红罂粟》中的中国舞女桃花（Tao Xoa），与乌兰诺娃扮演的其他角色略有不同。

经过长时间的中断之后，芭蕾舞剧《红罂粟》又重新列入大剧院的演出剧目中，由 Л.М. 拉夫罗夫斯基创作了两个芭蕾舞剧本，分别在

---

[1] 梅兰芳《七宝城》，《文学报》1959 年（第 127 号）10 月 15 日，第 4 版。1959 年 9 月 29 日，苏联大剧院芭蕾舞团在北京首都剧场举行开幕式演出。观看过演出后，梅兰芳为苏联《文学报》写了《浓郁芬芳的友谊之花》一文，《文学报》以《七宝城》之名发表，译文有删改。底稿《浓郁芬芳的友谊之花》发表在 1959 年 10 月 16 日的《文汇报》上。——译者注

1949年[1]和1957年（最后这个版本剧名定为《红色的花朵》，*Красный цветок*[2]）。芭蕾舞剧导演改变了情节并增加了新的角色。故事发生在20世纪20年代的中国，载着苏联海员的轮船驶抵了港口，他们给友好的人民运来了食品。海员们看到苦力们拖着写着"美国"字样的沉重的箱子，偶然得知，在这些箱子里藏有武器，是用来镇压民变的。阴险、狡猾、残酷无情的李善甫（Ли Шан-фу）代表着美国企业大亨的利益，他监视着摆放袋子的苦力们。在青年工人马立成（Ма Ли-чен）的领导下，苦力们起义了，年轻的舞女桃花也加入进来了，她预先告知苏联船长，美国老板和李善甫想毒死他。全剧的结尾是桃花用自己的身体挡住了叛徒射向革命领袖马立成的子弹，悲壮地牺牲了。在剧中还插入了"桃花之梦"的场景：微微入睡的桃花梦见自己到了一个地方，人们在那里幸福地生活着，有神奇的花园，在花园里有神话中的主角们——仙女、凤凰、蝴蝶、灵花，

---

[1] 1949年12月30日，莫斯科大剧院上演了新排的三幕五场芭蕾舞剧《红罂粟》，作为对新中国的献礼，并用以象征苏联人民和中国人民之间牢不可破的友谊。1949年末，毛泽东主席访问苏联。在苏期间，莫斯科大剧院在《红罂粟》彩排时请中国大使馆人员出席观看。据中国驻苏首任大使王稼祥夫人朱仲丽回忆："舞台布景模仿东方中国的特色。在热闹的黄浦江边，高楼耸立，霓虹灯闪耀着。一个中国妓女在跳芭蕾舞，上身穿的是中国民族形式的红色大襟短衣，下身穿着宽腿大绿裤，一条长辫子，手中捧着一束罂粟花。一艘苏联通商货轮在江边码头卸货，一个年轻的海员下船来到马路上，他爱上了这个中国妓女。妓女送给他一束花，他接受了。他把许多马列主义思想传授给这个妓女。接着，就是中国共产党的诞生，最后以中国革命胜利宣告闭幕。"王稼祥大使认为该剧本荒谬绝伦："把中国工人阶级的觉悟说成是由于苏联海员的传授和中国妓女的启发，而且又是以爱情和鸦片作交换！我看这完全是一种歪曲！"他立刻以中国大使馆的名义向苏联外交部提出表示不满意见。周恩来率领的代表团抵达莫斯科后，苏联又送来了《红罂粟》戏票，王稼祥把芭蕾舞剧的主要内容和自己的看法，报告了毛主席。毛主席要陈伯达去看看，陈伯达坐在贵宾席上却看得入神，幕落下来了，他竟然站起身来报以热烈的鼓掌。毛泽东很不高兴地批评陈伯达说："就只你看得津津有味噢，还站起来鼓掌！"见朱仲丽《难以忘却的昨天——王稼祥小传》，鹭江出版社1987年版，第38—39页。——译者注

[2]《红罂粟》是三幕八场芭蕾舞剧，作曲 Р.М. 格林艾尔，导演 Л.М. 拉夫罗夫斯基，编剧 М.И. 库里尔科、А.Н. 耶尔莫拉耶夫（А. Н. Ермолаев）。1949年12月30日，在大剧院首演。剧中人物：桃花由 Г.С. 乌兰诺娃扮演、苏联船长由 А.И. 拉敦斯基（А. И. Радунский）扮演、马立成由 Ю.Г. 孔德拉托夫（Ю. Г. Кондратов）扮演、李善甫由 С.Г. 科连（С. Г. Корень）扮演。该剧于1950年获得斯大林奖金（Сталинская премия）。《红色的花朵》是三幕十三场芭蕾舞剧，作曲 Р.М. 格林艾尔，导演 Л.М. 拉夫罗夫斯基。1957年11月24日，在大剧院首演。剧中主要人物：桃花由 Г.С. 乌兰诺娃扮演、苏联船长由 А.И. 拉敦斯基扮演、马立成由 Ю.Г. 孔德拉托夫扮演、李善甫由 С.Г. 科连扮演、美国企业的老板由 В.И. 斯莫利佐夫扮演。

东西文化的对话

在虚幻的梦境里桃花见到了马立成并与他一起跳舞。受过训练的善战的凤凰阻止了桃花通向幸福的道路，惊恐不安的桃花醒来，她认为这是不祥之兆。传统上，19世纪芭蕾舞梦幻的场景还是以古典、无情节、"纯"舞蹈的形式呈现的（实际上，在任何的古典芭蕾舞剧中，都能够找到类似的长时间的一些舞蹈场面）。

《红罂粟》中主要的组舞被认为是乌兰诺娃最优秀的作品之一，它可以和П.И.柴可夫斯基的《天鹅湖》中的奥杰塔（Одетта）、С.С.普罗科菲耶夫（С. С. Прокофьев）的《罗密欧与朱丽叶》（Ромео и Джульетте）中的朱丽叶、肖邦作品中的西尔菲达（Сильфида）及А.阿达尼（А. Адан）的同名芭蕾舞剧中的日泽里（Жизель）表演的组舞相媲美。这个角色是特殊的：以往乌兰诺娃最擅长的是塑造多愁善感和抒情的形象，而桃花则兼具了多愁善感和勇敢坚毅的特征。1954年乌兰诺娃在其文章《一名芭蕾舞女演员的成长》中，讲述了中国舞女这一人物角色的塑造及其中国之行后她的变化："我更充分地理解了中国人民，也更加热爱中国人民，我亲眼观察到他们所具有的那些鲜活的特征，这使我在舞台上能展示出更真实的、更全面和更鲜活的人物形象，这是我很早以前就期盼的角色——抒情与多愁善感、大无畏的精神相结合来诠释人民英雄女儿成长的轨迹。在这部芭蕾舞剧中遇到的新难题和新困难一直困扰着我。中国之行后，我就可以在更高的水平上，更准确地和更立体地展示给我们的人民——中国人民的朋友加兄弟——勇敢而温柔的、胆怯而又大无畏地奋斗着的中国女英雄的形象！……桃花形象的塑造过程是循序渐进的，其演进的脉络符合人民的生活经验，有说服力，在自我牺牲、为人民建立英雄功绩中合乎逻辑地完成了这一形象的塑造。马立成和他的朋友们为真理而斗争，由盲目到为自由中国的未来进行有意识的斗争，这也就是桃花的人生成长的道路。她含笑而去，因为她知道，在她死后人民将幸福地生活着。"[1]

关于乌兰诺娃表演的桃花，可以从发表在报纸上大量的戏剧评论及后

---

[1]〔俄〕Г.С.乌兰诺娃《一名芭蕾舞女演员的成长》，《新世界》1954年第3期，第221—222页。

来写的关于乌兰诺娃作品的书中看到。其中，评论家 B.A. 利沃夫－阿诺欣（Б. А. Львов-Анохин）对乌兰诺娃舞蹈的概述最具代表性。他写道："乌兰诺娃饰演的桃花——展现了不可思议的、难以置信的娇柔的女性特征，她看起来像童话里娇柔的鲜花，她的身体像风一样的摆动。在她的眼神、手势、轻盈而悄无声息的步态中，观众似乎感受到她的恭顺和胆怯。她的纤细而善于表达各种感情的手惊恐不安地摆动着。柔软、优雅的手臂和手指呈现出敏感和令人动容的束手无策，它们胆怯地哀求保护，颤抖着、战栗着，每一分钟都是恭顺、哀求的姿势。极轻巧细碎的步态，优雅而胆怯地低垂着的头，战战兢兢……他用小碎步移动着，轻盈而悄无声息，瞬间越来越快地滑过，短暂的不易察觉的停留……在表演扇子舞、手指舞、伞舞的时候，乌兰诺娃把富有民族特色的古典艺术姿态与动作的轻盈优美极生动准确地呈现了出来，其中也包含着某些借鉴梅兰芳传奇的饰演女性角色所特有的柔弱特征。实际上，乌兰诺娃饰演的桃花每一段舞蹈都是一个小型戏剧、小型演出，舞蹈者所展现的优雅与动作的灵巧和鲜明的舞台主题相得益彰。虚拟表演动作源于自然形态，带着中国戏剧所特有的节日般的喜庆。"[1]

通过阅读这些文字资料，可以很清楚地看到，和梅兰芳的会晤及对中国戏剧美学观点的了解在乌兰诺娃的舞蹈中反映了出来，梅兰芳的表演和中国戏剧的美学观点帮助乌兰诺娃在饰演桃花角色的组舞中找到了准确的，且姿势与动作轻盈优美的舞步型。1935年，戏剧评论家描写的为梅兰芳所特有的细碎的步态和极精致的手部动作，在乌兰诺娃的舞蹈中特别准确地呈现了出来。因此，1935年，中国艺术大师在苏联巡演很多年之后，苏联芭蕾舞界理解、接受并高度评价了梅兰芳及其剧团演员的表演艺术。

（原文发表于《戏曲艺术》2018年第4期，收入本书中略有改动）

---

[1] 利沃夫－阿诺欣《桃花》。参见利沃夫－阿诺欣《加林娜·乌兰诺娃〈生活的艺术〉》，莫斯科艺术出版社1970年版，第67—68页。

由"身体"展开的中西戏剧审美对话
——论梅兰芳1935年访苏演出

耿余（武汉大学博士生）

1935年3月，梅兰芳应苏联对外文化协会邀请赴莫斯科访问演出，恰逢斯坦尼斯拉夫斯基、丹钦科、梅耶荷德、爱森斯坦、布莱希特、皮斯卡托和戈登·克雷等戏剧艺术家们齐聚莫斯科，藉由梅兰芳及其剧团的精彩表演，古老的中国戏曲艺术在当时欧洲几乎所有伟大的导演面前揭开了它神秘的面纱，在场的观者无不深受震撼。然而，这一戏剧事件的伟大意义非限于此，更为重要的是它促成了东西方戏剧之间的理论对话走向纵深。因为与5年前访美，美国评论界仅停留于直观感受的泛泛而谈而未进一步展开探讨相比，梅兰芳在莫斯科的演出则引起了西方戏剧家们的群体性关注，他们纷纷转向对这门古老而陌生的东方艺术的深层"认知"。[1] 正如爱森斯坦所言："我们研究京剧……毕竟不只是赞赏一下它的完整性就算完结。"[2] "认知"的深度不仅体现在苏联为梅兰芳专门举行的戏剧座谈

---

[1] 梅兰芳1930年访问美国演出时，虽然引起美国社会各界的广泛关注和热烈反响，媒体争相报道其演出盛况，评论界更是对梅兰芳个人的舞台表演予以一致肯定与赞誉，但是与此相比，理论方面的研究则寥寥无几，除了著名戏剧评论家斯达克·扬撰写的《梅兰芳》一文对中国戏曲的艺术本质特征进行深入探析之外，多数评论文章都停留于对中西戏剧表面差异的泛泛而谈。故而法国研究者乔治·巴纽在评价这一事件时指出："尽管梅兰芳备受新闻界欢迎，但是在首次与西方的相遇中，似乎并未产生任何重要的理论文章。"引自 Georges Banu, Ella L. Wiswell, June V. Gibson. Mei Lanfang: A Case against and a Model for the Occidental Stage [J]. *Asian Theatre Journal*, 1986, 3（2）: 157.

[2] 参见梅绍武《我的父亲梅兰芳》，中华书局2006年版，第290页。

会上，丹钦科、斯坦尼斯拉夫斯基、特列季亚科夫、爱森斯坦、梅耶荷德、布莱希特等人都与梅兰芳、张彭春就中国戏曲艺术进行了面对面的探讨，而且还直接体现在随后发表的一系列研究梅兰芳的理论文章上，包括布莱希特的《中国戏剧表演艺术中的陌生化效果》和《论中国人的传统戏剧》，梅耶荷德的《论梅兰芳的表演艺术》和《中国戏曲艺术的特点》，以及爱森斯坦的《梨园仙子》（又叫《梨园魔法师》）等。它们对此后中西方戏剧的艺术探索都产生了深远影响。[1] 就此而言，梅兰芳的访苏之行无论是在戏剧对话展开的深度上，还是在产生的后续戏剧效应上都超越了之前的访美之行。那么，在剧团演员、剧目编排以及剧场布置上都大致相同的情况下，两次访问为何在艺术效果上会出现如此差别呢？[2]

究其原因，与苏方在此次活动中所表现出来的主动性有重要关系。其主动性可从两个层面着手分析：一是官方对梅兰芳及其剧团给予的高度重视和高规格贵宾待遇；二是以梅耶荷德和爱森斯坦为代表的苏联导演们对梅兰芳抱有强烈的审美期待和明确的研究意识。

一、官方的礼遇

（一）正式的邀请

1930年的访美之行是梅兰芳剧团主动筹划进行的一次跨文化戏剧传播活动，性质上属于民间剧团自发组织的商业巡演，演出一切费用皆由

---

1 除了瑞典学者拉尔斯·克莱贝尔格在《艺术的强大动力》一文中整理的相关座谈会谈话记录之外，据梅兰芳回忆，在一次座谈会上，当他应大家要求便装表演戏曲身段时，布莱希特曾当面向其表示："这是演员最难处理的表演，你的精湛表演和卓越才能使我惊叹。"参见许姬传《许姬传艺坛漫录》，中华书局1994年版，第167页。这一段令布莱希特无比"惊叹"的表演在其《中国戏剧表演艺术中的陌生化效果》一文中也曾提及，可为互证。

2 访美时，剧团演员为梅兰芳、王少亭（老生）、刘连荣（花脸）、朱桂芳（武旦）、姚玉芙（旦）。访苏时，又增加了3名演员，为杨盛春（武生）、吴玉玲（武生）、郭建英（旦），剧目则在访美演出的基础上，增加了《宇宙锋》《虹霓关》《盗丹》《盗仙草》《夜奔》《嫁妹》等。参见梅兰芳、许姬传《梅兰芳游俄记》，中国人民政治协商会议北京市委员会文史资料委员会编《文史资料选编》（第27辑），北京出版社1986年版，第113页。

剧团自主筹集。5年后的访苏之行则与此不同，它是受到苏联官方正式邀请，并由其承担主要资费的演出活动，其性质已超出以营利为目的的商业演出范畴，而是一场官方组织，旨在进行两国戏剧艺术交流与研究的文化盛会。[1] 发出邀请之前，苏联外交人民委员会首先通过戈公振接洽梅兰芳，在双方商定演出事宜和有关条件后，继而由苏联对外文化协会代理会长库里雅科于1934年12月28日发出正式邀请书。苏方为此专门组织了一个招待梅兰芳的委员会，主席为苏联对外文化协会会长阿罗舍夫，委员会成员包括斯坦尼斯拉夫斯基、丹钦科、梅耶荷德、泰伊罗夫、爱森斯坦、特列季亚科夫等苏联著名导演和艺术家。

（二）系统的宣传

此前访美时，为演出所进行的宣传造势活动主要是由中方承担的，而访苏时，这一情况发生了转变。自梅兰芳从上海出发开始，直至抵达莫斯科，苏方都对其以及中国戏剧进行了有系统的宣传和介绍。

1. 当梅兰芳由上海出发时，莫斯科的街头巷口都贴有印着"梅兰芳"三个中国大字的招贴，旁边配有俄文："自3月23日至28日，在音乐厅表演中国戏剧6天"。另外，彼得洛夫卡街一带的商店橱窗内，都陈列着放大的梅兰芳的本来面目或是着戏装的照片。

2. 梅兰芳一入苏联国境之后，莫斯科的街头又出现了许多印有6天演出戏目的大招贴。

3. 抵达莫斯科之后，《真理报》《消息报》《莫斯科晚报》以及英文、法文的《莫斯科日报》等苏联重要报刊，都连续不断地登载关于梅兰芳的新闻和照片，以及关于介绍中国戏剧的文字等。消息报报社屋顶上的流通电灯新闻，则逐日报告关于梅兰芳的消息。

---

[1] 关于此次演出，苏方不仅派遣了"北方号"专轮前来上海迎接梅兰芳，并且承担剧团所有成员往返的旅费和在苏的食宿费用；中方所承担的是团员薪金、服装置办和宣传材料的费用，由梅兰芳个人出资3万元，上海戏剧协进社资助10万元，以及财政部拨款5万元三部构成。参见梅兰芳、许姬传《梅兰芳游俄记》，中国人民政治协商会议北京市委员会文史资料委员会编《文史资料选编》（第27辑），北京出版社1986年版，第109页。

4.苏联对外文化协会为了方便观众了解中国戏剧的剧情,编印了三种俄文小册子在剧院中出售,包括《梅兰芳与中国戏剧》《梅兰芳在苏联所表演之六种戏及六种舞之说明》《大剧院所演三种戏之对白》。

(三)最高剧院的演出

梅兰芳原定在莫斯科和列宁格勒两地演出。由于观众反响强烈,所以自列宁格勒演出归来之后,为了满足观众的观看需求,对外文化协会又续请梅兰芳在莫斯科做了一场临别纪念演出,而此次选择的演出地点是大剧院。大剧院号称是苏联戏剧界的最高学府,专演歌剧及歌舞。苏方特地请梅兰芳剧团在此处表演,足见其对梅兰芳艺术的肯定与推崇。剧团从这次访苏演出最成功的剧目中选择了《打渔杀家》《盗丹》和《虹霓关》三出。在莫斯科观看梅兰芳演出的观众不仅有戏剧界的艺术家和政界官员,还有高尔基、托尔斯泰等大文学家。

二、导演们的期待

1930年梅兰芳抵达纽约时,当地戏剧界只有如斯达克·扬、约翰·马丁等研究者,或是通过阅读有关书籍和宣传资料,或是直接在唐人街中国剧院观看演出等途径对戏曲预先有所了解,其他人对于中国戏曲则不甚了了,他们多半以好奇的心态走进剧院,观看一场来自异域东方的戏剧演出。然而,在1935年的莫斯科,导演们对于梅兰芳的艺术却是有备而来。其中如梅耶荷德、爱森斯坦等人不仅对中国戏曲已有一定了解,而且是怀有明确的研究意识和认知目的在期待着与梅兰芳的相遇。[1]

---

[1] 对于梅兰芳的演出,苏联的导演们乃至观众们"并不用一种好奇的眼光去看待。苏联有许多著名的艺术家已经定下了研究和观察的方案"。参见梅兰芳、许姬传《梅兰芳游俄记》,中国人民政治协商会议北京市委员会文史资料委员会编《文史资料选编》(第27辑),北京出版社1986年版,第129页。

由"身体"展开的中西戏剧审美对话——论梅兰芳1935年访苏演出

早在梅兰芳现身莫斯科之前,梅耶荷德就已向媒体记者透露,因为中国戏曲"在形式上可以代表世界最古和最纯粹的戏剧",所以"我们这一次趁梅氏来俄的机会,企图要得着最大限度的收获"。继而,他指出自欧洲舞台兴起的自然主义潮流已导致戏剧的严重退化,像他这样的苏联青年戏剧家们迫切渴望改变剧坛现状,"探求戏剧学的真正原则,以便于创立苏联的戏剧"。对中国、日本等东方戏剧艺术展开研究即是他们当下探索新戏剧的重要方向之一,目的就是为了"想根据着中国旧戏的评论和歌舞伎的实际经验得到一种基本原则,借以探求舞台的社会的写实主义"[1]。

另一位接受采访的导演——爱森斯坦则是在1930年访问美国好莱坞时,从卓别林处了解到中国有一位著名的戏剧艺术家梅兰芳。虽然未能亲眼目睹梅兰芳在美国的演出,但是爱森斯坦却由此对梅兰芳和中国戏剧产生了浓厚的兴趣。在旧金山时他每晚必到中国戏院看戏,并开始着手研究其中的表演艺术。[2] 基于对中国戏曲的理解,他提出与其老师梅耶荷德不同的看法,他认为中国戏曲较之日本歌舞伎更"纯粹",所以"它影响苏联现代戏剧的潜能性很大"。针对此次访苏演出,爱森斯坦还提出了明确的研究计划,他认为梅兰芳的艺术不仅可为苏联新戏剧的探索提供重要参照,而且更为重要的是,它有助于新兴的电影艺术进行其美学原则的建构,"我对于中国戏剧表演上每幕的动作和地点的移易是怎样衔接起来的,将要特别注意,因为电影也应当根据这种原则的。我希望在这一点上,能够求出一个基本定律。这是我看梅君表演的时候要研究的问题之一"。爱森斯坦据此提出梅兰芳的演出对于苏联艺术界的重要意义在于:"我希望因此能确定电影导演所必须明白的几种基本原则。"[3]

---

[1] 梅兰芳、许姬传《梅兰芳游俄记》,中国人民政治协商会议北京市委员会文史资料委员会编《文史资料选编》(第27辑),北京出版社1986年版,第127—130页。

[2] 爱森斯坦回国后,还将从好莱坞带回的一尊梅兰芳的小型塑像摆放在书桌上,书房中有一排书架上都放着关于中国戏剧和梅兰芳的书籍。参见梅兰芳、许姬传《梅兰芳游俄记》,中国人民政治协商会议北京市委员会文史资料委员会《文史资料选编》(第27辑),北京出版社1986年版,第127页。

[3] 梅兰芳、许姬传《梅兰芳游俄记》,中国人民政治协商会议北京市委员会文史资料委员会编《文史资料选编》(第27辑),北京出版社1986年版,第127—129页。

东西文化的对话

梅耶荷德、爱森斯坦二人的话语表明，他们企盼能够从梅兰芳的艺术中发掘出可供其进行艺术探索和理论建构的美学资源与理念，与之怀有相同期待的还有斯坦尼斯拉夫斯基、布莱希特、皮斯卡托和戈登·克雷等西方著名导演。他们自觉摒弃了对于东方戏剧猎奇式的"游客眼光"，而代之以明确的研究意识来审视梅兰芳的舞台表演。这种主观上的期望和自觉的研究意识在之后的演出中转化为认知的动力，直接推动着导演们围绕梅兰芳与中国戏曲艺术展开了深入热烈的探讨，由此产生的理论阐述和戏剧实践不仅促使中西方戏剧的审美对话走向纵深，而且在西方剧坛掀起一股关注梅兰芳和东方戏剧的热潮。

（一）布莱希特的戏剧观

在关于梅兰芳艺术的理论"认知"中，布莱希特和梅耶荷德的相关阐述尤为值得注意，尽管他们关注梅兰芳的动机各有不同，或是出于艺术策略的选择，或是为了寻求戏剧理念的印证，但是他们都将梅兰芳视为艺术上的盟友，从梅兰芳的表演中获得了自身戏剧美学建构的启示与灵感。[1] 与此同时，随着对梅兰芳"认知"的深入，他们也逐渐触及中国戏曲审美精神的内核。二人作为西方导演，虽然因为语言的障碍而难以理解戏曲的念白和唱腔，但是他们却对梅兰芳在舞台上展现的身体控制力和表现力异常敏感，这种艺术的敏感与他们对西方演员形体表现乏善可陈的批判是不谋而合的，因此他们着力从视觉审美的层面入手，探析中国戏曲程式化的审美表现形式与演员的"身体"之间的本质联系。布莱希特和梅耶荷德二人的研究视角及相关阐述即使对于当今的梅兰芳表演美学研究来说，都具有极为重要的理论参考价值，因此本章着重对二位戏剧导演的论说一一予以分析。

---

[1] "梅耶荷德和爱森斯坦，将梅兰芳视为盟友——贝尔特·布莱希特亦如此，当时他正处于发展他自身艺术理论的过程中"。参见 Georges Banu, Ella L. Wiswell, June V. Gibson. Mei Lanfang: A Case against and a Model for the Occidental Stage, Asian Theatre Journal, 1986, 3（2）: 157。（以下引用此文的注释只标明文章篇名和页码）

由"身体"展开的中西戏剧审美对话——论梅兰芳1935年访苏演出

布莱希特最初之所以对梅兰芳及中国传统戏曲产生浓厚兴趣，一则是为梅兰芳个人的舞台艺术魅力所吸引，二则是布莱希特敏锐地发现，中国戏曲中包含着西方舞台所缺乏的陌生化表演元素。西方自亚里士多德以来所形成的追求逼真写实、注重幻觉和情感共鸣的美学原则主导着舞台，导致西方戏剧艺术表现力日趋贫乏。为了摆脱西方戏剧的困境，使其走出表现力贫乏的低谷，布莱希特之前一直与皮斯卡托尝试建立消除幻觉的非亚里士多德戏剧。而在梅兰芳充满异域色彩的程式化表演中，显现的正是一个布莱希特企慕已久的陌生化审美世界："梅兰芳的有意识的、保持间隔的，却又具有高度艺术性的表演风格，极其出色地体现了陌生化的表演方式——为此，布莱希特进行了多年的努力。"他由此确证了自己多年来所致力从事的艺术探索才是西方戏剧未来的发展方向，"诗人在这里找到了他所寻求的一切。他受到很大鼓舞……也得出了对他具有决定性意义的结论"。可以说，与梅兰芳的相遇成为布莱希特的"陌生化效果"理论得以成形的"最终推动力"。[1]

布莱希特观看梅兰芳的演出之后，于次年即1936年在英国文学评论杂志《今日生活和通讯》上发表阐述"陌生化效果"的著名文章《中国的第四堵墙：论中国戏剧的陌生化效果》，其中"陌生化"采用的英文翻译为"effect of disillusion"[2]。"illusion"意为幻觉，"dis-"作为前缀，意为"不、非、相反、相对"，二者组合构成的"disillusion"本义为"使醒悟，不再抱幻想"，但是在戏剧概念中，此一词语显然是指中国戏剧具有非幻觉的、与幻觉相反、破除幻觉的艺术效果。从"陌生化效果"一词当时采用的对应英文翻译中可以看出，布莱希特对中国戏曲艺术的肯定，首要的在于他发现中国戏曲陌生化审美效果的创造从根本上"背离了欧洲舞台的一种特定的幻觉"[3]。

这种"特定的幻觉"是布莱希特所极力反对的，他对于西方舞台的主

---

[1] 张黎编选《布莱希特研究》，中国社会科学出版社1984年版，第211页。

[2] "陌生化效果"后采用的英文翻译为"the alienation effect"，突出其"异化、疏离"之义。

[3] 贝托尔特·布莱希特《布莱希特论戏剧》，丁扬忠等译，中国戏剧出版社1990年版，第192页。

东西文化的对话

要不满之一，就是西方戏剧过于注重营造逼真幻觉和追求共鸣效果，在此美学原则的主导下，演员的艺术表现手段长期局限在单一的摹真层面而停滞不前。以舞台幻觉为诉求的演出中，演员往往竭尽所能地将自己完全转化为剧中人，力求达到"我就是"的状态，而演员与角色合一的直接效果就是极易激发观众强烈的情感共鸣，使其不能在意识的范围内对表演做出冷静的判断。这一戏剧表演传统尤以斯坦尼斯拉夫斯基创立的体验派为代表。他在体系中曾明确提出，所谓"正确地"表演角色就是"在舞台上，要在角色的生活环境中，和角色完全一样正确地、合乎逻辑地、有顺序地、像活生生的人那样地去思想、希望、企求和动作……用我们的行话来讲，这就叫作体验角色"。[1] 这即表明，演员若要获得真实的体验，首先应进入四面封闭的舞台规定情境，它是一个由布景、道具、音响和灯光等元素组合而成，真实再现角色生活的特定环境，演员凭借情感直觉投入其中，继而唤起心中与角色相似的"热情的真实和情感的逼真"，也就是将"角色的一切情感、感觉、念头"都转化为"演员本人活生生的、跳动着的情感、感觉和念头"。[2] 同时在体验的过程中还需极力避免任何虚假的程式和剧场性的舞台腔，不能让观众觉察到丝毫"做戏"的成分。体验作为自然天性的创造，它不是"表演"，不是"做戏"，不是"卖弄技巧"，"演员们的形体动作和内心动作都是有根据的，合乎逻辑与顺序的"。唯有如此，演员才能完全"化身"为角色在舞台上生活，"一切都已真实得达到极端自然的境界"。演员与角色的高度融合所营造的舞台真实感的幻觉，势必感染台下的观众，使其无法控制地相信舞台上所发生的一切"是真正的生活，这是现实本身"，所以斯坦尼斯拉夫斯基认为理想的观众不应对演出鼓掌或喝彩，而只能爱或恨，即只能将演员所扮演的虚拟角色视作活生生的人加以感情的投射，与其发生强烈的情感共鸣。另外，斯坦尼

---

1 斯坦尼斯拉夫斯基《斯坦尼斯拉夫斯基全集》（第2卷），林陵、史敏徒译，郑雪来校，中国电影出版社1985年版，第28页。
2 西方戏剧采用的是三面封闭的镜框式舞台，根据"第四堵墙"的理论，向观众敞开的那一面对演员来说也是不透明的，故为四面封闭。

斯拉夫斯基还强调，演员不仅在初次扮演角色的时候需要体验，还应该在"每一次演出和每一次重演时都要去感受它的情感"。[1]

布莱希特则竭力反对体验派的表演方式，一方面是因为"强制演员在每次演出中不断产生新的情绪"存在实际操作的困难，不仅现实剧场的环境，演员的心理规律都不容许他长时间地保持在纯粹下意识体验的状态，而且下意识在重复的刺激中易被损坏，难以帮助演员持久地作为另一个人来感觉，一旦下意识的控制作用减弱，演员只能陷入模仿外部动作和声调的陈词滥调中；[2] 另一方面更为重要的是，体验派要求演员的艺术创造只局限在以生活为范本，模仿"活生生的人"的层面，即演员若要扮演银行出纳员、医生或将军，只需要竭力使自己变成"生活当中"的银行出纳员、医生和将军，任何表演都是在生活范围内，符合现实逻辑和角色性格发展的自然反应，舞台除了提供了生活仿制品之外，并没有发展出使戏剧有别于生活的独特艺术表现形式。因此，布莱希特直接指出其问题的根本症结在于，"当这种毫无保留地变成另一个人的表演获得成功的时候，演员的艺术就差不多耗尽了"，而戏剧之为戏剧的艺术本质规定性在于如何"使平日司空见惯的事物从理所当然的范畴里提高到新的境界"，即陌生化效果的审美创造。[3] 从梅兰芳的表演中，布莱希特却发现中国戏曲恰恰是非幻觉性的，演员登上舞台不是为了完成"神秘的毫无保留的转化"，他不需要进入角色，自然也就不存在所谓持久地保持下意识状态之类的困难。与之相反，演员总是与角色保持着一定距离，间离性的表演使演员可以在每

---

1 斯坦尼斯拉夫斯基《斯坦尼斯拉夫斯基论文、讲演、谈话、书信集》，郑雪来等译，中国电影出版社1981年版，第525、517页。

2 斯坦尼斯拉夫斯基也坦承体验式表演对剧院和观众的要求极高："只要我们天性的正常生活受到最轻微的损害，就足以扼杀下意识体验的一切难以捉摸的微妙之处了。"参见斯坦尼斯拉夫斯基《斯坦尼斯拉夫斯基全集》（第4卷），郑雪来译，中国电影出版社1985年版，第380页。

3 贝托尔特·布莱希特《布莱希特论戏剧》，丁扬忠等译，中国戏剧出版社1990年版，第193—195页。

东西文化的对话

一瞬间被打断,"打断以后他可以从被打断的地方继续表演下去"。[1]中国戏曲艺术的非幻觉性究其根本是因为演员并非直接扮演角色,而是以行当为中介间接性地表演角色,剧中的人物往往被类型化、脸谱化处理,归入相应的行当划分,于是演员的表演重心不在于逼真地塑造独具个性的人物,而是在对人物进行梗概性介绍之后(通过诸如自报家门、定场诗等方式),着力于或歌或舞化的审美表现。中国戏曲的人物,其唱词、念白、表情、身段,乃至服装、脸谱以及伴奏的音乐锣鼓经等都被充分程式化,所以对于演员而言,眼前并没有任何舞台幻象让其信以为真。[2]任何的环境都是"空的空间"内,"在演员的一招一式、一个眼神、一个圆场中意象地让人感知到的",而非与现实对应的仿真的舞台幻象。"正确地表演"也不是努力在体验中进入"神秘创造的瞬间",仿佛"置身于神志恍惚的状态之中",而是如何通过唱、念、做、打的程式组合进行"纯粹的表演"。[3]所以问题的关键不在于是否必须切身体验到角色的真情实感,而是如何冷静地进行程式化审美创造。关于这一点,布莱希特曾举例分析:"让我们以一个姑娘备茶为例。首先是演员表演备茶[1]。通常这是怎么准备的呢?有一些精确的动作,它们产生自永恒不变和完美无缺的重复动作。然后他表演这个女孩[2]——比如,她是如此活泼地,或者耐心地,又或者处于热恋中地。与此同时他表演一位演员是如何用重复的动作表现活泼、耐心或者热恋[3]。"[4]这一示例说明在中国戏曲舞台中存在三重表演:一、表演行当;二、表演角色;三、表演演员如何以行当为中介

---

1 关于打断表演,布莱希特曾在《中国戏剧表演艺术中的陌生化效果》一文中谈及:"当梅兰芳表演一场死亡戏时,坐在我旁边的观众对其中一个动作发出惊叹声。坐在我们前面的一两个人愤怒地转过头来,让我们保持安静。他们表现得好像真的面对一个少女的真实死亡。可能他们的态度对于欧洲戏剧来说是合适的,但对于中国戏剧来说却是说不出来的荒谬。间离效果并未对他们产生效用。"转引自 Mei Lanfang: A Case against and a Model for the Occidental Stage,166.

2 因为中国戏曲的舞台并不像西方那样,必须实体化呈现角色生活的规定情境,即使是一桌二椅的固定形制也不能做实际性理解,它们往往因剧情需要而指代不同事物,"桌上放一假香炉,就是金銮殿;放上一印,就是衙门;放上令箭,便是中军帐;放上文房四宝,就是书房"。参见齐如山《齐如山全集》(第3卷),台北:联经出版事业公司1979年版,第1817页。

3 邹元江《中西戏剧审美陌生化思维研究》,人民出版社2009年版,第20—21页。

4 Mei Lanfang: A Case against and a Model for the Occidental Stage,164.

通过"永恒不变"、"完美无缺"的重复动作（程式惯例）极富审美性地展示"已完成的形象"。[1]表演的多重维度决定了演员从一开始就不追求与角色的融合为一，演员恰恰是以承认自己被观看为起点，"选择一个最能向观众表现自己的位置"进行表演。所以，在进行戏曲表演的剧场中，台上台下无需设置为产生幻觉效果的"魔术性的东西"，比如角色的规定情境，比如用灯光将舞台与黑暗的观众席相区隔，更不存在假想中的第四堵墙。演员与观众之间的关系亦非依赖情感共鸣而维系。在灯火通明的剧场里，他们谁也不能忽视另一方，而是在承认对方存在的前提下，达成"一个戏剧事件被创造出来就是为了被观看"的默契：台上的演员借助明亮的灯光从观众的脸上可以看到由自己的表演所造成的反应，台下的观众则轻松地欣赏着演员唱做俱佳的表演，时而在精彩之处报以热烈的掌声，绝不会陷入舞台上"是一个自然的没经过排练的事件"的幻觉之中，演出正是在二者之间持续不断地相互影响下推向高潮。[2]

布莱希特从中发现，多重维度的表演使演员与角色相疏离，演员既是角色的表演者，又是自身的审视者，他"在表演时的自我观察是一种艺术的和艺术化的自我疏远的动作"。[3]间离性的表演不仅造成观众与舞台的距离，防止其在感情上完全忘我地与舞台事件相共鸣，而且更为重要的是，演员藉此获得"全部表现力""一种成功的有控制的表现力"，而这种基于身体的艺术表现力正是西方演员所缺乏的。[4]因为长期以来，西方演员都将表演过于限定在面部表情的模仿上，虽然为了忠实地再现人物内心的情感而致使模仿不断趋向复杂化，但是却忽视了对身体这一主要艺术元素的开掘。他们凭借激发感情冲动或回忆与角色类似的情绪等方式进行演出，

---

1 布莱希特曾谈到中国戏曲演员登上舞台的时候，"他创造的形象已经完成"。这是因为戏曲人物属于类型化，一旦归入行当分类之后，即按照行当规定的服装、脸谱、程式语汇进行形象的塑造，演员只需要在舞台上将"已完成的形象"充分加以展示。参见贝托尔特·布莱希特《布莱希特论戏剧》，丁扬忠等译，中国戏剧出版社1990年版，第197页。

2 Mei Lanfang: A Case against and a Model for the Occidental Stage, 165.

3 贝托尔特·布莱希特《布莱希特论戏剧》，丁扬忠等译，中国戏剧出版社1990年版，第194页。

4 同上，第193页。

东西文化的对话

结果却常常导致表演陷入混乱无序之中。针对这种状况,布莱希特曾不无尖锐地批判到,西方演员的演剧水平已降低到如同集市上的魔术师耍弄的骗人把戏一般,只剩下"一堆杂乱无章的模仿,一种仓促混杂起来的商品在黑暗中兜售给匆忙赶来的顾客"[1]。显而易见,当时西方戏剧最主要的弊端就在于,其一味追求逼真写实的幻觉主义戏剧思维模式,以及由此发展而来的体验式表演方法已经严重阻滞了演员身体表现力的发挥。但是,布莱希特所看到的中国戏曲表演却是以身体表现力为核心的"艺术化的描绘",舞台上的梅兰芳既不以逼真地模仿情感为目的,身体的表现也不是受情绪冲动驱使而产生的自然反应,而是"从大量的标志当中选择特殊的东西",即着力于创造能够充分展示其身体表现力的程式化组合。[2] 因此,布莱希特指出,中国戏曲表演是"一种更高的创造,因为它已提高到意识的范围内",换言之,中国戏曲的审美特质即在于它是一种超越逼真写实的层面之上,有意识地、非自然地、陌生化地创造,这要求演员不仅具备丰富的人类知识、生活智慧和敏锐的理解力,更为重要的是,他们的身体必须自幼接受严格的程式训练,如此才有可能进行由身体而展开的审美创造。[3]

(二)梅耶荷德的戏剧观

在西方,与布莱希特持相同批判立场的还有苏联著名导演梅耶荷德,他向幻觉主义戏剧传统直接提出控诉,并在自己的剧院积极推行舞台革新。虽然梅耶荷德的艺术起点是从莫斯科艺术剧院开始的,但是在美学观念上却与剧院的领导者斯坦尼斯拉夫斯基渐生分歧。彼时斯坦尼斯拉夫斯基正致力于建立以体验论为核心的现实主义表演体系,斯氏体系一方面在表演上要求演员的每次演出都务必利用自身的情绪记忆激发出贴近角色的真实情感体验,然后以符合角色性格逻辑和生活逻辑的形体动作予以体

---

1 Mei Lanfang: A Case against and a Model for the Occidental Stage,159.
2 贝托尔特·布莱希特《布莱希特论戏剧》,丁扬忠等译,中国戏剧出版社1990年版,第193—194页。
3 贝托尔特·布莱希特《布莱希特论戏剧》丁扬忠等译,中国戏剧出版社1990年版,第197页。

现;另一方面在舞台空间处理上,热衷于运用布景、道具、服装、灯光、音响、幕布等物质手段复制各种生活细节,逼真的舞台场景使演员如同置身于角色的真实生活环境之中,从而产生自己"开始生活于,存在于剧本的生活之中"的舞台幻觉。当演员与角色、舞台场景融为一体时,其内心的真实体验必将感染台下观众,他们"也就相信了舞台上所发生的一切的现实性,从布景开始,直到演员们的体验为止"。[1] 幻觉效果从台上一直延伸至台下,最终将剧场推向情感共鸣的高潮,而这正是斯氏体系追求的艺术目标。梅耶荷德则反对演员体验式地进入角色,忘记自我和观众,当众孤独地表演,更抵制在剧场内为催眠演员和观众而使用的那些舞台幻觉手段,他认为这些手段使戏剧沦为对生活刻板、机械地自然主义复制,而丧失其自身独特的审美价值。[2] 显然,梅耶荷德的批判性立场与剧院的艺术目标以及斯坦尼斯拉夫斯基本人的戏剧观念之间存在巨大分歧,他不得不于1902年离开莫斯科艺术剧院,着手在外省继续其戏剧革新的尝试。梅耶荷德与斯坦尼斯拉夫斯基的体验派在戏剧观念上最主要的分歧在于:梅耶荷德反对将戏剧视作生活的复制或反映,他认为戏剧有其自身特点的本质规律,"就像雕塑有雕塑的艺术规律一样,戏剧也有戏剧的艺术规律"。[3] 人们观看由大理石雕刻而成的作品时,是将其作为假定性的艺术加以观赏,其审美价值是那些为了追求逼真效果而着色的蜡塑所不具有的。同理,戏剧的审美价值也在于其有别于生活的假定性,他援引普希金的话来阐明自己的观点,"戏剧艺术就其本质而言就是不和真的一样",基于这一原则,梅耶荷德提出"这就意味着它一定要排除一切有自然主义之嫌的东西"。也就是说,戏剧之所以作为戏剧的艺术规律在于,任何发生在舞

---

[1] 斯坦尼斯拉夫斯基《斯坦尼斯拉夫斯基论文讲演谈话书信集》,郑雪来等译,中国电影出版社1981年版,第527页。

[2] 梅耶荷德曾征引剧作家安德烈也夫的话来表明自己的观点:"观众一刻也不应忘记,一个演员正在为他们表演,而演员则绝不应忘记,他正在观众面前进行表演,他脚下的地方是舞台,在他周围的则是布景。"参见 J. L. 斯泰恩《现代戏剧理论与实践》(三),刘国彬等译,中国戏剧出版社2002年版,第607页。

[3] 梅耶荷德《梅耶荷德谈话录》,童道明译,中国戏剧出版社1986年版,第234页。

台上的审美创造都是以戏剧的假定性本质为前提的。[1]

因此,为了破除幻觉主义传统,建构假定性戏剧美学,梅耶荷德从1906年在外省剧院中相继展开了一系列戏剧实验,主要有:

1. 在舞台空间处理上,取消幕布和脚灯,使观众厅保持灯火通明。梅耶荷德认为:"黑暗和变化的灯光应该用于处理其他的,例如作曲或音乐方面的问题,但是无论如何不应该用来制造幻觉。"[2] 在梅耶荷德看来,破除幻觉的最有效方法莫不如在观众面前直接呈现舞台作为假定性戏剧空间的本来面目。此外,为了打破横亘于观众与舞台之间的"第四堵墙",梅耶荷德锐意改造剧场,将舞台前部推向观众厅,在观众厅内修建三条通道,左右两侧的通道沿着阶梯连接休息室,中央的通道穿过观众席直通舞台,此三条通道均可作为表演区。

2. 模仿傀儡戏。梅耶荷德早年通过葛饰北斋的木刻画和相关文字记录间接接触到日本戏剧,真正深入展开研究则是在巴黎观看日本歌舞伎表演之后。梅氏认为这次观剧经历对其具有"决定性作用",日本戏剧的假定性表演方式不仅证实了他对戏剧本质的判断,而且为其舞台实验提供了丰富的艺术资源,其中一项就是傀儡戏。在《圣安东的奇迹》一剧中,梅耶荷德让演员扮作傀儡,以"强化对这些人物的讽刺力量"。对于傀儡手法的使用,梅耶荷德曾表示其本意"不是为了创造傀儡演员",也从未设想用傀儡来"代替活人演员",对此他曾引用戈登·克雷的话作为进一步的解释:"他说,演员应该掌握这样的技巧,以便使自己像傀儡一样……仅仅依靠体验,仅仅依靠表演,你在内心不会有多少提高。必须好好地想想,怎样在自己身上锻炼出这样的技术手段,以便表现出你想表现的一切。"[3] 梅耶荷德一直试图在剧场内寻求非体验的、非幻觉的假定性表演方式,让演员模仿傀儡的动作和姿态,既是异域戏剧元素的引入,也是寻求舞台形式创造可能性的一种大胆尝试,因为他希望演员通过这类模仿找到

---

[1] 梅耶荷德《梅耶荷德谈话录》,童道明译,中国戏剧出版社1986年版,第233页。
[2] 陈世雄《梅耶荷德与中国传统戏剧》,载于《中华戏曲》2006年第2期,第380页。
[3] 陈世雄《梅耶荷德与中国传统戏剧》,载于《中华戏曲》2006年第2期,第373页。

对身体操控自如的方法，而身体控制力的增强无疑有助于演员从中获得更多舞台表现的自由。

3.怪诞手法的运用。在关注东西方戏剧的同时，梅耶荷德也力图在自己的剧场内恢复欧洲戏剧遗失已久的怪诞艺术。具体做法包括为演员设计夸张的造型，让他们戴上统一的面具，在表演中变换各色假发等。装饰性元素在剧中的作用不能仅仅被理解成只是为了对观众造成视觉上的冲击，梅耶荷德认为怪诞艺术的本质在于将自然或日常经验内认定的"不能组合的因素加以组合"。[1]相互矛盾、冲突、对立的事物被有意识地组合在一起，其创造的奇异和反常的戏剧效果使表演呈现多义性，引发观众多层面的联想和想象，而最为重要的是它冲破和颠覆了观众在幻觉剧场中业已形成的惯常审美模式，使其获得前所未有的审美体验。

4.除了傀儡戏，梅耶荷德向日本戏剧借鉴的另一重要元素是"舞台前部的仆人"（即小黑人），他们并不参与剧情，在舞台上主要承担的功能有：负责开幕闭幕，在观众面前搬动家具和道具，宣布幕间休息和预告即将发生的事件等。"舞台前部的仆人"在职能上非常类似于中国戏曲中的检场人，但是在梅耶荷德的戏剧中，他们却是用来克服剧场幻觉，向观众强调演出假定性的重要手段。

随着戏剧探索和实验的推进，梅耶荷德意识到要将幻觉主义彻底驱逐出剧场，建立假定性戏剧美学，仅仅从欧洲民间传统戏剧或东方古典戏剧中移植个别的艺术手法或表演技巧是远远不够的，关键还在于如何培养属于未来剧场的演员，他们身体所能发挥的艺术表现力才是剧场幻觉的最有力摧毁者，"如果全部演员都将整个身体用作技巧的和非自然的工具，那么就不需要黑暗的观众席，它对于彻底的变身和完全的幻觉来说是必不可少的"。[2]

---

1 Vsevolod Meyerhold, The Fairground Booth, E. Braun（ed.）, Meyerhold on Theatre, trans. E. Braun, London, Meth-eunen, 1969: 14. 参见周宁编《西方戏剧理论史》（下），厦门大学出版社2008年版，第888页。

2 Mei Lanfang: A Case against and a Model for the Occidental Stage, 163.

东西文化的对话

"善于在空间掌握自己的形体,乃是演员表演艺术的基本原则。"[1]梅耶荷德与布莱希特一样洞察到西方近代演剧艺术日趋贫乏的根源在于表演过度依赖台词和面部表情,却严重忽略对演员身体表现力的开掘,而舞台的创造是"整个身体、以及身体的所有姿势、手势及动作"的参与。[2]在梅耶荷德关于未来假定性剧场的设想中,导演对舞台的控制和调度,最终都必须通过演员对身体的控制得到实现,只有具备强大控制力和高度表现力的演员才有可能在导演的调度下,完成超越于日常与自然世界之上的审美世界的建构。

如何帮助演员达到对身体控制自如的程度呢?梅耶荷德一方面专门为此设计了一套针对演员形体动作的特殊训练方法——有机造型术,要求演员接受体操、马戏、芭蕾舞以及其他高难度剧场动作的训练,以学会最大限度地控制自己的身体,在舞台上能够像芭蕾舞演员或杂技演员一样获得动作的精确性和快速性;另一方面,则是在观看梅兰芳表演之后,从其独特的程式化表现形式中寻求身体艺术的启示。

在艺术探索之路上,梅耶荷德一直秉持着"将真正的戏剧时代中一切最好的手法集中到戏剧中来"的原则,[3]对东西方的传统戏剧形式都抱以开放的心态,尽可能从这些古老的艺术源泉中汲取灵感,包括"中国与日本的传统戏剧,印度的卡塔加利舞蹈剧、即兴喜剧的杂技表演、古典的舞台与巡回演出小舞台、中世纪与文艺复兴时期的戏剧、马戏团与杂艺厅等",期望能够从中找到"一切生气勃勃的手法以打破舞台与观众之间的障碍"。[4]所以在梅兰芳访问莫斯科之前,梅耶荷德导演的戏剧和舞台研究中多次出现"中国元素"就不足为奇了。比如1914年上演《陌生女人》一剧时,为了让观众在幕间休息时保持注意力、为接下来的演出做好精神准备,梅耶荷德安排中国人上台进行穿插表演;又如1916至1917年间拟定的艺术学校授课大纲里,就已经有研究日本和中国戏剧的舞台场面的特

---

[1] 梅耶荷德《梅耶荷德谈话录》,童道明译,中国戏剧出版社1986年版,第23页。
[2] J.L.斯泰恩《现代戏剧理论与实践》(三),刘国彬等译,中国戏剧出版社2002年版,第606页。
[3] 陈世雄《梅耶荷德与中国传统戏剧》,载于《中华戏曲》2006年第2期,第374页。
[4] J.L.斯泰恩《现代戏剧理论与实践》(三),刘国彬等译,中国戏剧出版社2002年版,第608页。

点一项；再如1918年，梅耶荷德排演歌剧《夜莺》时，让一些无言的配角演员做出"中国幽灵"的非凡动态："他们的动作因素是：舞蹈、面部表情、手势、形体造型"。还有重排《教师布布斯》时，引入了一种做法：前表演，他说这是一种"使观众的感知有所准备的哑剧，通过这一方式，观众掌握了提前被完全揭示的戏剧概况，以至于他不需要费力去理解场景中潜藏的信息。这是古代日本戏剧和中国戏剧喜爱的表现手法。"[1]

但不得不承认，彼时梅耶荷德对于中国戏曲的理解较为表面化。这一状况直到他亲眼目睹了梅兰芳的演出之后才发生根本转变，他发现"在梅兰芳的剧院里，我看到普希金告诉我们的这个原则（戏剧假定性原则——引者注）得到了最理想的体现。"因此，针对正在重排的《智慧的痛苦》一剧，梅耶荷德立即表示："当我看过梅兰芳的两三出戏再来到排演场，我就觉得，我应该把我原先做过的统统来一番改造。"梅耶荷德所谓的"改造"并不是指像本国其他导演那样采取"只想做简单的模仿"的方式对待中国戏曲，以求获得一些诸如"举步跨过看不见的门槛的虚拟动作，以及在一块地毯上同时表演'室内'和'室外'的技艺"。[2] 梅耶荷德意欲透过这些外在的技巧，深入探寻中国戏曲艺术内在"最宝贵的、失去了它们戏剧生命就会枯竭的精华"，其中对梅兰芳富于节奏感的"戏剧性动作"尤为关注。[3]

梅耶荷德深信"演员和他的动作技巧"才是确立"戏剧仍然是戏剧"的基础，并在自己领导的剧院内深入研究节奏控制下的动作。在导演果戈理的剧作《钦差大臣》时，他曾尝试设计所有的台词与动作均受制于一种控制性的节奏。[4] 观看了梅剧团的演出之后，梅耶荷德高度评价"中国的戏

---

[1] Mei Lanfang: A Case against and a Model for the Occidental Stage，163.

[2] 梅耶荷德《梅耶荷德谈话录》，童道明译，中国戏剧出版社1986年版，第248页。

[3] 梅耶荷德之后将他导演的《智慧的痛苦》第二版献给梅兰芳，并谈道："在该剧演出的音乐性元素中，加进了一系列以令人难忘的演员梅兰芳为首的中国剧团民间戏剧创作的特征。"转引自陈世雄《梅耶荷德与中国传统戏剧》，《中华戏曲》2006年第2期，第386页。

[4] 梅耶荷德曾表示："即使没有台词和戏装，没有脚灯和侧幕，也没有大剧院，只要有演员和他的动作技巧在，戏剧仍然是戏剧。"参见C.谢洛娃《梅耶荷德的戏剧观念与中国戏剧理论》，童道明编《梅耶荷德论集》，华东师范大学出版社1994年版，第124页。

东西文化的对话

剧艺术是赋予动作以巨大意义的戏剧艺术之一"，[1]并以梅剧团的表演为参照，指出西方演员由于受到自然主义和现实主义戏剧思维模式的束缚，身体表现力的发展已陷入严重的停滞状态：

> 现在的演员在舞台上表演死亡时，只知道来一个短促的、乏味的、缺乏表现力的抽搐动作。这是自然主义的幼稚动作。而旧日的中国演员是这样来表演死亡的：遭到致命的一击之后，他先是像一个杂技演员似的把自己的身子向空中抛起。只有在这个"戏剧性的杂技动作"之后，他才将自己的身体平直地摔倒在舞台上。[2]

梅耶荷德观察到，梅剧团所呈现的并非是西方观众熟悉的自然主义演出，即通过对日常动作的直接模仿，在舞台上逼真地再现生活中的"死亡"，而是通过演员们极富技巧难度和节奏感的"戏剧性的杂技动作"——复杂的程式组合对令人感到惊惧可怖的"死亡"场面予以审美的表现。中国戏曲这一独特的程式化表现形式是在承认假定性原则的前提下形成的，这意味着演员的表演不再受制于生活真实的束缚，也无须固守日常动作的逻辑，反而是在对日常动作加以偏离、变形、技艺化和复杂化的过程中获得审美创造的自由。因此它不诉诸于呈现观众熟悉的生活之真，而是以充分节奏化、舞蹈化的程式组合极力创造陌生的"戏剧性"之美。所谓"戏剧性"，强调的就是戏剧作为戏剧，以其自身为目的展开的纯粹审美形式之创造，它是戏剧安身立命之根本。梅耶荷德提出的"戏剧性不可避免地包含着形式"，正应从这一意义上理解。[3]但是他本人却遗憾地发现，在假定性原则尚未被承认的西方舞台上，是不可能发展出具有独立审美价值的"戏剧性"艺术，并且受限于幻觉主义的"求真"思维模式，西方演员往往满足于对日常动作的自然主义模仿，在身体表现力的发展上裹

---

[1] 梅耶荷德《梅耶荷德谈话录》，童道明译，中国戏剧出版社1986年版，第251页。

[2] 同上，第110页。

[3] Mei Lanfang: A Case against and a Model for the Occidental Stage，159.

足不前。所以梅耶荷德不无夸张地批评到,与梅兰芳出神入化的"手的表演技巧"相比,西方演员的手只是"从袖口露出来的一个肉疙瘩——它们既不能表现什么,也不能表达什么,或者只能表达一些不该表达的东西",没有一位女演员"能像梅兰芳博士似的表现出如此的女性魅力"。[1]这些感慨之辞与其说表达了梅耶荷德对梅兰芳艺术的推崇之情,不如说更透露出梅耶荷德渴望从身体表现力贫乏的现状中突围而出的迫切决心。

梅耶荷德之所以对梅兰芳的艺术产生强烈共鸣,将其视作戏剧美学上的盟友和指引者,除了出于艺术策略上的考量之外,[2]更主要的原因在于中国戏曲假定性的审美表现形式与梅耶荷德一直不懈研究的有机造型术存在契合之处。[3]有机造型术旨在开掘演员身体的控制力和表现力,而梅兰芳在访苏的每场演出中,一次次地向包括梅耶荷德在内的观众们展现了他如何

---

1 梅耶荷德《梅耶荷德谈话录》,童道明译,中国戏剧出版社1986年版,第249页。

2 1935年,苏联已确立了"社会主义现实主义"原则的绝对主导地位,梅耶荷德所主张的假定性戏剧显然与官方拟定的艺术纲领相冲突,其创作空间因此一再受到挤压。此后,由梅耶荷德剧院排演的《茶花女》《黑桃皇后》等剧相继遭受到业内批评者们的猛烈抨击和质疑,此时远道而来的梅兰芳无疑为身陷艺术困境的梅耶荷德提供了一个"防护堡垒"。通过分析梅兰芳和中国戏曲,梅耶荷德以其遵循假定性原则,注重身体审美表现力的表演作为舞台依据,对国内的批评者们展开反驳,摆脱加诸在他身上的"形式主义"标签,为自己坚持的假定性戏剧美学进行辩护。不仅如此,梅耶荷德还主张将梅兰芳的艺术纳入现实主义范畴,提出现实主义理应包括非幻觉的假定性戏剧,借此证明其艺术探索的合法性。所以梅耶荷德对梅兰芳的关注和认知,也是其艺术策略上的主动选择。他希望借助梅兰芳的威望和影响力,在其掩护之下继续戏剧艺术探索,而他对梅兰芳艺术本质特征的分析,最终是为了引向对自身戏剧理念的阐发。参见 Mei Lanfang: A Case against and a Model for the Occidental Stage,168—169。

在为梅兰芳举行的座谈会上,梅耶荷德曾借助于对梅兰芳的研究和讨论,明确提出他目前进行的戏剧探索也属于社会主义现实主义的一部分。关于此次座谈会的档案记录于1992年被公开,发表于独联体《电影艺术》杂志第1期。但是据丹麦研究者李淇考证,这份记录仍然是不完整的,对比原档案,梅耶荷德为自己的戏剧探索的辩护之词被大量删去,以及在座谈会上支持梅耶荷德的两位艺术家,音乐家格涅辛、芭蕾舞女演员克里格尔二人的发言也被删去。

3 "梅耶荷德的探索及梅耶荷德对梅兰芳的肯定正是缘于'有机造型术'的一些内核与戏曲表演美学有内在关联之处。"参见邹元江《中西戏剧审美陌生化思维研究》,人民出版社2009年版,第9页。关于此点爱森斯坦在苏联对外文化协会召开的关于梅兰芳的戏剧座谈会上曾发言指出:"说到戏剧,我倒发现我们有一个剧院和梅兰芳博士的手法比较接近,那就是梅耶荷德剧院。"参见拉尔斯·克莱贝尔格整理《艺术的强大动力——1935年苏联艺术家讨论梅兰芳艺术记录(为梅兰芳举行座谈会速记稿)》,梅绍武《我的父亲梅兰芳》(下),中华书局2006年版,第514页。

东西文化的对话

以控制自如的身体为媒介，通过唱、念、做、打的程式化组合进行舞台审美意象之创造。梅兰芳极具表现力的程式化表演对于梅耶荷德而言不啻为一种"活生生的证据"，证明了他在有机造型术的构想中所希望培养的演员在现实中的确存在，梅兰芳为其提供了一直以来梦寐以求的理想"范本"。[1]因此他发出由衷的惊叹，"谁要看过梅兰芳的表演，就会为这位天才的舞台大师，就会为他的表演节奏的巨大力量所折服。"[2]与梅兰芳和中国戏曲艺术在审美精神上的契合，使梅耶荷德大胆展望："未来戏剧的光荣将建立在这种艺术的基础上"。[3]

因此，梅耶荷德与布莱希特一样，被梅兰芳极富身体表现力的演出所吸引，梅兰芳向西方导演们展示了一个截然不同的由"身体"掌控的舞台：在这里演员不需要化身为另一个人，以完成所谓进入角色的"变形奇迹"，基于程式训练而具有高度身体控制力的他们只需"简要地说明角色，并通过被准确传承和完美掌握的古老程式来使之显现"。中国戏曲这一独特的审美表现形式说明"东方演员展示的是与整个身体有关的艺术，一个自幼接受训练的身体"[4]。而与眼前中国戏曲发达的"身体艺术"相比，布莱希特坦承西方戏剧仍然"还拘禁在僧侣的桎梏之中"，演员尚未充分开掘身体的表现力以实现陌生化效果的审美创造。[5]

1　Mei Lanfang: A Case against and a Model for the Occidental Stage，154.
2　拉尔斯·克莱贝尔格整理《艺术的强大动力——1935年苏联艺术家讨论梅兰芳艺术记录（为梅兰芳举行座谈会速记稿）》，李小蒸译，参见梅绍武《我的父亲梅兰芳》（下），中华书局2006年版，第509页。
3　梅耶荷德《梅耶荷德谈话录》，童道明译，中国戏剧出版社1986年版，第252页。
4　Mei Lanfang: A Case against and a Model for the Occidental Stage，159.
5　贝托尔特·布莱希特《布莱希特论戏剧》，丁扬忠等译，中国戏剧出版社1990年版，第196页。

梅耶荷德戏剧理论与实践中的东方元素

徐 琪（厦门大学教授）

"梅耶荷德与东方的关系"这一命题早已引起国内外许多学者的关注，它是中国梅耶荷德研究最热门的话题之一。在19世纪后期东西方文化的撞击与交流过程中，许多西方作家、思想家都不约而同地将目光转向博大精深的东方文化，从中寻觅有益的思想元素，以丰富、发展自身的文化。在这一历史大潮的推动之下，梅耶荷德也开始关注、研究和接纳东方文化，吮吸东方哲学思想的精髓，汲取东方戏剧传统的滋养，在比较、实验、创新过程中有意识地以东方戏剧美学思想为参照，不断锤炼、完善自己的创作。梅耶荷德创作天性中具有善于吸纳各种思想为己所用的特点，于是他将所了解的各种"东方"的思想元素浇灌于自己创作的土壤之中，使之生根发芽，开花结果。

"东方戏剧，主要是中国和日本戏剧中的美学因素，对梅耶荷德的戏剧理论和导演实践都产生了影响。有时，这只是一些不常为艺术家自己所意识到，但在我们今天看来却是很明显的不谋而合的现象，有时则是直接的借鉴。但这主要还是一个巨匠的艺术总结，他善于转达异国艺术传统的精神，并以此来丰富本民族戏剧艺术传统。"[1] 俄罗斯汉学家谢洛娃的这段话很好地说明了梅耶荷德与东方美学思想、戏剧传统的深厚渊源。

---

[1] 谢洛娃《梅耶荷德的戏剧观念与中国戏剧理论》（1970），参见《梅耶荷德论集》，华东师范大学出版社1994年版，第120页。

东西文化的对话

一

东方戏剧文化之所以吸引梅耶荷德的关注与兴趣有多方面的原因。首先，19世纪末开始渐热的东西文化交流的历史环境为他提供了接触、了解、研究东方戏剧的外部条件；其次，梅耶荷德所追求的假定性戏剧原则与东方戏剧的写意原理在本质上有相通之处，中国民间戏剧的假定性传统为他提供了戏剧艺术革新的原动力，不断激发他进行创新实验探索，成为他丰富、发展假定性戏剧理论的重要资源。苏联著名演员伊里因斯基认为："梅耶荷德的主要功绩在于，他回顾了中国和日本的民间戏剧的假定性传统，胸有成竹地把戏剧艺术引向它的假定性本质。据我所知，梅耶荷德是第一个运用假定性来解放舞台和创立新的戏剧艺术的戏剧导演。他运用假定性时，不是把它作为一种权宜的手段，而是把它视为戏剧艺术的不可分割的本质。"[1] 在《梅耶荷德的贡献》一文中，我国学者童道明称"梅耶荷德是个艺术上诚恳的国际主义者"，因为向东方的传统戏剧艺术学习，用东方戏剧的假定性原则来改革欧洲的戏剧艺术，是梅耶荷德一贯的思想，也是他不可磨灭的历史功绩。[2]

梅耶荷德的戏剧美学思想萌发于19世纪末，当时俄国剧坛上占统治地位的是自然主义的戏剧观念，力求"像生活中一样"再现现实中的一切，因此舞台成了展览生活的一个"微型博物馆"，像真的一样的教堂、楼房赫然立于舞台之上，雨声、雷鸣、狗吠也不绝于耳，观众陷入舞台制造的"幻觉"之中。立志革新自然主义戏剧的梅耶荷德开始寻求建设"不同真的一样"的戏剧。1902年4月，梅耶荷德戏剧革新的同道人瓦列里·勃留索夫在《艺术世界》杂志上发表了题为《不必要的真实》的文

---

[1] 童道明《梅耶荷德的贡献》，参见《他山集——戏剧流派、假定性及其他》，中国戏剧出版社1983年版，第79页。

[2] 同上，第78页。

章，呼吁当代戏剧从不必要的真实走向有意识的假定性："戏剧该是停止仿照现实的时候了。画在画布上的云是平面的，静止不动的，不会改变自己的外形和亮度，但它有某种东西让我们觉得那是天空上真实的云。舞台应该给出所有一切，帮助观众轻而易举地在想象中复原剧本情节所要求的环境。……有艺术的地方到处都有假定性。"[1] 得益于白银时代迅速高涨的东西文化交流的契机，梅耶荷德得以更多地接触、了解东方的文学、艺术、文化，这为他打开了通往假定性戏剧的另一条通道。梅耶荷德以各种戏剧文化来检验假定性，尤其是东方戏剧文化。"梅耶荷德喜爱东方戏剧那种特别的质朴、简洁与独特性；舞台调度手法、动作的雕塑性、极度的表现性……亚洲戏剧的抒情叙事作品，激情的凝聚性，那种与自然主义截然对立的敏锐的剧场感，那种莎士比亚所珍爱的、为人民大众所喜爱的滑稽短剧。"[2] 他在东方戏剧传统中发现了他梦寐以求的"假定性"，这种假定性是与激发观众想象力的虚拟和象征相联系的，而象征又总是与诗情交融在一起。东方民间传统剧场无论是演出场所的氛围，还是演出的舞台、布景都是高度假定性的，演员的表演更是充满诗意的假定性。

在鲍罗丁戏剧工作室的导演探索阶段（1913—1915），是梅耶荷德对东方文化最为迷恋之时。他常常对学员谈起日本、中国、印度戏剧的假定性方法，提到瑜伽以及他所了解的特别的呼吸方法，并且指出这种方法适合于控制在舞台上的呼吸和台词表演等。梅耶荷德将东方戏剧的元素融入对未来戏剧舞台的憧憬之中，他所梦想的未来舞台是一个东方式的民间游艺场："观众席灯光通明，在那有三个通道穿过池座通向舞台：沿着舞台的两侧各有一个，第三个在中间……双面画有装饰图案的屏风代替了布景。舞台上不再需要木匠和道具员，'幕前仆人'接替了他们的工作……演出现在开始，锣鼓喧天，笛声悠扬，戴着面具的演员拖着特有的长调唱念台词，他们沿着游艺场以盛大演出特有的步态移动着。"[3] 在鲍罗丁戏剧

---

[1] Брюсов В《Ненужная правда》,《Мир искусства》, 1902, No 7, c. 67.

[2] 陈世雄《导演者——从梅宁根到巴尔巴》，厦门大学出版社2006年版，第683页。

[3] Мейерхольд В. Э.《Любовь к трем апельсинам》, 1914, No 2, c. 31.

东西文化的对话

工作室,梅耶荷德不断检验东方戏剧经验的现实意义,并证明了古老艺术的种子能够在新的土壤中生根发芽并开花结果。

二

具体而言,梅耶荷德对东方戏剧文化的学习、借鉴主要体现在以下六个方面:

第一,东方艺术的"写意性"特征。

"写意"被公认为东方艺术的标志性特征。梅耶荷德与斯坦尼斯拉夫斯基一样,对东方艺术有着浓厚的兴趣,很早就注意到了向东方学习的问题。通过绘画艺术,梅耶荷德敏感地发现东方艺术不同于西方艺术的写意特征。梅耶荷德通过阅读有关东方哲学、艺术、文化等方面的书籍,尤其是观赏了中国、日本的绘画之后,发现东方艺术迥异于西方艺术的特点正是体现在"用少量的话语说出大量的东西"。"日本人画上一枝开花的树枝,就代表了整个春天。而我们有人画了整个春天,甚至还不及一枝开花的树枝。"[1] 东方艺术的凝练与写意特点给了他极大的启发,与他追求"高度概括艺术"的理想不谋而合。

第二,东方戏剧的表演技巧。

梅耶荷德认为,戏剧艺术里最主要的东西就是演技,而以中国、日本戏剧为代表的东方戏剧艺术的表演方法令他深受启发,为他制定演员培养方法奠定了基础。中国、日本戏剧演出中演员的面部表情、形体动作和手势融合了许多舞蹈的成分,具有鲜明的造型感、节奏感和音乐性,富有表现力与感染力。受此启发,梅耶荷德指出,未来的演员必须能够控制自己的激情的冲动,以古代戏剧的技巧来武装自己,要求演员通过严格的形体训练来掌握足够的技巧,使身体具有足够的柔韧性与灵巧性——"腊

---

1 Мейерхольд В. Э.《O театре》, С. Петербург: Просвещение, 1913, с. 80.

一般柔软的躯体",[1] 以便能够"像操控乐器那样控制自己的身体"。梅耶荷德倡导假定性戏剧,旨在将演员从布景中解放出来,为他们创造三维的空间,使他们能够控制自然的可塑的形体。"假定性戏剧的导演只把分配演员而不是支配演员作为自己的任务(与梅宁根式导演相反)。他只是作为连接演员内心与剧作者内心的纽带。演员在自己身上体现导演的创作,他独自面对观众,在两个自由的元素——演员的创作和观众创作性的想象——摩擦之下产生真实的火花。"[2] 从鲍罗丁戏剧工作室开始,梅耶荷德着手培养未来戏剧所需要的全面发展的演员。他将东方表演艺术中的许多优秀元素吸纳到自己的演员培养纲领中,使之与意大利假面喜剧、哑剧等其他古老的戏剧传统元素融会贯通,为创立有机造型术演员训练体系奠定了坚实的基础。

程式化的虚拟动作是东方戏剧,尤其是中国戏曲最鲜明的特征之一。无实物表演技巧则是梅耶荷德从中国戏曲表演艺术中借鉴的另一个重要方法。梅耶荷德不仅将无实物表演纳入演员训练的必修课程,而且将之运用于舞台实践。最为经典的例证就是《森林》中由伊里因斯基扮演的阿尔卡什的表演:伊里因斯基-阿尔卡什把并不存在的鱼饵放到并不存在的鱼钩上,把鱼钩和鱼饵投进水里,等着鱼来吞饵,他不时地扯动钓竿,仿佛鱼在钓钩上抖动,他又试图抓住那上了钩的鱼,还把钓上来的鱼一条一条扔进洋铁盆里。[3] 这类表演在梅耶荷德的演出中并不少见,演员凭想象中的实物进行无实物表演,不仅极大地调动了观众的想象力,而且看似虚拟的动作却创造出高度"神似"的真实,虚中见实的演技令观众在超现实的时空环境中得到无可比拟的艺术享受,这无疑也是东方戏剧中虚拟表演艺术具有非凡魅力的精彩体现。

第三,假定性的舞台布景设计与多场景的戏剧结构。

---

1 弗·梅耶荷德《梅耶荷德论演技》,孙德馨译《外国戏剧资料》1979年第3期,第73页。

2 Мейерхольд В. Э. 《Статьи, письма, речи, беседы》(1891—1917), М.: Искусство, 1968, с. 141.

3 〔俄〕鲁德尼茨基 К. Л.《梅耶荷德传》,童道明、郝一星译,中国戏剧出版社1987年版,第485页。

东西文化的对话

梅耶荷德的假定性戏剧思想萌发于象征主义戏剧实验的过程中,他意识到戏剧艺术最重要的本质在于假定性。戏剧不是反映生活,而是表达生活,甚至是重新塑造生活。梅耶荷德积极寻找一切假定性的方法,以杜绝像自然主义戏剧那样使用"图解""照相式"的方式去复制现实生活,同时杜绝用第四堵墙将观众隔离,使之陷于"幻觉"。在进行戏剧探索活动时,梅耶荷德将东方戏剧舞台设计中的假定性元素融入各种戏剧实验,中、日戏剧舞台上的"屏风"被频频移植到梅耶荷德的创作中。例如,1908年在外省巡演时,梅耶荷德再次导演了勃洛克的《滑稽草台戏》,革新的成分比1906年在军官巷的演出增加了许多。整个演出在半圆形歌舞场进行,观众席灯光通明,日式轻便屏风和围屏取代了惯用的布景。开场之前,剧中人物之一"剧作者"当众穿过红色幕布,坐下和观众交谈,并与观众一同观看演出。同年在排演维德金特的《吸血鬼》时,为了表达作者的构思,梅耶荷德干脆不使用布景,而是采用日本的方法,通过色彩斑斓的音乐向观众传达情绪。

1926年梅耶荷德在导演奥斯特洛夫斯基的《森林》时,十分大胆地改造了原作的戏剧结构,设计出一种新颖独特的"多场景结构",其中既有电影蒙太奇的元素,也包含了中国戏曲的舞台时空转换理念。《森林》中舞台上并未出现森林,而是以极富诗意想象的一座小桥作为演员表演的主要场景,它与中国戏曲的"一桌二椅"有着异曲同工之妙,大大地增强了舞台的张力。

第四,音乐与"停顿"的艺术。

音乐在梅耶荷德的戏剧中占有举足轻重的地位,是构成其戏剧演出不可或缺的重要元素。"音乐的作用,宛如一股水流,它随着演员在舞台上的活动或表演中的静止时刻而不停地流动着。"[1]梅耶荷德对于音乐的认识与重视,首先源于西方艺术思想,包括德国哲学家叔本华的音乐哲学、音乐大师瓦格纳的思想,以及阿庇亚、维切·伊万诺夫等对音乐的阐述。此

---

[1] 弗·梅耶荷德《梅耶荷德论演技》,孙德馨译《外国戏剧资料》1979年第3期,第73页。

外，中国古代的音乐观对梅耶荷德的影响也是不容忽视的。中国最早有关音乐的典籍《乐记》中的思想引起了梅耶荷德的共鸣："凡音之起，由人心生也。感于物而动，故形于声。"通过俄国汉学家阿列克谢耶夫的著作《关于诗人的中国诗》，梅耶荷德领会到笛声所奏出的动人诗篇："竹笛的声音在早晨响起，当浓浓的花香飘来，当大地渐渐温暖，笛声深深地回荡在空气中，它像泉水般清澈，与琴声和谐地交融在一起。"[1]这如诗般的意境深深地吸引了梅耶荷德，在1925年导演法依科的《教师布布斯》时，他就借用"竹林帷幕"来营造演出的氛围。正如C.莫库里斯基所指出的："对传统戏剧方法的研究把梅耶荷德引向戏剧演出音乐设计的特殊形式，引向'音乐中的戏剧'。"[2]《森林》中各种声响交错混杂：教堂的钟声，尖厉的哨声，令人毛发悚然的大笑声、枪声、棍击声，还有浪漫的歌声等等，它们"组合成了这个演出的动态音乐结构，给人以与整个戏的情节极为吻合的大胆、古怪和欢快的感觉。"[3]流动的音乐在梅耶荷德的剧中如同阿庇亚的灯光，或匀速或急速，或微弱或强烈地，发挥着烘托气氛，表情达意的功能。对于东方戏剧艺术中震耳欲聋的吹奏与打击乐器，梅耶荷德也有独到见解，认为这是"古老的日本和中国戏剧的导演更加富于心计"的表现，因为"如果观众稍微打盹，必须给他提提神，不让他那么平心静气地坐在观众席上"。[4]梅耶荷德充分理解了东方戏剧中伴随演出的音乐的强化作用，将这一手法改造并运用于十月革命后的宣传鼓动戏剧之中。在《滑稽草台戏》《唐·璜》等演出中，梅耶荷德甚至直接以震耳欲聋的锣鼓开场，令观众耳目一新。

"停顿"是梅耶荷德发明的"前表演"（предыгра）理论中的一个部分，它在戏剧演出中发挥了特殊的功能。无论是在《科伦宾娜的围巾》还

---

1 Алексеев В. М.《Китайская поэма о поэте. Стансы Сыкун Ту. Пер. и исследование》，Пг.，1916，с. 40.

2 Шахматова Е. В.《Искания европейской режиссуры и традиция востока》，М.，1997，с. 103.

3 邵宁《梅耶荷德与中国戏曲》，载于《戏剧艺术》1995年第2期，第80页。

4 Мейерхольд В. Э.《Статьи, письма, речи, беседы》(1917—1939)，М.：Искусство，1968，с. 80.

东西文化的对话

是在《假面舞会》抑或《钦差大臣》《委任状》中，都有许多运用"停顿"的精彩场景：小丑跑着跑着突然停下来，一动也不动；舞会上跳得上气不接下气的客人们突然停顿下来；听到阿尔别宁的喊声时赌徒们呆然，所有人的动作都被"定格"在那一瞬间……众所周知，"停顿"是日本歌舞伎表演中典型的表演方法：打斗中的武士在紧张搏斗时做出一系列富有表现力的静止的姿势；当角色因突如其来的悲痛感到震惊时，他会给观众展示一个类似于电影"特写镜头"的姿势。对此，梅耶荷德有着精辟的见解："在话剧演员的动作中，间歇（即停顿——笔者注）不是没有或停止动作，而是要像音乐那样，间歇本身便含有动作的因素。此时演员没有动作，这并不意味着演员就离开了音乐环境。……正是在此间歇中，灯光、音乐、出色的装置和楚楚盛装，必然会引人激动的那种整体作用，往往表现得特别明显。"[1] 这一论述蕴含着深刻的哲理，是对梅特林克的象征主义戏剧"沉默"元素的发展，而其源头则在中国哲学文化。中国古代哲学历来将虚无、缄默、恬淡、宁静等视为情感升华的极致和诗意的理想境界。在中国传统戏曲表演中，"停顿"是一种常用的表现情感的充溢、饱满和升腾的艺术手法，即所谓"唱曲之妙，全在顿挫"。[2] 梅耶荷德对中国哲学文化及戏曲艺术的领悟力，由此可见一斑。

第五，"镜视"与间离理论。

"镜视"（зеркаленье）一语是梅耶荷德的新发明，意指"表演过程中演员的自我欣赏"：演员必须发展出一种在必要的时候从旁观者的角度审视自己的才能，就像照镜子一样，其目的不是为了做出某个特别"漂亮"或"有趣"的手势、动作，而是为了弄清自己身体的表现力，为了达到自然与质朴。[3] 为此，梅耶荷德经常邀请学生到家中，一方面从他们身上"镜视"自己的构思，检验自己的排演计划等；另一方面将"镜视"的原则推

---

1 弗·梅耶荷德《梅耶荷德论演技》，孙德馨译《外国戏剧资料》1979年第3期，第75页。
2 汪介之、陈建华《悠远的回响——俄罗斯作家与中国文化》，宁夏人民出版社2002年版，第286页。
3 Встречи с Мейерхольдом, М.: ВТО, 1967, с. 214.

广到演员的表演方法上，因为他认为"主要的艺术就在于无时无刻都带着思考镜视自己"，他要求学生学会在舞台上以"自我欣赏"为基础来塑造形象。显然，这是一种由外入内的表演方法，它通过哑剧和面部表情来展现人物的内心活动，以形体画面的线条来表现话语的意义。通过"镜视"的方法，演员实现了对角色的"间离"。梅耶荷德由此找到一种全新的表现心理活动的方法，不是通过再体现，而是通过对角色的间离。"镜视"原理与东方哲学也有着千丝万缕的联系。在东方哲学中，镜子是观照客观现实的微世界。在镜子里观察自己的形象，这就意味着不仅要学习去看、去听、去接受周围的一切，还要深入到人的内心深处。东方戏剧一贯要求在舞台上表演的演员善于"镜子"般地反映角色形象，仔细地反观心灵的镜子和观众的反应。在此我们看到，梅耶荷德不仅将东方美学思想内化为自己的舞台技术手段，而且预示着布莱希特间离思想的发端。

第六，小黑人——幕前仆人。

在《梅耶荷德传》中，鲁德尼茨基用生动的语言为我们描绘了梅耶荷德演出的许多精彩画面，其中"小黑人"的形象给人的印象十分深刻。这一创新手法就是源于日本戏剧的。"谈到改编莫里哀的《唐·璜》，我自然而然地想起古代日本舞台的表演方法。从记录与莫里哀同时代的日本戏剧演出的描写中，我们知道了当时舞台上有一些特殊的被称为库伦波的仆人，他们身穿特制的黑色外衣，类似于东正教神甫的长袍，他们当众为演员们提词……"[1] 于是，在1910年上演的《唐·璜》中，观众看到了那群古怪精灵的小黑人，梅耶荷德赋予他们各种职能：报幕员、提词员、道具员，还有仆人。从"塔楼剧院"的《十字架的崇拜》开始，到"小喜剧之家"的《科伦宾娜的围巾》，再到《唐·璜》，"小黑人"——幕前仆人在梅耶荷德的戏剧演出中逐渐成长为一种特殊角色，在他的戏剧美学中发挥着特殊作用——以直露的方式告诉观众：这是在剧院，这是在演戏，帮助导演阐明了公开的剧场性、假定性。

---

[1] Мейерхольд В. Э.《Статьи, письма, речи, беседы》(1891—1917), М.: Искусство, 1968, c. 94.

东西文化的对话

三

在梅耶荷德对中国戏剧的认识与借鉴方面，中国京剧大师梅兰芳的作用与意义尤为值得一提。1935年受苏联对外文化协会邀请，梅兰芳率团访问苏联，成为中、俄乃至东西方戏剧交流史上的重要事件。对于中国头号名伶的到访，苏联政府方面给予高度重视，专门成立一个委员会负责接待，成员包括苏联文艺界最知名的导演、艺术家，斯坦尼斯拉夫斯基、聂米罗维奇-丹钦科、梅耶荷德、泰伊罗夫、爱森斯坦等位列其中。梅兰芳等京剧艺术家的演出是此次交流活动的一个重要方面，而另一方面则是苏联文艺界围绕京剧大师的访问演出而举行的研讨会。在1935年4月14日举办的座谈会上，苏联戏剧界的代表们各抒己见，表达了对中国戏曲艺术的印象、对梅兰芳表演艺术的敬佩之情，同时也展开激烈的论争。

梅兰芳这一具有历史意义的访问也加深了梅耶荷德对中国戏曲表演艺术的热爱和向往，使他对梅兰芳大有"他乡遇故知"，相见恨晚之感。在众多苏联艺术家中，对梅兰芳艺术评价最高，共鸣最强烈的当属梅耶荷德。观看了梅兰芳的表演之后，梅耶荷德首先用"演出的成果远远超出了我们的预计。我们现在只知道目瞪口呆或是啧啧赞叹"来表达自己对梅兰芳所代表的中国戏曲艺术的高度评价。同时，梅耶荷德从艺术的高度总结出中国戏曲艺术的假定性表演原则与表演技巧。他以艺术大师特有的敏锐发现梅兰芳善于运用面部表情、眼神、手势来传达人物内心活动和思想感情的特点。为此他甚至说："看过梅兰芳的表演再到我们的所有剧院去走一遭之后，你们就会说：可以把我们所有演员的手都砍去得了，因为它们毫无用处。既然我们看到的这些手，不过是从袖口露出来的一个肉疙瘩——它们既不能表现什么，也不能表达什么，或者只能表达一些不该表达的东西，那么，我们何不把这些手砍去算了。"[1]尽管他的话不免有些

---

[1]〔俄〕格拉特科夫辑录，童道明编《梅耶荷德谈话录》，中国戏剧出版社1986年版，第249页。

偏激，即所谓忠言逆耳，但仍然一语中的表明了他对中国戏曲艺术精髓的仰慕与领悟。显然，梅耶荷德已经深刻地领悟了中国戏曲表演艺术的精髓所在——手的表演技巧、音乐和节奏的作用以及高度自觉的程式化。梅兰芳的演出再次引起梅耶荷德对普希金"戏剧就其本质来说是不同真的一样"的共鸣，他在古老的东方戏剧艺术中找到了最有力的支持，获得更多的信心："在梅兰芳的剧院里，我看到普希金告诉我们的这个原则得到了最理想的体现。"这无疑是梅兰芳访苏演出对于梅耶荷德的本质意义所在，它使梅耶荷德更加坚信假定性戏剧原则的坚实基础与恒久生命力。与此同时，梅耶荷德如此热情地疾呼戏剧的假定性本质，也是有鉴于当时苏联戏剧舞台上出现的自然主义的倾向，梅耶荷德希望以梅兰芳剧团的访问演出为契机，把戏剧艺术重新引向它的假定性本质，促进苏联戏剧艺术健康化的进程。因此，梅兰芳的访问演出犹如一场及时之雨，无意中使梅耶荷德在当时苏联戏剧派别的斗争中处于暂时有利的地位。1935年在重排格里鲍耶陀夫的《智慧的痛苦》时，梅耶荷德增加了一系列中国元素的舞台表现手法，并在演出海报中写着"献给梅兰芳博士"，以此表达对梅兰芳本人及其艺术的敬意。

四

综上所述，经过对东方戏剧多种经验的研究，梅耶荷德将东方戏剧的精华元素吸收到自己的导演风格中，并且使之内化为己所用，为新的戏剧任务发挥作用。梅耶荷德对东方戏剧文化的学习、借鉴与重构是富有成果的，他充分吸取了中国、日本戏剧传统的有益思想，作为他假定性戏剧理论建构和舞台实践创作的重要源泉。俄罗斯戏剧理论家金格尔曼的话为我们作了最好的总结："梅耶荷德研究了东方戏剧的演员技艺和表现手段，并洞察了它的叙述体和假定性本质，这种本质使它能够对真实性原则和舞台动作做出更加自由的解释。"[1] 中国戏剧艺术的辉煌成就，使梅耶荷德更加坚定自己对假定性戏剧原则的追求，满怀对中国文化的爱戴之情，他预言说"未来戏剧的光荣将建立在这种艺术的基础之上。那时，将出现西欧戏剧艺术和中国戏剧艺术的某种结合。"[2] 无疑，这更加印证了梅耶荷德的宏伟远见，他不愧为"未来戏剧的奠基人"！

参考文献

1. 谢洛娃《梅耶荷德的戏剧观念与中国戏剧理论》（1970），《梅耶荷德论集》，华东师范大学出版社1994年版。

2. 童道明《梅耶荷德的贡献》，《他山集——戏剧流派、假定性及其他》，中国戏剧出版社1983年版。

3. Брюсов В.《Ненужная правда》,《Мир искусства》, 1902, № 7.

4. 陈世雄《导演者——从梅宁根到巴尔巴》，厦门大学出版社2006年版。

5. Мейерхольд В.Э.《Любовь к трем апельсинам》, 1914, № 2.

6. Мейерхольд В.Э.《О театре》, С.Петербург: Просвещение, 1913.

7. 弗·梅耶荷德《梅耶荷德论演技》，孙德馨译《外国戏剧资料》1979年第3期。

8. Мейерхольд В.Э.《Статьи, письма, речи, беседы》(1891—1917), М.: Искусство, 1968.

9.〔俄〕鲁德尼茨基 К.Л.《梅耶荷德传》，童道明、郝一星译，中国戏剧出版社1987年版。

10. Алексеев В.М.《Китайская поэма о поэте. Стансы Сыкун Ту. Пер. и исследование》, Пг., 1916.

11. Шахматова Е.В.《Искания европейской режиссуры и традиция востока》, М., 1997.

---

1 Зингерман Б.《Судьба Артиста в России》, Мейерхольд В. Э. :《Наследие》, Т. 2. М. : О. Г. И., 1998, с. 8.

2〔俄〕格拉特科夫辑录，童道明译编《梅耶荷德谈话录》，中国戏剧出版社1986年版，第252页。

12. 邵宁《梅耶荷德与中国戏曲》，《戏剧艺术》1995年第2期。

13. Мейерхольд В.Э.《Статьи, письма, речи, беседы》(1917—1939), М.: Искусство, 1968.

14. 汪介之、陈建华《悠远的回响——俄罗斯作家与中国文化》，宁夏人民出版社2002年版。

15. *Встречи с Мейерхольдом*, М.: ВТО, 1967.

16.〔俄〕格拉特科夫辑录《梅耶荷德谈话录》，童道明译编，中国戏剧出版社1986年版。

17. Зингерман Б.《Судьба Артиста в России》, Мейерхольд В.Э.《Наследие》, Т.2. М.: О.Г.И., 1998.

18. Серова С.《Театральная культура Серебряного века в России и художественные традиции Востока (Китай, Япония, Индия)》, М.: ИВ РАН, 1999.

（原文发表于《戏剧艺术》2015年第2期，收入本书中略有改动）

1935年梅兰芳剧团访问苏联的理论及实践价值研究

纯粹的艺术传播者——谈梅兰芳 1935年访苏成功背后的点滴

梅 玮（梅兰芳纪念馆研究部副主任）

1935年，应苏联对外文化交流协会的邀请，梅兰芳率团在苏联进行公演和交流访问。这次访苏公演被后人称为梅兰芳最为成功的一次对外交流演出活动，无论是在中苏两国的文化交流史上，还是中国传统文化对世界的影响上，都是前无古人后无来者的一次巨大成功，超越了梅兰芳访问日本及美国所造成的影响。甚至梅兰芳表演体系也自此成为继斯坦尼斯拉夫斯基表演体系、布莱希特表演体系之后的世界"第三大表演体系"。但是，在这些光环的背后，当我们站在当时的历史和社会环境来看待这件事，我们会发现，梅兰芳所获得的成功并不是那么的简单。

首先，我们要探寻的是梅兰芳这次访问苏联的演出到底是在一个什么样的历史背景下形成的呢？1929年，中苏两国因为满蒙铁路的归属权问题而互相交恶，断交了三年，直到1932年底，当时的中国国民党政府与苏联才恢复了外交关系。1933年中期，苏联单方面与日本达成协议，将满蒙铁路的使用权卖给了当时中国东北由日本直接控制的"满洲国"。就在这样紧张的政治环境和外交背景下，1934年苏联举行了一次重要的中苏两国文化交流活动，包括中国著名画家徐悲鸿在内的中国艺术家在莫斯科举办了个人画展。著名的记者戈公振在梅兰芳访苏的过程中作为中苏两方的中间人，在他记载中提到梅兰芳原本的计划是要去欧洲进行考察、观摩和学习欧洲的现代戏剧艺术。1934年3月，当时中国驻莫斯科的代

东西文化的对话

理大使吴南如在与苏联对外文化协会的一次讨论中,顺带提到了梅兰芳访问欧洲的计划,他询问苏联将如何接待即将到访莫斯科的梅兰芳。苏联对外文化协会以及外事部表示,非常期望梅兰芳在赴欧洲之前先在苏联进行演出。1934年5月28日,上海主流报纸《大晚报》曝出了苏联对于梅兰芳的邀请:

> 不久之前,中国著名的画家刘海粟、徐悲鸿等人在莫斯科举办了大型的中国书画展,获得了苏联极高的肯定与赞扬。这些大师的书画作品由于其写意的特征而受到苏联的高度评价,在苏俄形成了一阵风潮。苏联的艺术界被分为两大阵营,即写实派和写意派。如今写实派在写意派面前已经处于下风,写意派正在蒸蒸日上,这是苏联各界所公认的事实。苏联的艺术家们非常喜爱我国的写意派的书画作品,他们联想到了中国的戏剧同样是写意的。因此,他们邀请中国最著名的京剧演员梅兰芳到苏联访问演出。[1]

这篇报道强调了苏联对于中国"高级的写意性的大师级的"艺术作品的"钦佩"之情,并特别指出,梅兰芳以及他的同僚们决定接受苏联的邀请赴苏进行演出,是将中国国家的荣誉宣传到国外。文章马上引发了激烈的争论,许多主流媒体和中国的作家及评论家都参与其中,就苏联邀请梅兰芳演出的动机和意义,以及梅兰芳出访对于中国国家以及文化到底有着怎样的影响和认识展开了激烈的辩论。尽管有着激烈的争辩,苏联文化交流协会的邀请函还是于1934年12月底通过苏联驻中国大使馆转交给了梅兰芳,一个月之后,梅兰芳接受了邀请。中国戏剧协会发表声明,说梅兰芳正在仔细地为访苏之行做着精心的准备,正式宣布了梅兰芳此次访苏将为传播和宣扬中国国家文化起到重要的作用、对于东西方的文化交流将起

---

[1] 《苏俄当局诚意邀请梅兰芳赴苏俄》,《大晚报》1934年5月28日。

到最高层次的作用,还特别指出了梅兰芳之前访日和访美所获得的成功。1935年《申报》报道了梅兰芳离开中国当天,有超过300位政商界、外交界以及文化界的重要名人齐聚上海,为他和他的剧团送行。中国驻苏联大使颜惠庆在欢送会上发言,他提道:

> ……中俄自恢复邦交后,今天之盛大茶会,可说是破天荒,各界人士,聚集一堂,此足证我国对苏俄之好感,中苏将来希望很大,兄弟现在驻俄大使,更觉得非常满意,梅博士此次到苏俄,系代表我国发扬艺术,并沟通国际文化,希望将来中俄两国之邦交,更望亲睦。[1]

此次梅兰芳的出访,创出了中国文化界的几个第一。首先,这是国家政府第一次派发公费,支持梅兰芳出访苏联。基于中苏两国在未来合作的重要意义,当时中国国民党政府对于梅兰芳出访苏联做出了官方的回应。据1934年《庸报》记载,苏联大使当时要求时任国民政府行政院院长汪精卫劝说梅兰芳同意接受邀请。中国大使同样也恳求梅兰芳赴苏演出,提升中苏两国的文化交流合作,增进两国的外交关系。[2] 在中国驻苏联大使馆以及中国外交部的要求下,国民党政府行政委员会作为当时国家的最高管理层通过了一项决议,在1935年2月下达了正式的指示,拨出5万元大洋作为梅兰芳访苏的经费。指示中提到了梅兰芳访问苏联对于宣传中国的文化,增进中国的国际友好关系,尤其是中苏两国的友好外交关系所起到的重要意义。在一封由中国驻苏联大使馆发给汪精卫的电报中,梅兰芳向总统报告了他在莫斯科首演的成功,对于他给予的支持表示了感谢。在梅兰芳回国之后,他亲自向汪精卫汇报了他赴苏的行程。在梅兰芳纪念馆所藏的《梅兰芳游俄记》中,都有着明确的记载。

其次,第一次由中国政府出面进行了舆论管控。在1935年1月9日

---

[1] 梅兰芳纪念馆藏《梅兰芳游俄记》手抄本。
[2] 《苏俄邀梅演剧真相》,《庸报》1934年6月2日。

的电报中，中国驻莫斯科领事馆向中国外事部报告了苏联当局很关心中国国内关于反对梅兰芳出访所发出的声音。领事馆向苏方强调反对梅兰芳访苏是中国国内极其个别的现象，中国政府和大众对于苏联邀请梅兰芳演出都是持着感激的态度。领事馆指出，梅兰芳访苏已经不是他个人荣辱的问题了，而是和中国戏曲的名声以及两国之间的关系紧密地联系在一起。为了不让苏方感到不安，领事馆甚至要求中国外事部发表一个国民党政府的公开声明，禁止中国国内媒体发表反对和攻击梅兰芳访苏的言论。1935年1月26日，中国外事部告诉领事馆，中国国民党中央宣传部已经直接下达批文，要求报纸以及其他媒体禁止刊发任何反对梅兰芳访苏的公众言论。官方政治杂志《时代公论》刊登社论，强调梅兰芳的访苏之行不仅仅是展示演员本身的美感、天赋及技巧，同时也是对中国国家艺术的宣传，对中国国家形象的优越性的展现。[1]

从以上这两点当时国民政府的举措来看，梅兰芳访苏已经和之前两次出国公演发生了本质上的区别。1919年访日之行是由日本大仓喜八郎出资邀请进行的商演，1924年是为了救济日本阪神大地震所进行的赈灾义演，1930年访美是梅兰芳自筹资金，为了把京剧带向西方，让世界认知的一次冒险之行。这三次出访没有国家的支持，完全是梅兰芳的个人行为。而反观这次访苏之行，颇有一些国家公派的味道。

苏联邀请梅兰芳是与30年代中期苏联官方所推行的文化政策紧密相关的。1934年，苏联举办了第一届苏联全体作家代表大会。在会上，苏联官方批准了将"苏维埃现实主义"作为苏联文艺界的基本创作方向。时任中央委员会秘书长及共产党文化思想首要发言人的A.A.日丹诺夫在他的发言中公开宣布，社会主义文艺在创作上一定要在种类、方式、程式以及方法上百花齐放，要比以往任何一个时代更加充实、全面。因此"重点就在于吸收和消化各时代的文化艺术的遗产特征"，这也体现了苏联文化艺术工作者们必须要遵从斯大林所宣扬的成为"人类灵魂的工程师"的任

---

[1] 《梅兰芳赴俄》，《时代公论》1935年4月12日。

务方针。对于日丹诺夫来说，无产阶级的物质文化和精神文化，是世界文学艺术界唯一的，也是最优秀的一座宝库。资产阶级们在浪费和挥霍他们的文化遗产。我们有责任为了伟大的未来，认真地把这些遗产整理收集起来，学习它、继承和吸收它。早在1920年，列宁就已经从根本上很清楚地表明了他的文化方针，正如他对俄罗斯共产主义联盟的成员所说的那样，只有对经过整体发展的人类所创造出来的文化有精准的理解和变通，才能让我们创造出无产阶级的文化。在看完梅兰芳的演出后，谢尔盖·特列季亚科夫在《真理报》发表文章宣称，苏联公众对中国演员的热情接待与欢迎，以及对梅兰芳的表演艺术所表现出来的敬仰之情，不仅将梅兰芳的表演"看成一种简单的表演"，而且将此次表演看成了一次地球上最古老的文化——中国文化，以及最先进的社会主义文化的展现。[1]

因此，对于苏联的政界文化界当局来说，苏联的观众不应该将梅兰芳的访问演出作为一次外来文化的引入，更不应该去听从欧美资本主义国家对中国戏曲的评论与观点，而应该将此次访问演出看成是一次加固中苏两国在政治和文化上的联系的重要外交事件。这个事件证明了苏维埃政权在国际主义文化政策上的先进性，同时也证明了苏维埃思想意识形态在合理而科学地对人类文化遗产的调查、整理和调配上的先进性。在此基础上，为了苏维埃戏剧的建设，梅兰芳的访问正给了苏联戏剧工作者们一个深入调查和研究中国戏曲的机会。梅兰芳也确认了他之所以接受苏联对外文化协会的邀请，是因为他认为能够到苏联这个拥有世界最伟大的戏剧、文学和音乐的国家来演出，是他的荣幸，他演出的目的也是为了进一步学习。

但是不得不承认的是，这次访苏之行，梅兰芳本人虽然没有与政治挂钩的意思，但还是被当时复杂的社会政治环境所裹挟。在苏联对外文化交流协会的致谢会上，梅兰芳留下墨宝"沟通文化，促进邦交"，这也从另一方面说明了梅兰芳此次去苏联的主要任务。在莫斯科，梅兰芳多次强调他的访苏演出是为了促进中苏文化的相互理解，促进中苏人民友好邦交。

---

[1] *Velikoe Masterstvo*（伟大的精通），《真理报》1935年3月23日。

东西文化的对话

讽刺的是，就在梅兰芳在莫斯科公演的头一天，即 1935 年 3 月 23 日，苏联在与日本进行了近两年的谈判之后，不顾国民党政府的严重抗议，与日本签署了将满洲铁路的经营权卖给日本的协议。这条消息迅速地被中国各地的报纸刊登。在上海的《东方时报》头版头条，就是日俄双方签订协议的照片，而旁边的另一个头条则是梅兰芳在莫斯科音乐厅演出的报道。《北方中国日报》刊登了一幅漫画——"鉴赏家"，漫画里展示了斯大林正在观看梅兰芳的演出，而背景就是苏联正在和日本人做交易卖铁路。这幅漫画在中国杂志《论语》中被转载，并且将"梅先生"翻译成带有讽刺意味的"梅博士"。颜惠庆曾向苏联政府递交了多份官方的抗议书，并再次向苏联对外事务部部长马克西姆·里瓦诺夫进行了口头抗议。但是他的口头抗议并没有影响到他邀请里瓦诺夫和其他的苏联官员去欣赏梅兰芳在莫斯科中国驻苏联大使馆为他们举办的私人演出。随着日本侵略威胁的逐渐加深，再加上中国共产党的逐渐兴起，国民党政府不得不与苏联加强往来，从而吞下苏联和日本的这场交易的苦果。苏联和日本的交易，显示了苏联在国际政治上的强势，并且明显是对国际法和公平公正的践踏，但是中国没有能力去证明这一点。颜惠庆后来承认道："中国所表达出的抗议，对于保护这条重要的铁路线所拥有的权利没有任何的效果。我们的人民对于新苏联政权那先进的、高尚的理想，尤其是对中国亲善所抱有的信心和希望，遭受了最为无情和粗鲁的打击。"[1]

苏联非常轻松地忽略了中国的抗议，并且以指责中国政府没有能力去保护自己国家的铁路为由缓和了与日本之间的矛盾。苏联对外国际事务发言人卡尔·拉德克指出，由于中国没有能力去抵抗外敌入侵，导致领土不断流失，而直接造成的关于满蒙铁路的物资和人员的损失，以及造成的国际危机，苏联方面没有义务和责任去承担。而就在两年之后，拉德克在看完梅兰芳的首场苏联演出，在对梅兰芳男扮女装的精湛表演高度赞扬之后指出，要将中国演员的天赋转变成解放中国人民和为中国带来自由的力

---

[1] 颜惠庆《"东西方的万花筒"——颜惠庆自传（1877—1946）》，纽约圣约翰大学出版社 1974 年版。

量，同时表达了苏联对中国持续不断地为自由民主而斗争表示深切关怀与同情。而这一天，正是日俄两国签订满蒙铁路合约的日子。特列季亚科夫呼吁苏联大众关注中国民众的"先进性"，将中国演员访问苏联的活动上升到了关乎中苏友好的重要文化意义的层面上，但是他并不知道自己无意中对梅兰芳的访苏带来了莫大的讽刺。戈公振在他的回忆录中特地指出了梅兰芳访问苏联所带来的巨大影响和杰出的意义："今天的中国，梅兰芳可能是最适合被邀请到苏联的个人，这不会产生任何争议。自从中苏两国之间开始重新建立外交关系以来，除了外交政治交往之外，值得记录下来的有意义的事情非常之少。不仅如此，由于满蒙铁路事件，两国间的冲突也与日俱增。为了防止双方之间的关系过于僵持，同时也是为了展示俄国人好客的传统美德，苏联人对梅兰芳一行展示出特别的欢迎与接待。"[1]由此，我们可以看出，梅兰芳的此次文化交流活动在某种程度上来讲有被中苏双方政府所利用，从而达到缓和双方政治和外交分歧、冲突的目的。

此事梅兰芳是否知情，我们现在已经无从考证，但是从梅兰芳先生本人的性格来看，他从来都是希望远离政治的，所以满蒙铁路一事，他应该是不甚了了。对于梅兰芳来说，他秉承着最为淳朴和真诚的目的，那就是把中国最传统最优秀的艺术传播到苏联，同时学习和借鉴苏联"源于生活，高于生活"的社会主义戏剧艺术，希望听到苏联艺术家们对于中国戏曲最为真挚的批评。在这几点上，毫无疑问，他取得了成功。在梅兰芳纪念馆所藏的《梅兰芳游俄记》中，记载了梅兰芳在欢送会上的发言，他如是说：

> ……到苏联去还是蒙诸位先生的热心，让我国的戏剧，可以推进到国界以外去，则兰芳也可以达到多年的志愿，是兰芳心中所非常感激的，这一次到俄国去的事，差不多已经酝酿了一年多了。还是去年二月间，苏联政府方面，让我国驻俄大使

---

[1] 戈公振《从东北到庶联》，湖南人民出版社1984年版。

馆,来约兰芳前去表演,当时兰芳没有敢昧然地答应他,因为苏联是一个文学戏剧音乐最伟大的国家,自从革命以后,他们政府方面,更极力地提倡所以成绩就一日千里,兰芳如果去俄国,固然是可以借这个机会去参观参观,研究研究,也或可以得到一些见识回来,但是在另一方面说,也实在是恐怕自己能力不够,恐怕不能把中国戏剧的精义贡献给人家,所以当时不敢马上答应。后来苏联方面再三的来约,电报回信一连接了几十封,他们说,要兰芳去表演,完全是研究的性质,信上的意思说得非常的恳切。我国政府方面,闻颜大使因为邦交的关系,也都主张兰芳答应下来,所以兰芳才敢勉强的担任,决定之后蒙政府当局同颜大使诸公,加以种种的援助,上海诸位先生又组织了一个戏剧协进社,指导同赞助都非常的热心实在叫兰芳非常感激,不过最初发起戏剧协进社的史量才先生未曾等到兰芳出国,他就与我们长别了,这是兰芳心中很觉得难过的一件事。兰芳这一次到俄国去,心中很是忧虑,为什么呢,就是因为东西方的戏剧,他的表演方式,是绝对不同的,而且我刚才说过,苏联又是一个文学同戏剧最伟大的国家,兰芳的表演,能否使苏联的人民满意呢,所以自己很觉得疑虑,还希望在座的诸位,多多的加以指教。[1]

梅兰芳在苏联的演出的确是一次令人欢欣鼓舞的成功之行,最终确立了他在20世纪国际戏剧界的地位和影响。在中华人民共和国成立后,对于梅兰芳此次访苏之行所取得的成功的赞扬和宣传力度,远远强于他之前的访日和访美之行。在梅兰芳访苏期间,诸如《申报》《大公报》《大东报》《晨报》《庸报》等中国的主流报纸和杂志都报道了梅兰芳在苏联的演出情况,以及对于梅耶荷德、爱森斯坦、特列季亚科夫、卡尔·拉德克

---

[1] 《梅兰芳游俄记》手抄本,梅兰芳纪念馆藏。

的采访。报纸上争相赞扬梅兰芳是最伟大的演员,梅兰芳是一位伟大的中国文化大使,称赞中国戏曲是中国的瑰宝和骄傲,代表了中国最伟大的文化。同时,让中国戏曲文化以最为优秀的呈现方式引起世界的关注。

  但是,我们也要看到,像梅兰芳先生这样身份和地位的艺术名家,必然在无意中也会成为国家政治与外交的棋子,这是无可厚非的事实。但是梅兰芳先生能够在经历了清朝覆灭、民国纷争、抗日战乱以及新中国成立等重要的历史时期后,仍然被人民和政府所称颂,这便是他的高明之处。在他的眼中,只有京剧,只有艺术,只有观众。大家在观看完他的表演之后,掌声响起的那一刻,他的目的就达到了,其他的一切都是过眼云烟。正因为他的这种纯洁的、朴实的、不为政治所"沾染"和"裹挟"的全心全意为艺术献身的精神,才使得他的艺术得到了苏联人民乃至世界人民的认可,访苏之行才取得了如此辉煌的成功!

梅兰芳在美苏表演中的前期工作
——语言文化差异的处理

汪卿孙（香港浸会大学博士生、香港公开大学翻译科讲师）

本文尝试以翻译学的跨学科角度来研究戏曲，比较梅兰芳于20世纪30年代访美及访苏的前期工作并分析当时用作宣传的文字，看看当时怎样处理语言与文化的差异及怎样引导观众理解表演的内容。本文为什么选择以梅兰芳来研究这个题目呢？

1930年代以前，在西方国家虽然已经有将中国戏曲翻译成外文的先例，也有过中国戏曲出国表演，但都未能打入主流。直至梅兰芳的两次出国访问演出，才可以真正称得上是受西方文化艺术界，甚至官方的重视。梅兰芳将中国戏曲介绍给西方是一个历史性的跨文化交流事件，那时西方人对于中国戏曲认识极少，多数是首次接触，因此当时用作宣传及引导观众怎样认识中国戏曲的文字就担当了文化交流的主要桥梁。鉴于以上原因，笔者选了这个题目，通过文本去分析艺术交流的功能及成果。

梅兰芳于20世纪30年代访美及访苏首先在性质上已有不同。访美之行的演出虽然是由美国的文化界、艺术界邀请，目的是增进美国人对中国戏剧艺术的了解，但因为是自资，更是冒着破产的风险而起行的，[1]所以仍需如商业运作般顾及卖票的情况。但苏联之行梅兰芳是应苏联人民和政府的邀请，以文化代表团的形式访问的，因此无论是宣传的主动性还是方式

1　蔡登山《梅兰芳与孟小冬》，黄山书社2008年版，第177页。

的需要都有不同。

一、用于宣传的文字

比较用于宣传的文字，从齐如山的《梅兰芳游美记》及其他坊间可接触到的书籍中可以知道，梅兰芳在访美之行前预备了：（一）包括唱白、动作、服饰、盔帽、胡须、砌末、音乐等内容介绍在内的《中国剧之组织》；（二）一本关于梅兰芳历史的书，内容包括梅兰芳家族史、旦角之由来、梅兰芳创作的作品及其在中国剧的地位、国内外人眼中的梅兰芳；（三）将预备演的几出戏用五线谱谱出，成为《梅兰芳歌曲谱》；（四）将那几出戏做一个说明，成为戏剧说明书；（五）100多篇用于当地报馆宣传的文字及几十篇梅兰芳接待新闻记者时发表的谈话。以上5种资料都聘人译成英文，有的独立成书，有的加进别的内容印制成不同搭配的小册子，如《梅兰芳：中国的戏剧》(*Mei Lanfang: Chinese Drama*)、《梅兰芳与中国戏剧》(*Mei Lanfang and Chinese Theatre*)。而访苏时用的书籍，戈公振、戈宝权已清楚地在《梅兰芳在苏联》一文中交代了。书籍分成英文及俄文两个版本，英文版是《梅兰芳与中国戏剧》(*Mei Lanfang and Chinese Theatre*)、《梅兰芳在苏联所表演之六种戏及六种舞之说明》(*Performances of Mei Lanfang in Soviet Russia*)、《美国戏剧界对于梅氏剧艺之批评》(*Mei Lanfang in America: Reviews and Criticisms*)。[1]

这些小册子的内容各有异同，比较之下，笔者推断在美国之行用的两本小册子《梅兰芳：中国的戏剧》和《梅兰芳与中国戏剧》，前者是比较先印刷的。原因有二：第一，《梅兰芳：中国的戏剧》与《梅兰芳与中国戏剧》不同的地方是前者用了胡适的文章，后者则弃胡适，加进了张彭春及斯托克·杨。胡适的文章是梅兰芳起程以前写的，但张彭春是在梅兰芳

---

[1] 吴开英《梅兰芳艺事新考》，中国戏剧出版社2012年版。

到了美国之后、于梅的第一场预演之后才成为总导演的,而斯托克·杨的文章是一篇剧评,亦写明是于1930年4月才刊登的。因此,《梅兰芳与中国戏剧》一定是在纽约表演之后印刷的。第二,在《梅兰芳:中国的戏剧》里齐如山介绍传统戏曲特点的文章中个别的错误在《梅兰芳与中国戏剧》中已修改过来,如外语拼音词汇出现于英文文章内一般会以斜体显示,《梅兰芳:中国的戏剧》中没有做到,但《梅兰芳与中国戏剧》中已改过来。第三,齐如山整篇文章分五部分,每部分以较大的标题显示,《梅兰芳:中国的戏剧》中没有标示第一部分的标题,但这个错误在《梅兰芳与中国戏剧》中已修正过来。

至于用于访苏之行的英文版《梅兰芳与中国戏剧》,基本上与访美的版本一样。而俄文版则只保留了张彭春的文章,另外加入三篇苏联文化界人士的文章,以及一篇由东方语言学教授王希礼写的文章。

二、现场表演的解说

另一项用上了翻译的就是每场表演前的解说。在美国及苏联都有专人用适当的语言介绍。在美国纽约的表演,按照总导演张彭春的部署,先由他上台用英文解说中国剧的组织、特点、风格及动作所代表的意义,然后由美国华侨杨秀(又作杨素,原名为 Young Soo)用英语介绍剧情,才请梅兰芳出场。[1]

至于在苏联的表演,第一场试演先由苏联对外文化交流协会会长阿罗舍夫介绍梅兰芳,然后由当时驻苏大使颜惠庆解释中国的忠孝节义,再由张彭春代表梅兰芳致谢辞。在梅兰芳出场表演之前,还由专人以俄语解释剧情,尽量协助观众理解剧情。戈氏也告诉我们在每场表演前都有类似的安排。李伶伶在《梅兰芳全传》中更是说每出戏之前都有专人用英、法、

---

[1] 李伶伶《梅兰惊艳,国色吐芬芳:梅兰芳评传》,上海古籍出版社2011年版。

俄、德文向观众介绍剧情,[1]可以知道翻译在跨文化跨语言的表演中担当着重要的任务。

三、有声电影

除了现场表演之外,梅兰芳在美国和苏联均有拍摄有声影片。在美国,他拍的是新闻片。梅兰芳在《移步不换形》中说派拉蒙电影公司在他的其中一场纽约表演之后来到剧院,待观众走了之后,把灯光及摄影器具预备好,然后开拍。首先由翻译杨秀介绍剧情,再将镜头转到梅兰芳身上。梅兰芳在镜头前表演的是《刺虎》。

在苏联的时候,著名导演爱森斯坦邀请梅兰芳拍一段有声电影,想发行到苏联各地,给没有机会看梅兰芳表演的人看。他希望忠实地介绍中国戏剧的特点。[2]梅兰芳这次拍摄的是《虹霓关》,但不知道有没有俄语的介绍或解说。

四、文本的分析

根据资料,梅兰芳访苏也用了很多英文的宣传文字,《梅兰芳与中国戏剧》中由齐如山所写,简述中国传统戏曲特点的那篇文章在访美及访苏时都有用,现就以这篇来做文本的分析。

首先,从整篇内容来看,分了五大部分:动作、唱念、中国舞台的特点及象征意义、服饰、乐器。广的而言,在第三部分内有涉及中国戏曲的基本概念。他从戏曲的程式化、象征性、虚拟性说起,然后以例子,如马鞭以至桌子、椅子说明之。微细而言,在第一部分形容动作的内容中再分

---

1 李伶伶《梅兰芳全传》,中国青年出版社2001年版,第430页。
2 梅兰芳《移步不换形》,百花文艺出版社2000年版,第205、206、219页。

数个副标题，如入场、出场、台步、进门、基本动作、睡觉、舞蹈、其他动作。其中如基本动作中有一段是专门形容旦角的兰花指是怎样的，笔者将那段英文译成了中文：

> 食指使劲向后弯；拇指及中指形成小圈；戴戒指的手指，中文称作无名指，弯曲贴着中指的第二节；尾指也弯曲贴着无名指的第二节。

如是者，齐如山的文章大细无遗，深入浅出地将中国戏曲的基本概念灌输给西方观众。

虽然内容大细无遗，但明显是将深入程度调校到适合西方观众的理解程度，并利用西方舞台概念来比较及说明之。如前面所说的副标题中"进门"的一段，在齐如山所著的《京剧艺术汇考》中也有。在《汇考》中，目标读者是中国观众，因此他仔细形容进出街门、花园门、房门因其门之宽窄，槛之高矮都有不同；丫环及小姐也有不同。但在写给西方观众的那段中，他是这样写的：

> 当生要进门的时候，他会提起一只脚，有如跨过门槛般来显示；旦角则会举起手好像斜靠着墙壁般来显示女性较柔弱的一面。无论是进出前门、房门、花园门，程式化的动作都一样。

恰巧地他用了一样的三种门，但对中国观众，他说动作是不同的，对西方观众，他就说是一样。这不是前后矛盾吗？其实这是答案深浅的问题。对着西方入门程度的观众，他们只需要知道基本进门的程式化动作是怎样的；对着中国观众，他们更想知道程式化动作以外，每个动作细微的差别。

又如副标题中"入场"的一段，齐如山引用了西方戏剧的幕布做对比。先解释在西方舞台上演员怎样在开幕前已在台上站好，然后才开幕；

东西文化的对话

但中国戏剧则会以无人的舞台开始,然后角色才跟着配合各人的身份或动作的音乐出场。他亦强调他们的步法一定要紧紧地跟板,而控制板的快慢是音乐师傅。齐如山用了西方观众熟悉的例子来解释及突出中国戏剧的不同之处,令西方观众很容易理解,而且亦达到深入浅出的效果。

除了形容演员的动作,齐如山还教观众怎样去观赏,什么才是好的中国戏剧。他在"入场"一段中这样写道:

> 当演员首次出场,最重要的是要让观众觉得他的每个动作都看得顺眼,同时每个动作仍符合既定的程式。

在"基本动作"中他又写道:

> 动作不单要好看,还要跟板。头怎样动、身体怎样控制、手脚怎样放、放在哪,都是根据既定的程式。手指的一动、眼睛的一瞟、脚的提起,一切都有很大的学问,但所有动作都要达到顺眼及跟板的原则。

这两段文字中齐如山指出看中国剧要留意什么,怎样的动作才是上乘的,还提醒观众每个动作都是很大的学问。

齐如山这篇介绍中国戏剧的文字是以英文接触观众的。文章怎样解决英文表达中没有的中国戏曲词汇及概念的难题呢?有的时候他仔细地将每个动作及细节形容出来,如上文所说形容兰花指的一段,但有的时候不能避免地要用到一些英文中没有的词汇。这些时候,译者主要采取两种做法:一是借用西方类似意思的词汇,二是用拼音加上解释。

借用的词汇如:乐队 orchestra、板 tempo。Orchestra 这个词在英文是代表西乐里的乐队,虽然可以借用来代表一班弹奏不同乐器的乐师,但其实会让西方观众误以为中国音乐中包括他们所熟悉的西方乐器。又如 tempo 这个词,其实是意大利文,用于西乐中,意思是乐章的快慢,亦可借来形容中国音乐中的板,但同样可能令西方观众误以为中国音乐的乐理与西方的一样。但在西方观众仍处于认识中国戏剧的入门阶段，要用西方的语言来解释，既要达意亦要保持简短，借用词汇也是一个没办法的办法。另一个不放弃中文原文的做法，就是用拼音加解释。

文中用拼音的有两种做法，第一种是以英文短句解释做主要的表述，再将拼音放在括号内，如描述"背供""叫板"等：

The Aside（pei kung）; The "Call" or Signal for Music（chiao pan）

The Aside 如果直译，即以"旁边"做名词用。The "Call" or Signal for Music 就是以"叫"做名词用或发出信息叫音乐开始的意思。

第二种做法是将拼音做主要的表述，辅以英文的意思，如描述"风旗""水旗"等：

The feng ch'i or wind flags; The shui ch'i or water flags

Feng ch'i 即风旗的拼音，后面辅以 wind flags，表示是风旗的意思，水旗也是一样的做法。

这两种译法将汉语拼音当作英文词汇来用，融入符合英文文法的句子中，让西方观众学习、慢慢接受并可以将这些词汇吸收到英文中，是比较理想的做法。就像"戏曲"这个词汇，西方人起初都以 Chinese Opera（即"中国歌剧"）来译。其实中国戏曲与西方的歌剧有许多不同的地方，直译成中国歌剧只能是权宜的做法。现在经过多年的渗透，戏曲的拼音 xiqu 已被西方学术界广泛接受。望若干年后，西方的小孩都能普遍认识这是一门怎样的艺术。

参考文献

1. 吴开英《梅兰芳艺事新考》，中国戏剧出版社 2012 年版。
2. 李伶伶《梅兰惊艳，国色吐芬芳：梅兰芳评传》，上海古籍出版社 2011 年版。
3. 李伶伶《梅兰芳全传》，中国青年出版社 2001 年版。
4. 李维一《京剧与梅兰芳》，中国青年出版社 2009 年版。

5. 曹广涛《英语世界中国传统戏剧研究与翻译》，广东高等教育出版社2009年版。

6. 周启付《一本十分珍贵的戏曲图相册》，见于"中国期刊网"。

7. 梅绍武《我的父亲梅兰芳》，百花文艺出版社1984年版。

8. 梅兰芳《移步不换形》，百花文艺出版社2000年版。

9. 杨慧仪《中国戏曲的英语翻译及研究》，《东吴学术》2013年第6期。

10. 齐如山《梅兰芳游美记》，辽宁教育出版社2005年版。

11. 齐如山《京剧艺术汇考》，辽宁教育出版社2010年版。

12. 蔡登山《梅兰芳与孟小冬》，黄山书社2008年版。

13. Riddle，R.（1983）.*Flying dragons*，*flowing streams: Music in the life of San Francisco's Chinese*. Westport，Conn.: Greenwood Press.

梅兰芳访苏演出实现的审美传递

田志平（中国戏曲学院教授）

梅兰芳先生1935年访苏演出，主要上演的剧目是《汾河湾》《刺虎》《打渔杀家》《宇宙锋》《虹霓关》《贵妃醉酒》，以及部分剧目中有特色的表演选段，如《红线盗盒》《西施》《麻姑献寿》《木兰从军》《思凡》《抗金兵》等剧目中的剑舞、羽舞、水袖舞、走边、拂尘舞、戎装舞，等等。80年后的今天，对梅先生的演出作品再做一次梳理，不免对梅先生和他的团队向苏联观众和艺术界同行们做审美传递的意愿，有了一种新的体会。

梅先生访苏所选择的演出作品，除梅先生本人演起来得心应手之外，显然还涵盖了戏曲表演唱、念、做、打等各方面技艺；剧情涉及的空间，有贫民寒窑、将军洞房、河中船上、皇家殿堂、边关营帐、皇庭御花园，等等；剧中塑造的人物，有贫民主妇、复仇宫女、渔家少女、守节相女、痴情女帅、寂寞贵妃，等等。这些表现内容，已经向观众呈上戏曲寻常所见的一部分艺术手法和审美内容，便于观众了解并理解戏曲本身蕴含的方方面面的观赏价值。以下做一个简要的分析。

一

上述访苏剧目，以及相关特色表演选段，在京剧表演艺术的审美方式中，首先突出了演唱之美；每一个完整演出的剧目中，都有精彩唱段的表

东西文化的对话

演,比如《汾河湾》《打渔杀家》《虹霓关》里的【西皮】唱段,《刺虎》里的昆曲曲牌,《宇宙锋》里的【反二黄】唱段,《贵妃醉酒》里的【四平调】唱段,等等。

演唱是京剧乃至中国戏曲中最重要的审美方式。梅先生和他的演出团队,显然希望把这一项内容很好地呈现给苏联的观众;因为这一项审美内容的地域文化特色比较突出,梅先生对此也有很深的把握,在国内观众中享有极高的口碑。但因为这一项表演元素的专业性比较强,对它的欣赏与解析需要花费一定的时间,所以在我们能看到的资料——苏联对外文化交流协会举行的纪念梅兰芳旅行演出的座谈会上,主要有音乐家莫·格涅辛相对细致地谈到了对作品音乐的体会和理解。他说:"所有戏剧演出的成分都贯穿着音乐。这给鉴赏家带来极大的快乐。我们知道,使戏剧的一切成分都在音乐的基础上统一起来是多么困难,因此中国戏剧取得的成就就特别重要。"[1]

尽管在短时间内,莫·格涅辛很难全面把握京剧音乐的美妙所在,但他显然凭借对梅先生数场演出的观摩,深入到较为细腻的层面。他谈到,曾向中国演员专门请教过字词的发音问题,这就体现出作为音乐家所具有的专业素养:"我曾请一位中国代表按照中国语音学特有的'四声'规则为我读一系列的字。他指出,所有这些字都相当清晰地揭示出其心理学的根据。所有搞音乐的人都知道,上升的语调意味着进程尚未完成,意味着未来,而下降的语调表明已存在的东西。一系列与阐释中国语言的理论和实践的问题,都由此而产生。这就是我为什么觉得,梅兰芳博士的中国戏剧非常值得认真研究。"[2]

参加座谈会的专家们,虽然很少谈及对京剧音乐的欣赏话题,但他们对于融入整体演出中的音乐,显然是能够接受并理解的。戏曲的"音乐之

---

[1] 〔瑞典〕拉尔斯·克莱贝尔格整理《艺术的强大动力——1935年苏联艺术家讨论梅兰芳艺术记录》(2),李小蒸译,载于《中国京剧》1997年第4期。

[2] 〔瑞典〕拉尔斯·克莱贝尔格整理《艺术的强大动力——1935年苏联艺术家讨论梅兰芳艺术记录》(2),李小蒸译,载于《中国京剧》1997年第4期。

美",虽不能让他们一时之间就给出更为详细、深入的评价,但无疑为专家与观众们留下了美好的印象和记忆。

访苏剧目中包括了丰富的念白、做功(包括多种舞蹈)和武打的内容,全面呈现了戏曲的艺术手法。如《刺虎》的舞蹈身段与刺杀表演、《打渔杀家》的行舟与武打、《宇宙锋》的装疯表演、《虹霓关》的舞蹈与武打以及念白、《贵妃醉酒》的醉态表演,等等,传递出京剧乃至中国戏曲在肢体语言的表现方式上以及念白特色方面的美感内容。

此外,梅先生主演的《红线盗盒》《西施》《麻姑献寿》《木兰从军》《思凡》《抗金兵》等剧目片段,还有团队中其他演员助演的《青石山》《盗丹》《盗仙草》《夜奔》《嫁妹》等剧目片段,意在凸显剑舞、羽舞、水袖舞、走边、拂尘舞、戎装舞等表演内容,也凸显了武术和肢体姿态在剧中的重要意义,使观众的欣赏聚焦于肢体的丰富表现力和舞蹈的精彩表现手法上。

由于肢体语言比声音语言更具有人类相互理解的便捷性,所以在对京剧做、打方式的欣赏和理解方面,参加座谈会的专家们有着独到的表述。戏剧家梅耶荷德,尤其突出强调梅兰芳先生表演中的"手",他说:"我们有很多人谈到舞台上面部表情的表演,谈到眼睛和嘴的表演。最近很多人又谈到动作的表演、语言和动作的协调。但是我们忘记了主要的一点——这是梅兰芳博士提醒我们的,那就是手。我没有在舞台上看见过任何一个女演员,能像梅兰芳那样传神地表现出来女性的特点。"[1]

电影家爱森斯坦,则从舞台上一系列表演的内涵中,看出了中国戏曲特有的构成方式。他说:"我们在他的表演中看到了他的舞台动作的每一片段的发展过程。我们看到,他怎样完成一系列的手法,一系列几乎是像汉字组成般地不可缺少的运动。于是我们明白,这是对一些经过特别深思熟虑才得到的完美组合的完全固定的表达方式。为了反映重要的传统,制

---

[1] 〔瑞典〕拉尔斯·克莱贝尔格整理《艺术的强大动力——1935年苏联艺术家讨论梅兰芳艺术记录》(1),李小燕译,载于《中国京剧》1997年第3期。

定了一系列必要的原则。"[1]

由唱、念、做、打的表演元素,看出"每一片段的发展过程",又看懂了这"一系列几乎是像汉字组成般地不可缺少的运动",看懂了这些"经过特别深思熟虑才得到的完美组合的完全固定的表达方式",足见爱森斯坦这位艺术大师的不凡功力。

二

梅先生访苏演出所呈现的京剧表演艺术之美,对于剧情所涉环境以及整体舞台装置的设计,体现出京剧乃至中国戏曲的一个重要的审美基础——中国戏曲遵循"天圆地方"的认识,形成了在方形舞台上呈圆形上下场运动的演出调度格局。此外,戏曲在营造剧情时空时擅长运用"虚拟性"审美特征,创造出一系列的表现手法,来模拟剧情中出现的各种物品、物体和环境。

戏曲的"虚拟性"审美特征,遵循"有无相生"、"虚实相生"的原理,形成以演员为"实"、以舞台为"虚"的剧情环境虚拟的格局;通过运用"散点聚焦"的原理,形成舞台上多点流动的剧情场景格局。梅先生演出中所体现出来的这一审美特征,也为座谈会专家们所关注。如爱森斯坦谈道:"表现夜晚的场面有时舞台也不必暗下来,但是,演员却可以充分把夜晚的感觉传达出来。我们在梅兰芳的戏剧中也看到这一点。《虹霓关》中的一场戏表现得特别鲜明,黑暗的表现很突出。在锣声中,能够感觉到在黑暗的地方行走。"[2]梅耶荷德也在谈别的话题时,提到了戏曲时空手法的独特性:"许多人想笨拙地模仿这个戏剧,也就是套用它的一些

---

[1] 〔瑞典〕拉尔斯·克莱贝尔格整理《艺术的强大动力——1935年苏联艺术家讨论梅兰芳艺术记录》(2),李小蒸译,载于《中国京剧》1997年第4期。
[2] 〔瑞典〕拉尔斯·克莱贝尔格整理《艺术的强大动力——1935年苏联艺术家讨论梅兰芳艺术记录》(2),李小蒸译,载于《中国京剧》1997年第4期。

东西,如跨过看不见的门槛,在一块地毯上既表现'室外',又表现'室内'。"[1]

戏曲的"虚拟性"审美特征,源于中国古代的哲学思想,形成了舞台艺术操作的完整格局和一整套具体手法,是了解中国戏曲艺术并体认中国传统文化的一个重要窗口。

三

梅先生在上述剧目的表演中,分别以青衣、刺杀旦、花衫、刀马旦、花旦等行当的演技格式,饰演了柳迎春、费贞娥、萧桂英、赵艳蓉、东方氏、杨玉环等众多人物;他运用中国京剧的表演艺术形式,呈现出中国古代一部分女性的舞台人物形象。这其中,有严守节操的忠贞女性、有舍身刺敌的复仇女性、有清纯成长的稚气女性、有忍辱装疯的机智女性、有真情至上的越轨女性、有感时伤景的典雅女性。人物性格各异,社会地位也是高到皇妃、相女,低到贫妇、渔女;而梅先生运用他所掌握的表演技艺,运用他对于不同人物的独有理解和体会,让观众看到了一组内心和外形都大不相同的有血有肉的古代女性群像。

在参加座谈会的专家们心中,梅先生精彩的人物塑造,显然是最值得他们关注与品评的内容。爱森斯坦说:"梅兰芳博士给我们的最重要的启示之一,就是这种形象和性格的令人惊异的掌握。我用不着来谈,比如说,《顽皮的女学生》或《虎将军》(即《春香闹学》或《刺虎》)。不过由这个传统所形成的非常细致,又非常概括的性格刻画方式,正是这个戏剧的令人惊异的特点之一。这种生动的创作个性的感觉,正是最令人震动

---

[1] 〔瑞典〕拉尔斯·克莱贝尔格整理《艺术的强大动力——1935年苏联艺术家讨论梅兰芳艺术记录》(1),李小蒸译,载于《中国京剧》1997年第3期。

的印象之一。"[1]

梅耶荷德则说道:"我没有在舞台上看见过任何一个女演员,能像梅兰芳那样传神地表现出来女性的特点。我不想在这里举例,因为那可能得罪不少导演。但指出这一点是需要的。"[2]

作为一位中国京剧男旦演员,梅先生的艺术创造力也令苏联观众和艺术界同行们十分钦佩。参加座谈会的戏剧家泰伊罗夫谈道:"我们一直在和自然主义戏剧争论,演员外形变化的极限在哪里,而梅兰芳博士的创作实践告诉我们,实际上所有这些内在的困难都是可以克服的。我们现在在这里看见的梅兰芳,是一个实实在在的、有血有肉的男人,可是他扮演的是女性。这个最困难、最复杂、最不可思议的变化,由这位演员完美地实现了。"[3]

自宋元以来,戏曲艺术借助文学而长足发展,借助在表演艺术中把文学创作所确立的人物形象树立在舞台上,形成表演艺术对文学创作的契合,也达到表演艺术与文学创作的高度融合。正是在人物形象塑造上,戏曲艺术获得了流传千年的能量,也获得作品万千的可能。每一个优秀的戏曲演员,都需要在人物塑造上有自己的成功创造,并能够运用所擅长的行当,创造出若干个性格迥异的人物,形成属于自己的人物形象群。苏联的艺术家同行们,从梅先生身上看到了中国戏曲表演艺术家的这个特点,也看到了戏曲艺术创造人物时奇特的跨性别扮演——男旦艺术的创造力及其艺术魅力。

---

[1] 〔瑞典〕拉尔斯·克莱贝尔格整理《艺术的强大动力——1935年苏联艺术家讨论梅兰芳艺术记录》(2),李小蒸译,载于《中国京剧》1997年第4期。

[2] 〔瑞典〕拉尔斯·克莱贝尔格整理《艺术的强大动力——1935年苏联艺术家讨论梅兰芳艺术记录》(1),李小蒸译,载于《中国京剧》1997年第3期。

[3] 〔瑞典〕拉尔斯·克莱贝尔格整理《艺术的强大动力——1935年苏联艺术家讨论梅兰芳艺术记录》(2),李小蒸译,载于《中国京剧》1997年第4期。

四

梅先生这一次访苏演出中,他的团队里一如既往地吸纳了张彭春等文化名流加入。这批文化学者和创作者,为梅先生演出做了精心策划,并且较为充分地考虑了向苏联的观众和艺术界同行们介绍京剧艺术的方法。除了由梅先生的舞台演出做形象展示之外,他们对座谈会等直接谈话交流也十分重视;在每逢有机会谈话交流时,当梅先生做过主题讲话后,张彭春先生也会不失时机地做中国戏曲艺术的学术讲解。

在苏联对外文化交流协会举行的纪念梅兰芳旅行演出的座谈会上,张彭春又做了一次介绍戏曲的交流。他对于戏曲创作手法的一个比喻,比较容易为人们所接受。他用中国的绘画方法,来辗转介绍中国戏曲创作手法的组合性特征:"中国画是怎样描绘树木的呢?对树木的描绘是根据已经固定的画法来作的。中国画中的这些画法,就和在戏剧艺术中一样,是这些艺术的基本手法。只有在他们已经掌握了这些基本手法以后,他们才能进行个人的创造。……在这些手法中,没有任何偶然性的,富于个性的东西,但是,当你拿起笔来画树的时候,风格却是属于你个人的。但无论如何,你画的树应该让每个人都明白,这确实是一棵树。……因此,最终目的是在掌握现成手法的基础上,利用个人的经验,以创造出更完美的形象。"[1]

从上面转引的这一段阐述中可以看到,80年前梅先生团队中的学者们对戏曲的理解已经很深入。这说明他们一直兢兢业业地在做着研究,并获得了许多有价值的答案。

---

[1] 〔瑞典〕拉尔斯·克莱贝尔格整理《艺术的强大动力——1935年苏联艺术家讨论梅兰芳艺术记录》(3),李小蒸译,载于《中国京剧》1997年第5期。

五

当时的中国与苏联,分别秉承着东西方的哲学思想和艺术传统。由梅先生访问演出所传递的审美内容,乃至哲学理念,对当地热爱艺术的观众和艺术界同行们,产生了不小的触动,同时也形成了一些必然的碰撞。

那一时期的苏联艺术界,正处于强调文艺创作中"现实主义"的阶段,所以,有一些人显然不习惯中国戏曲的"程式化"手法,他们认为这是不适宜"现实主义"的。

中西方的哲学思维毕竟各有体系,梅先生上演的剧目中,所包含的中国传统社会价值观,并不能在这样一个短时间内为苏联的观众和艺术界同行们完全了解和理解。通过座谈会上专家们的发言,可以感受到他们深厚的哲学基础,以及高水平的思维能力。显然,他们对于梅先生所展示的京剧艺术非常喜爱,并从京剧艺术的观赏中收获了许多全新的认识。他们的这些认识,对中国京剧乃至所有戏曲的艺术创作者和研究者们,也具有重要的意义。

(原文发表于《中国艺术时空》2015年第6期,收入本书中略有改动)

张彭春随梅兰芳访苏演出的相关研究

黄殿祺（天津戏剧博物馆首任馆长、天津市艺术研究所研究员）

2015年是梅兰芳先生携梅剧团访苏演出80周年，这也是梅剧团继1930年2月，由梅兰芳领队、张彭春为剧目总导演和演出总顾问的访美取得巨大成功之后第二次走出国门。这次演出的意义不同于美国之行，不仅仅是在世界各地掀起了中国戏曲和中国文化的热潮，为促进我国与国际其他国家的文化交流做出了卓越贡献，而在于进一步启发了后来被称为世界戏剧三大体系的斯坦尼斯拉夫斯基和布莱希特对各自戏剧理论的反思。

当年，被曹禺称为"我的导师——第一个启发我接近戏剧"的张彭春先生，是帮助梅兰芳把京剧艺术第一次介绍到欧美的重要帮手之一。但在现存的影视作品和有关介绍梅兰芳访问欧美的资料中，这点往往被忽视了，这是不符合历史真相的。特别是梅兰芳及其剧团苏联之行中与另两位世界戏剧大师的交流，张彭春的作用是无法替代的。

梅兰芳从美国回来，就与驻英、法、德的外交官联系赴欧洲演出的事。1934年4月，梅兰芳从汉口演毕路过南

高悬于莫斯科"高尔基大音乐厅"的梅兰芳演出海报。梅兰芳在苏联的首场演出就在这里举行

京,南京中国银行经理吴震修把外交部托转的我国驻苏联大使馆的来电抄件给梅看,大意是:"苏联对外文化协会闻梅兰芳赴欧美表演消息,亟盼顺道过苏一游。"并表示:"梅君在苏境内食宿招待,可由苏方负担,惟若欲外币报酬,较为困难……"接着,梅兰芳与苏联驻华大使鲍格莫洛夫及文化参赞鄂山荫多次会晤协商,决定行期及旅行安排,由苏联对外文化协会代理会长库里雅科,正式致函梅兰芳约请带领剧团于1935年3月莅临莫斯科,并说:"敝会当竭诚招待,以谋阁下旅途安适,并深信阁下此行,将使中苏两国间文化关系益臻亲密……",表示苏联方面很重视,说明此期中苏文化交流趋势正在扩大。

近期笔者在查阅当时国内有关梅剧团赴苏演出的资料时,发现了1935年2月间天津出版的《大公报》对此次梅兰芳及其剧团赴苏前,苏联当地的有关前期准备情况的报道。《大公报》分两期刊登,全文如下:

苏俄戏剧界期待梅兰芳赴俄——对中国戏剧表示仰慕

佚名

(本报莫斯科特约通讯)现在莫斯科市上已经张贴着揭示,称"中国伟大的戏剧演员梅兰芳氏将来莫斯科和列宁格勒献技"。一般行人都驻足在揭示板下,仔细地阅看着。戏剧界人士对于梅氏惠然肯来,更认为本季节中一件最重大的事,足以增进中苏的友谊。记者为梅氏此来,可以一饱眼福,更认为是个人的幸事,我以为按实际讲,中苏的戏剧很有些相像之点。

记者为采访苏俄艺术界人士对于梅氏所抱的感想起见,特意去拜见了苏俄戏剧界的两大泰斗,一位是戏剧导演麦雅和氏(Mayerhold),一位是电影导演鄂森斯坦因氏(Eenstein)(应为爱森斯坦)。麦氏对我讲:"荣幸得很,鄙人能为国际文化机关 Voks 招待梅氏的委员之一,梅氏演剧和歌舞的天才,我们已经是久仰了。苏俄的戏院和扮演,受中国的影响不少,所以我们这一次乘梅氏来俄的机会,企图要得着最大限度的收获。"

鄂森斯坦的一席话

鄂森斯坦因氏对于中日两国的旧戏，全很热心研究。记者在他家曾经做了一席长谈，他的书桌上乱纸堆中放着一个小型的梅兰芳塑像。鄂氏告诉我说："梅君的这个塑像，是一九三〇年我从好莱坞得来的。不巧得很，我到那里的时候，梅君已经先走一星期了。"我再观察鄂氏书室，有一排书架上，全放着关于中国戏剧和梅兰芳的书籍，此君亦可谓爱梅成癖了。

"梅君此来"，鄂氏继续这对我说："于苏俄电影和戏剧艺术的发展上，是具有极大的意义的。拿我个人讲吧，我希望因此能确定电影导演所必需明白的几种基本原则。我在旧金山就开始研究中国戏表演的动力（Dynamaics），每晚我必定去中国戏院里看戏。在这个以前，我只看见过日本歌舞伎座表演的旧戏。我对于中国戏表演上每幕动作地点的移易，怎样地衔接起来，将要特别注意，因为电影也应当根据这种原则的。我希望在这一点上，能够求出一个基本定律。这是我看梅君表演时要研究的问题之一。"

麦雅和赞美中国剧

记者在讨论苏联艺术的文字里，时常指出中国旧戏对于苏联戏剧学的重大影响。记者和上述两位大戏剧家谈话的时候，也涉及此点。

苏联新剧院的领袖，世界戏剧伟大理论家之一的麦雅和氏，用逻辑方法向记者做下列的说明："俄国的戏剧到十八九世纪方才成为一种艺术。前世纪俄国舞台上最伟大的演员西普金氏（Michael Shchepkin）本来是一个农奴，当时社会人士的观念以为男女优伶是一种贱业，所以俄国戏剧革新的时期，直接接受了德法英各国舞台的影响。在这些国家里，戏剧的艺术已经日趋退化。所谓自然主义，就是退化的表征，这一派对于舞台的布景，以及演员的情感，总讲究和真的一般无二，就像照相一样的呆板，演员喝真的酒，室中一切布置，和真的一些不差。这种自然主义的发展，曾经使得俄国的戏剧，遭遇打击。现在欧美的戏剧，仍然还没有脱离这种恶影响呢。"

"苏联一般的青年戏剧家，包括我本人在内，就反对这一种没落的'自然主义'，开始去探求戏剧学的真正原则，以便于创立苏俄的戏剧。我们发现英国、西班牙和中国在十六世纪的戏剧艺术具有许多的特色，可以表现出编剧人、导演和演员具有伟大的艺术的和审美的能力。我们就用这些作为模范。"

"关于十六世纪的戏剧，我们曾经根据着书本研究过。我们发现日本的戏剧和古代戏剧很为相像。我们对于日本歌舞伎座的旧戏，曾经作过缜密的研究，以为它实际就是中国戏剧化出来的。苏俄的新戏剧，想根据着中国旧戏的理论，和歌舞伎的实际经验，得着一种基本原则，藉以探求舞台的社会写实主义。"

一九三五年二月二十二日

苏俄戏剧界期待梅兰芳赴俄——对中国戏剧表示仰慕（续）

佚名

借镜中国戏剧艺术

苏联公众对于梅兰芳的表演，并不用一种好奇的眼光去看待。苏联有许多著名的艺术家已经自己规定下了研究和观察的方案，作为解决实际艺术问题的材料。

麦雅和氏一派促醒苏俄戏剧界在革命前的昏睡状态起见，在他们发展苏俄戏剧的过程当中，曾经有一时代专讲究建设和运用习惯的方法。他们完全废弃了布景，一剧戏完毕以后，也不用闭幕，他们用绳索把梯子吊在天花板上，演员就在梯子上道白。他们认为这一切并不是他们的目的，而是他们的方法。但是这个时代现在是已经过去了。像麦雅和、鄂森斯坦因这一辈领袖知识分子，都以为中国十六世纪的旧剧可算是几于达到戏剧艺术尽美尽善的阶段。所以他们现在看中国的旧剧，就想探求一种完善戏剧的写影。

鄂森斯坦因氏对我讲："四百年来，中国戏剧的写实主义变迁的并不多。它比日本的歌舞伎旧戏较为纯粹些，所以它影响苏俄现代戏剧的潜能性很大。不过很明显的，我们并不期待要模仿梅兰芳氏的风格。"

苏俄民众与梅兰芳

在和这两位苏俄的戏剧大家谈话快完的时候，我又特意问他们："苏俄戏剧专家对于梅兰芳既然这样深切的注意，但是寻常观众的态度又怎样？他们能否欣赏梅氏的唱作？"麦雅和氏是这样答复的："我在谈话当中，得知中国的一般民众很喜欢听戏。苏俄的观众也和中国一样，我们的戏院里，时常是满座的。苏俄的文化逐渐发达，又常给民众去剧院的机会，所以他们的欣赏能力是提高了，超过了他国的观众之上。"

"苏俄的观众有理解和响应的能力。我们在探求社会的写实主义的时候，我们给听众许多的实验。我们现在对于情感、恋爱、愤怒或是英勇，全用新的方式去表现。中国戏的象征主义或是情感的表现，程度是很高的，我相信苏俄观众的反应一定要较其他欧洲国家的观众来的敏捷。"

"关于布景的惯例，苏俄观众所得的文化训练，可以让他们欣赏中国戏所达到的高深的审美程度。中国舞台上布景的惯例，遵守着几种基本的原则，在线条、设色、结构和形式上，是可以应用于一切艺术上的。苏俄戏剧十七年来的过程，已经给观众一种适合听梅兰芳戏剧的训练，它在形式上何以代表世界最古和最纯粹的戏剧。"

鄂森斯坦因的答复也是很肯定的："语言问题并不能隔离苏俄观众对于梅兰芳所感的兴趣。乔治亚国家剧团在莫斯科和列宁格勒也是很受观众欢迎的。其余像犹太、亚美尼亚、白俄罗斯的戏剧在这两大城市里也很能叫座，并没有发生语言上的障碍。"

"还有一件事情我愿意声明的,就是现在苏俄戏剧已经确切规定,要遵循着中国旧剧的途径走,所以此时梅兰芳来俄,可以叫由自然主义或是由习惯主义走上写实主义的苏俄戏剧界人士,明了中国戏是怎样解决这些艺术的写实主义的问题。这个对于我们将来研究怎样能达到社会的写实主义的目的,可以发生重大的影响。"

俄京艺术界总动员

苏俄戏剧的艺术,在欧洲占第一位。我们看苏联国际旅行社所主办的戏剧节的成功,就可以知道外人对于苏俄戏剧是怎样注意了。他们到苏俄来,特别是为研究苏俄戏剧的新奇特色。

这次欢迎梅兰芳的苏俄艺术界人士,在舞台方面有名导演麦雅和、史丹尼斯莱夫斯基(斯坦尼斯拉夫斯基)、南赤罗维取·但真科、泰禄夫、白蔓诸人;电影界的著名导演有鄂森斯坦因·鲍多夫金、艾克、杜夫真科和万西里夫兄弟;著名男演员有加察洛夫、莫斯克文、里翁尼多夫、伊林斯基;著名女演员中有芭芭诺娃、瑞琪、柯南、谷谷里娃、贾克荷娃、白罗蔓泰、塔玛拉;编剧家有特莱迪亚科夫、维许尼夫斯基、亚菲诺吉诺夫、加泰伊夫、托尔斯泰;编制乐谱家有秀司泰柯维取、万西伦科、伊付里笃夫·伊凡诺夫;大剧院的歌唱名家有麦克萨可娃、巴苏娃、柯司洛夫斯基、皮禄戈夫,诸人。

单莫斯科一个地方,正式的戏院就有七十所以上。戏剧学校有二十八所,学员的人数有几千。戏剧学校当中最有名的,要推 Ballet Technfcum。最近它会举行一百二十五周年纪念。这次梅兰芳游俄,可以说是莫斯科爱好戏剧的公众,全在期待着。梅氏到此之后,就可以看出公众和戏剧界对于他的歌舞表演,是怎样地注意了。

麦雅和氏对我最后一段的谈话讲:"苏俄对于中国的戏剧,

比较苏俄对于任何国家的要近一些。因此我们两国的戏剧界应该相互联络，使得我们能够得着灵感。有一句话应该请阁下特别注意的，就是我们竭诚地欢迎中国伟大的戏剧演员梅兰芳。"
（丕士一月二十一日）

南赤罗维取·但真科 Nemchirovich-Danchenko

泰禄夫 Talroff

白蔓 Birman

鲍多夫金 Poudovkin

艾克 EKK

杜夫真科 Dovchenko

万西里夫兄弟 the Vass Hiev Brothers

加察洛夫 Kachalov

莫斯克文 Moskvn

里翁尼多夫 Leonidov

伊林斯基 Illinski

芭芭诺娃 Babanova

瑞琪 Zenalda Relch

柯南 Koonen

谷谷里娃 Gogoleva

贾克荷娃 Chekhova

塔玛拉 Blumenthal-Tamara

特莱迪亚科夫 Treytiakov

维许尼夫斯基 Visncunivsky

亚菲诺吉诺夫 Afimogenov

加泰伊夫 Kataeev

托尔斯泰 Alexel Tolstoy

秀司泰柯维取 Shostalcovltch

万亚伦科 Vassllenko

伊付里笃夫·伊凡诺夫 Ippolltov-Ivanov

东西文化的对话

梅兰芳在莫斯科演出的海报

麦克萨可娃 Maksaova

巴苏娃 Barsova

柯司洛夫斯基 Kozlovskl

皮禄戈夫 Pirogov

一九三五年二月二十三日

从以上资料[1]中已经很清楚地展现出当时苏联从戏剧专家、媒体到普通民众对梅剧团赴苏的强烈期盼之情。

同时,国内也进入了紧张的访苏前的筹备阶段。筹备方面有赴美经验可资参考。

关于人事的支配,梅和缀玉轩诸老均主张再次约请张彭春教授担任访苏演出的总导演,张亦愿赞助完成访苏的任务,但此时他正担任南开中学校长兼大学哲学教育系教授,校务羁身,不能同行。后经梅兰芳多次催促欢迎,又经国民政府教育部、外交部向南开大学校长张伯苓商请借调,理由是此次出国为苏联政府聘请,最近苏方发表的"梅兰芳招待委员会"委员名单,如斯坦尼斯拉夫斯基、聂米罗维奇-丹钦科、梅耶荷德、泰伊罗夫、爱森斯坦、特列季亚科夫(《怒吼吧,中国》的作者),皆为苏联戏剧、电影、文学界知名人士以及外交界高级官员,我方亦应遴选人才,慎重应付,俾臻完善。因此,张伯苓先生允诺给他弟弟张彭春两个月假期。

张彭春假期只有两个月,而梅兰芳预定在苏联演毕游欧,必须另约一位戏剧专家同行,于是通过胡适之关系代约余上沅教授,得到他的同意。国内筹备事则由齐如山主持,但他表示不愿出国。

梅剧团访苏的主要领导成员有:团长梅兰芳、总指导张彭春、副指导

---

[1] 杨秀玲主编《〈大公报〉戏剧资料选集:1902—1949》,天津社会科学院出版社,第336—341页。

梅兰芳（左2）在苏联的艺术家俱乐部讲话，由张彭春（左4）翻译

余上沅。剧目的选择由梅兰芳与张彭春、余上沅、谢寿康、欧阳予倩、徐悲鸿、田汉等讨论商榷，规定如下。

正剧：《汾河湾》《刺虎》《打渔杀家》《宇宙锋》《虹霓关》《贵妃醉酒》。

副剧：《红线盗盒》剑舞，《西施》羽舞，《麻姑献寿》袖舞，《木兰从军》戟舞，《思凡》拂尘舞，《抗金兵》戎装舞，《青石山》武术剧，《盗丹》武术剧，《盗仙草》武术剧，《夜奔》姿态剧，《嫁妹》姿态剧。

苏联政府方面恐怕团员受不住颠簸之苦，拟派一专轮"北方号"，直接驶沪迎接梅兰芳团长、张彭春总指导及其他随行人员。

"北方号"原定1935年2月18日从沪出发，后因梅剧团在上海义演，箱物等不能及时装船，直到2月21日才启程驶向海参崴。梅兰芳团长率团员按时登轮，同行的有返苏回任的颜惠庆博士及其随员。另外，明星影片公司经理周剑云、电影明星胡蝶为首的中国电影代表团，也搭此轮赴苏参加国际电影节。《大公报》驻苏记者戈宝权亦随轮前往，直航海参崴。然后梅剧团再转乘西伯利亚特别快车，经过20多天的旅程，于3月12日抵达莫斯科。苏联对外文化协会、苏联外交人民委员会、苏联戏剧家协会等代表团到车站欢迎。

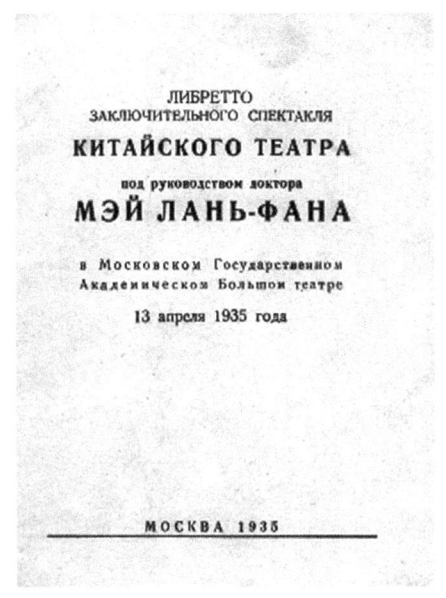

1935年，梅兰芳先生同张彭春、余上沅带团赴苏联莫斯科演出时的说明书

梅剧团到达莫斯科的第二天，梅兰芳和张彭春教授等准备了花圈，花圈缎带上联写着"敬献列宁先生"，下联落着"梅兰芳鞠躬"，到红场敬谒列宁墓和他的遗容。列宁那坚毅、慈祥的容貌，使他们想到这位伟大的革命导师以自己毕生的聪明智慧贡献于人类解放事业的伟大业绩，不禁肃然起敬。梅兰芳感到："我虽然没有学习他的经典著作，却受到他精神上的感召。"他们又亲自到高尔基大街一家美术品商店请来了一尊列宁同志的造像。这尊列宁石膏造像，经过抗日战争和解放战争，一直保存在梅兰芳家中。

许姬传先生后来对笔者说，梅兰芳给他的信中介绍了苏联戏剧界对中国戏曲的重视和研究的精神；苏联戏剧界在开演前，每场派主要演员及专家20人轮流参观，并举行讨论会，邀梅兰芳及张彭春、余上沅先生出席，共同进行学术探讨，对中国戏非常重视。此信还附上在苏联演出时的戏单，封面上印着在导演张彭春及艺术家梅兰芳领导下的中国剧团演出的日期、地址和剧目等。

除戏单、说明书外，苏联方面还准备了大量的宣传梅剧团的材料。为欢迎梅剧团1935年访苏而出版的《梅兰芳和中国戏剧》一书，把张彭春介绍京剧的文章选收进来，说明了张教授在当时为该团总导演的声誉及苏联学术界对他学识的推崇。此书分别用俄、英两种文字印刷出版。

整个演出期间，原计划在莫斯科表演5场、列宁格勒3场，后因观众购票空前踊跃，经苏方要求，盛情难却，遂改为在莫斯科演出6场、在列宁格勒增加到8场。带去的剧目一经演出，就受到苏联人民及各界的热烈欢迎，每场演毕，观众都要求谢幕多次。他们在莫斯科、列宁格勒等演出的盛况不亚于美国。最后苏联对外文化协会又请他们在莫斯科大剧院再加演一场，作为临别纪念。这一场，梅兰芳被掌声请出谢幕多达18次之多，这在该剧院的舞台演出史上，亦是一桩破天荒的事。另有许多群众聚集在剧院门口等待着，渴望一睹梅兰芳的风采，以至须派出警察维持秩序，开辟一条小道，才能使他登上汽车返回旅舍。那些日子里，甚至马路上的小孩，看见衣冠整洁的中国人走过，都会喊一声"梅兰芳"，可见其影响之大。

1935年，梅兰芳先生同张彭春、余上沅组团赴苏联莫斯科演出时，《莫斯科晚报》的新闻报道和评价

张彭春、余上沅等陪同梅兰芳拜访过苏联斯坦尼斯拉夫斯基、丹钦科等戏剧大家，得以面受教益。苏联文艺界也抱着研究的态度，观看了梅兰芳剧团的演出；梅兰芳、张彭春、余上沅与斯坦尼斯拉夫斯基、丹钦科、梅耶荷德、爱森斯坦等，多次座谈交流经验。他们对中国戏都做了精辟准确的评价。斯坦尼斯拉夫斯基一贯主张现实主义的表演，反对脱离生活的形式主义，他认为梅兰芳博士的现实主义表现方法，可供他们探索研究。

德国著名剧作家和导演布莱希特当时正受到希特勒的迫害，正在苏联政治避难。他观摩梅剧团的演出后，与他们交换了艺术方面的意见。他观看演出后，对京剧艺术确实着了迷，就在次年写了一篇《论中国戏曲与间离效果》的论文，盛赞梅兰芳和中国戏曲艺术，他兴奋地指出，他多年来所朦胧追求而尚未达到的，在梅兰芳却已经发展到极高的艺术水平。可以说，梅先生的精湛表演深深地影响了布莱希特戏剧观的形成，至少起了很大的启发作用。

此外，张彭春还同梅兰芳做了一个多小时的关于中国戏曲的学术报告，梅当场便装示范了表演中的各种手势、步法和歌唱。前去听报告的

东西文化的对话

大都是各剧院的著名剧作家、导演和演员,他们听完之后感到受益匪浅,称梅为"大师中的大师"。布莱希特在一篇文章中也提到了这件事,并说:"除了一两个喜剧演员之外,西方有哪一位演员比得上梅兰芳,穿着日常服装,在一间挤满了专家和评论家的普通客厅里,不用化装,不用灯光,当众示范表演自己舞台艺术的各种要素而能如此引人入胜呢?"不仅如此,梅兰芳在苏一次招待会上意味深长地说:"中西的戏剧虽不同,但是表演却可互相了解,艺术之贵即在于这一点,所以'艺术是无国界的',一句话,诚非虚言。现在中西的戏剧,有一个相接触的机会,我很希望……不久即有新的艺术产生,融汇中西艺术于一炉。"[1]世界三大演剧体系的创始人——斯坦尼斯拉夫新基、布莱希特、梅兰芳会聚一堂,各抒高论,互相交流,对推动戏剧事业的发展,起到了深远的影响。苏联的剧评家发表了许多文章,指出梅兰芳多方面的才能,并强调他在发展中国戏剧艺术方面的巨大贡献,称他为"中国京剧改革者""永远是勇敢的、真正的革新者,而同时又继承了过去伟大的传统"。《工人与戏剧》杂志发表文章,认为"梅兰芳在莫斯科和列宁格勒的演出,应被视为苏中两国人民文化交流的新里程碑"。

梅兰芳、张彭春、余上沅等剧团人员在苏联逗留的一个半月里,除演剧之外,还参观了工厂学校、名胜古迹,观看了许多苏联戏剧、歌剧和芭蕾,每次都是各剧院邀请的。各剧院院长还备茶点招待他们,在开演前先引导他们到后台参观,与演员见面,然后再回到前方落座。而且每当第一幕幕启时,全场灯光由浅至暗,观众安静下来之后,便有一柱灯光直照梅兰芳他们的座位,同时扩音器把他们介绍给观众,场内顿时掌声四起,热烈欢迎他们的光临。这时梅兰芳站起来,向观众频频点头致谢,待观众再一次静下来,正式演出才开始。

他们还参观了戏剧学院、电影学院和莫斯科历史博物馆举办的苏联十七年戏剧艺术展览会等。为了丰富知识、扩大眼界、提高自己的艺术修

---

[1] 戈公振《从东北到庶联》,生活书店1935年版,第207页。

养，他们孜孜不倦地吸收苏联人民优秀的文化成果，以充实自己艺术创造的基础。张彭春深有感受地撰写了《苏俄戏剧的趋势》这篇1万多字的论文，他总结说："这次到苏联去，在莫斯科和列宁格勒一共住了34天的光景。在那里，除去自己剧团的工作以外，有空就去看苏俄的戏剧，得到的材料虽然不少，但到今天还没有整理出来，现在所根据的只是材料的一小部分。因此，对于下面三个问题的解答，恐怕不能详尽。三题之一，苏俄戏剧为什么值得注意？二，苏俄戏剧有什么样的趋势？三，由苏俄戏剧想到我们在戏剧上可有哪方面的努力？概括此次访苏，一方面是想把中国的戏曲介绍到国外，另一方面也是借此观摩吸收外国戏剧艺术丰富我们的民族艺术。"

戏剧是综合性艺术，剧团是戏剧家的集体。梅兰芳赴美访苏是中国的京剧艺术的成功，这不光是他个人的成绩，中国戏组织法的高妙以及中国戏曲艺术的优良传统也是重要原因，同时也应归功于张彭春、齐如山、余上沅等组成的一个强有力的"智囊团"做后盾为之策划设计，以及美苏各界人士的大力支持和全团演职人员的共同努力。

还有一点要提出来，国内的研究者一般认为，陪同梅兰芳访美赴苏演出的两大功臣齐如山、张彭春之间向来多有龃龉，还有人认为梅在一些方面多"扬张抑齐"。其实不然，梅先生多是对事不对人，他还是十分尊重齐、张二人的，虽然齐未随梅剧团访苏，但梅兰芳还是很详细地写信向齐介绍相关情况。

当时《大公报》详细地做了如下介绍：

梅剧团在俄出演概况——最近梅兰芳致齐如山氏书[1]

梅兰芳

（上略）我在上海临走的时候，很盼望您到上海来，后来还是未能如愿。自动身以来，非常的忙碌，所以老没有给您写信，我想您是定能够原谅我的！兰芳是三月十二日到莫斯科，

---

[1] 杨秀玲主编《〈大公报〉戏剧资料选集：1902—1949》，天津社会科学院出版社，第354—355页。

住在都城饭店，休息十天。这十日之中，应酬与看戏，更是忙碌。文化会方面，招待热烈非常，二十三日开始公演，前一日是彩排，请各界批评参观，台下甚为欢迎，叫帘十数次，二日正式表演，观众更为热烈。各报上批评没有一句坏话，现已聚集不少了又可以做一本评论集了，最受欢迎的是《虹霓关》，比《刺虎》还好，报上的批评，我在台上表演时，凭空的由袖内飞出一对白鸽子，和蝴蝶似的，从此台上就多添了十个演员。这样的恭维真是使我惭愧。您替我做的那本书，我送了他们几本，他们都非常的欢喜赞叹。总之，这次来俄，又有了美满结果，请您放心罢。莫斯科唱了六天，连请客一天，同在大使馆请客一天，共演八天。现在又到列宁格勒，也是一样的效果，连请客共唱八天。后再回莫斯科在国家大剧院演一日。不能多续，就是因为他们剧目是早定好了的，无法可想。但是我想已经够了，见好就收罢！因为我现在疲劳非常，年岁不像从前了，昨天我接到您的少爷的信，他问我几时到柏林，他好到车站去接我。我已经给他写回信了，将来一定要请他帮忙的。此地天气甚是和暖，大家均好，请您不必惦念，余容再禀。（下略）

兹将在俄所演剧目列下：

莫斯科在大使馆演。

三月十九日：《盗丹》《刺虎》。

在剧院请客演。

三月二十二日：《汾河湾》《嫁妹》《剑舞》《青石山》《刺虎》

公演。

三月二十三日：《汾河湾》《嫁妹》《剑舞》《青石山》《刺虎》

三月二十四日：《打渔杀家》《盗丹》《袖舞》《盗仙草》《宇宙锋》

三月二十五日:《汾河湾》《夜奔》《思凡》《虹霓关》
三月二十六日:《醉酒》《嫁妹》《木兰》《盗仙草》《刺虎》
三月二十七日:《春香闹学》《盗丹》《剑舞》《虹霓关》
三月二十八日:《打渔杀家》《盗丹》《梁红玉》《虹霓关》
列宁格勒在剧院请客。
四月二日:《汾河湾》《嫁妹》《剑舞》《虹霓关》
公演。
四月三日:《杀家》《盗丹》《袖舞》《青石山》《刺虎》
四月四日:《宇宙锋》《盗丹》《剑舞》《虹霓关》
四月五日:《汾河湾》《嫁妹》《梁红玉》《青石山》《刺虎》
四月六日:《杀家》《盗丹》《剑舞》《虹霓关》
四月七日:《宇宙锋》《盗丹》《剑舞》《虹霓关》
四月八日:《汾河湾》《嫁妹》《木兰》《盗仙草》《刺虎》
四月九日:《杀家》《夜奔》《思凡》《虹霓关》
莫斯科国家大剧院演。
四月十三日:《打渔杀家》《安天会》《虹霓关》

一九三五年五月十五日

1935年,张彭春(右2)、梅兰芳(右4)访苏演出时与爱森斯坦(左1)等合影

这些资料为我们今后进一步研究梅兰芳访苏的情况提供了可贵的印证，有待我们进一步挖掘。

通过梅兰芳访苏的演出，世界三大演剧体系的创始人——斯坦尼斯拉夫斯基、布莱希特、梅兰芳可以互相交流，对推动戏剧事业的发展，起到了深远的影响，同时张彭春也参与其中。对张彭春来说，事实证实了他的理论：京剧与西方戏剧虽然有着不同的文化背景，但是仅凭直觉感官，欧美观众完全能够欣赏我们中国的京剧艺术，两者终能相辅相成。这是他首先提出来的观点，并赴以实践的成功，是难能可贵的。

梅兰芳访苏游欧的深远影响

秦华生（梅兰芳纪念馆馆长）

1935年梅兰芳赴苏联演出及专程赴欧洲考察戏剧，进一步加强了中西戏剧文化的交流，产生了一系列深远的影响。

一、对外国的影响

（一）对外国戏剧家创作的影响

梅兰芳的访苏演出，震撼了苏联及欧洲戏剧界，使一批艺术大师级人物多次观看了完全不同于苏联及欧洲的舞台剧表现形式，给他们多方面的启发。例如，戏剧大师梅耶荷德承认："恰好现在我要重新排演我的旧作《聪明误》。我来到排演场时刚好看完梅兰芳的两三场戏。我当时感觉到，我应当把以前所做的全部推翻重来。……我们知道苏联戏剧的力量，可是，在看了中国戏剧杰出大师的表演之后，我们就会发现自己有很多缺陷。我曾经从各个方面研究过这个问题，因为我不仅是导演，还是教师，我必须对在我们学校学习的学生负责。"[1] 又如，泰伊罗夫认为："很有趣的一点是，我甚至把这点（指梅兰芳表演中的"程式化的表现因素"）运用到我国戏剧中来，而且运用到世界戏剧的发展中去。我谈的是我在梅兰芳

---

[1]《艺术的强大动力》，载于《中华戏曲》第14辑，中国戏剧出版社1993年版。

剧团的演员身上看到的那种了不起的、巨大的凝聚精神。"再如，爱森斯坦觉得："中国戏剧使我们大开眼界，使得东方戏剧领域中的界限变得清晰了。"[1]

（二）对外国戏剧家理论思考的影响

当时在苏联观看梅兰芳表演的德国戏剧家皮斯卡托和布莱希特，更是深受影响。皮斯卡托认为："梅兰芳艺术的美将会成为人人的财富，就像斯坦尼斯拉夫斯基和梅耶荷德的艺术已经在苏联所取得的成果那样。"[2]1936年布莱希特发表了《论中国戏曲与间离效果》一文，针对这篇文章"佐临同志说，布氏在那篇文章里'狂赞梅兰芳和我国戏曲艺术，兴奋地指出他多年来所朦胧追求而尚未达到的，在梅兰芳却已经发展到了极高的艺术境界。可以说，梅先生的精湛表演深深影响了布莱希特戏剧观的形成，至少起了画龙点睛的作用'。"[3]

二、对国内的影响

梅兰芳访苏演出的成功，进一步确立了独树一帜的中国戏曲的国际地位，使之傲然自立于世界戏剧之林。

梅耶荷德发言中说："我们还有很多人谈到所谓演出的节奏结构。但是，谁要是看过梅兰芳的表演，就会为这位天才的舞台大师，就会为他表演的巨大力量所折服。"爱森斯坦谈道："梅兰芳博士对我们最重要的启示之一，就是这种对形象和性格的令人惊异的掌握。""而中国戏剧所具有的那种杰出的生气和有机性，使它与其他戏剧那种机械化的、数学式的成分

---

1 《艺术的强大动力》，载于《中华戏曲》第14辑，中国戏剧出版社1993年版。
2 《艺术的强大动力》，载于《中华戏曲》第14辑，中国戏剧出版社1993年版。
3 转载于《人民日报》1962年4月25日。

完全不同。"[1]

访苏游欧，通过对比考察研究，梅兰芳有了更加清醒的认识，进一步增强了文化自信。他认为："中国旧剧有其固有之精彩与好处，不能加以丝毫改变。余年前赴欧洲各国与苏俄，观剧多次，西洋戏有西洋戏之妙处，但与中国旧剧，不能合二为一，此敢断言者。至于中国旧剧，原则是不利用布景，若利用布景，反减去剧中之精彩，譬如旧剧中之登楼，系作一种姿势，即可完全表示登楼之状，且甚美观，若依布景言，则剧中布景登楼，演者一步步上楼，非仅有著衣不合时宜，且不好看，转失剧中精彩。不过旧剧应改革者，舞台应改革。关于光学、声学之请求，以及戏园之清洁，悉应加以注意。"[2]

三、对梅兰芳、梅派自身的影响

访苏演出的学术研讨会上，张彭春代表梅兰芳做了《中国戏剧之三要点》的发言：

> 第一点，西方戏剧与中国戏剧的隔阂是可以打破的。
> 第二点，中国戏剧的一切动作和音乐等，完全是姿势化。所谓姿势化，就是一切的动作和音乐等都有固定的方式。例如动作有动作的方式，音乐有音乐的方式，这种种的方式，可作为艺术上的字母，将各种不同的字母拼凑一起，就可成为一出戏。……但是中国戏的演员们，都不被这种字母所束缚，他依旧可以发挥他在艺术上的天才与创造。
> 第三点，中国（戏）未来之趋势，我认为必须现代化，并不一定是戏剧、本事的现代化，是要使剧中的心情和伦理成

---

[1] 《艺术的强大动力》，载于《中华戏曲》第14辑，中国戏剧出版社1993年版。
[2] 《群强报》1936年9月3日。

为现代化,他如背景与灯光也可使其成为姿势化,使其有固定的方式来表现剧中各个的情绪,这是中国戏剧今后可试验的途径。[1]

80多年之后,重读这三点,笔者仍然深受震撼,深深钦佩梅兰芳大师贯穿古今的艺术境界。

四、加深对梅兰芳表演体系的认知

访苏演出的学术研讨会上,苏联著名作曲家和音乐教育家格涅辛提出:"我觉得,如果把梅兰芳博士的中国戏剧的表演体系说成是象征主义的体系,那是最正确的。'程式化'这个词远不能表现出它的性质,因为程式性也许可能更易被接受,但它却不能表达情绪。而象征是体现一定内容的,它也能表达情绪。"[2]

格涅辛第一次鲜明地提出了梅兰芳的表演体系为象征主义的体系,具有真知灼见,闪烁着理性的光芒。

总而言之,梅兰芳此番访苏演出,使中国戏曲在欧洲闪亮登场,让英国的戈登·克雷、德国的皮斯卡托和布莱希特以及一批苏联的戏剧家们,看到了完全不同于欧洲戏剧样式的中国京剧、昆曲的演出,由此产生了冲击和思考。加之梅兰芳借此机会在苏联和欧洲考察戏剧,所以梅兰芳的访苏游欧之旅,是中国戏曲的欧洲之旅,也是中西戏剧文化的交流之旅,由此产生了巨大而深远的影响。进一步研究梅兰芳的访苏游欧,不仅具有戏曲文化史意义,而且具有现实的文化价值。

---

1 《艺术的强大动力》,载于《中华戏曲》第14辑,中国戏剧出版社1993年版。
2 《艺术的强大动力》,载于《中华戏曲》第14辑,中国戏剧出版社1993年版。

1935年梅兰芳剧团访问苏联成功的原因初探

周丽娟（中国戏曲学院教授）

1935年，梅兰芳剧团访问苏联，由双方商定的8场演出改为14场，最后在莫斯科大剧院又加演1场。临别纪念演出从午夜12点至凌晨3点结束，正厅和包厢挤满了观众，谢幕达18次之多。爱森斯坦还专门把梅兰芳主演的《虹霓关》"对枪"一折拍成了电影，不仅想要永久地保留表演场景，还要通过分镜头和蒙太奇等更高级的表现手法，以最华彩的方式将京剧艺术呈现在观众面前。苏联观众感叹戏曲艺术无穷的魅力和丰富的表现力，而双方艺术家们的介绍、阐释和交流，进一步确立了戏曲在世界艺术宝库中的价值与地位。当时，贝托尔特·布莱希特、埃尔文·皮斯卡托、戈登·克雷等艺术大师恰巧在莫斯科，他们有的还观看了演出。这些世界级的艺术巨匠对中国戏曲艺术的认识和借鉴，体现在他们的理论和实践中，影响了世界戏剧艺术的发展。1935年梅兰芳剧团访问苏联是迄今为止中国戏曲文化对外传播最成功的一次，这次出访是服务于中苏国家安全核心利益和双方戏剧艺术发展需要的一次重要的文化交流活动，两国政府和艺术界的紧密配合成就了这一永载史册的文化交流盛事。笔者尝试着从以下几个方面浅析成功的原因。

东西文化的对话

一、中苏两国政府的推动、支持和运作

20世纪30年代初,面对着日本、德国法西斯咄咄逼人的侵略气焰,中苏两国迅速恢复外交关系,并期望借助于文化交流来修复和发展两国关系。中苏都是世界戏剧艺术大国,有着丰厚的戏剧土壤,梅兰芳当时已是享誉世界的中国戏曲表演艺术大师,因而在一系列的文化交流中,两国政府最重视的是梅兰芳剧团访问苏联。中华民国政府(以下简称"中国政府")和苏联政府积极推动、支持并运作了1935年梅兰芳剧团访问苏联。

(一)中国政府的推动、支持和运作

1931年,日本发动"九一八"事变后,迅速占领东北并建立了伪满洲国。1933年初,日本帝国主义向华北地区蚕食,国内要求抗日的呼声日益高涨。"国联外交"失败后,孤立无援的中国政府认为苏联是"中国唯一可找之朋友"。[1]为了缓和国内外的巨大压力,也为了国民党的政权利益,中国政府不得不试图谋求联苏抗日。中苏恢复外交关系后,"中国政府驻苏代表开始寻找进一步密切两个邻国之间关系的机会"[2]。对梅兰芳剧团访问苏联,中国政府的推动、支持和运作主要表现在以下几个方面:

1. 开启了梅兰芳剧团访问苏联的运作程序

1934年3月2日,中国政府驻苏联大使馆参赞吴南如就筹备中国绘画展览一事约见苏联对外文化关系协会艺术部主任乞尔略夫斯基等人,在谈话中提及梅兰芳将往欧洲各国游历并考察戏剧,若道经莫斯科,苏联方面将如何招待。21日,中国驻苏使馆致外交部电:"苏联对外文化关系协会闻梅兰芳赴欧表演消息,迭向本馆表示欢迎,亟盼顺道过俄,一现色

---

[1] 赵广军《抗战初期苏联的援华的飞行员及飞机》,载于《纵横》2009年第3期。

[2] Волкова. И. Советско-китайские отношения до образования Китайской Народной Республики-reading. by› php Buturlinov sovetsko-kitaiiskoii⋯.

相。""查文化提携于增进邦交原有关系，俄方对于梅君在俄境内一切旅食招待，均可担任。"[1] 中国政府驻苏代表吴南如首先把梅兰芳赴欧的信息传递给了苏方，从而开启了梅兰芳访苏的运作程序。

2. 出资 5 万元予以资助

苏联政府虽然承担了在苏期间的全部费用，但梅剧团仍需准备其他方面的费用。1935 年 2 月 6 日，行政院院长汪精卫签发训令：

> 苏俄于物质建设之余，对文化建设亦日益经营，尤以戏剧音乐易于普及民众，更所重视，去岁曾聘欧洲各国名优赴莫斯科参观，今春夏约欧洲各国音乐家前往表演，盖不仅提倡艺术，于民族关系亦有重大裨益焉。苏俄地跨欧亚两大洲，在历史上人民生活颇多与东方人生活类似之处，其戏剧亦多涵有东方色彩，现在决定以国家名义招聘我国梅兰芳博士赴俄表演，并为慎重起见，特行组织委员会，以苏俄对外文化关系协会会长阿罗塞夫（阿罗舍夫——笔者注）、第一艺术戏院主任斯坦立斯基（第一艺术剧院院长斯坦尼斯拉夫斯基——笔者注）、梅欧荷戏院主任梅欧荷（梅耶荷德剧院院长梅耶荷德——笔者注）、卡茂来戏院主任泰罗夫（卡美尼剧院院长泰伊罗夫——笔者注）、苏俄外交委员会东方司长巴罗夫等委员，并约驻俄大使馆参事吴南如参加，专司其事。对于剧目脚本、交通、居住及日期诸问题，均经接洽就绪。惟剧团人员虽极度减少，亦需二十三四人，所需费用经一再计算，至少亦需十八万元。除由上海各士绅如杜月笙等担任十万元，梅君自任三万元外，尚缺五万元之谱。急切无从筹措。伏思中俄复交以来，在政治方面，因环境关系，一时难以积极进行，而在文化及商务方面，亟应着手工作，现梅君之成行与否，系于此五万

---

[1] 纪清彬编选《梅兰芳访苏档案史料》（一），参见《民国档案》2001 年第 3 期。

元有无方法筹措,似为数尚属有限,而其影响则与我中华艺术之宣传、国际感情之联络在在有关。拟肯大部暨其他有关之部署加以赞助,俾利遄行,于中苏邦交殊多裨益。等情。查所称各节确系实在情形,似可照办,惟究应如何之处,理会备文呈请鉴核施行。等情。据此,经提出本院第一九五次会议决议通过,在本年度外交费类第一预备项下动支,并报告中央政治会议……。[1]

为解决经费问题,中国驻苏大使颜惠庆报请外交部,外交部报告行政院,行政院通过决议并报告国民党中央政治会议。《中华民国政府组织法》和《中华民国政府宪法》规定,中华民国政府设立行政、立法、监察、司法、考试五院,行政院居五院之首,中华民国政府主席不负实际政治责任,所有行政责任集中于行政院,行政院是中华民国政府的最高行政机构。依照1928年10月国民党中央常务委员会通过的《训政纲领》,国民党中央政治会议指导监督中华民国政府重大国务之施行,是训政时期的最高领导机关,代表国民党行使政权。可以说为解决这5万元的经费问题,惊动了中国政府和国民党的最高领导层。

3. 为梅兰芳剧团配备关键性的辅助人员

中国早期话剧活动家、导演张彭春曾留学美国,钻研戏剧理论和编导艺术,有国际视野,熟谙西方文化,对京剧亦有深入的了解。关于重要的剧团经理一职,梅兰芳谈道:"我往年在美国,承蒙张彭春先生担任此项职务。对内对外无不措置裕如,我能在艺术方面那样圆满的收获,是和张先生的辛劳分不开的。张先生是办事有毅力肯负责的人,对中国的戏剧艺术尤多独到见解,同我平素的想法往往不谋而合。所以我很想请他一同去苏联。"[2] 对于张彭春能够成行,梅兰芳曾介绍道:"张先生文学艺术

---

[1] 纪清彬编选《梅兰芳访苏档案史料》(二),参见《民国档案》2001年第4期。
[2] 李仲明《梅兰芳的梅风兰韵》,东方出版社2008年版,第218页。

蜚声国际，但以身任南开中学校长及大学哲学系专任教授，数月来屡经要约同行，张先生因校务羁身迄未得其同意，兰芳昔年在美表演时，一切擘画指导，均深得张先生之力。……此次苏俄发表招待梅兰芳剧团筹备会委员，均系苏俄文化中心人物，并有外交界高级官吏，苏俄国家如此郑重其事，且再三声明，此次邀请，完全系研求借鉴性质，自不得不多约专家指导，以期诸臻完满。后经颜大使为外交部要约张先生，再为兰芳偕行，昨已得其复电允诺，校中给假两月，此实极为可满意之事，唯深觉对南开大学方面异常抱歉，但事关国际声誉，并非敢为私人打算。"[1] 为了确保访苏成功，外交部函聘张彭春，行政院秘书长褚民谊和外交部次长唐有壬均致电南开大学校长张伯苓。最终，经包括教育部在内的多方协商，张彭春方得成行。张担任梅兰芳剧团经理，是梅兰芳剧团访苏成功的一位关键性的人物。

"圆场""起霸""对儿戏""打出手"……，戏曲艺术有着一整套的术语，"昨夜晚吃酒醉和衣而卧，稼场鸡惊醒了梦里南柯。……清早起开柴扉乌鸦叫过"，京剧的唱词成熟于诗词发达之后，加之其剧情借助于中国文学名著、历史典故、民间传说等演绎的故事，因此戏曲文化的翻译极其繁难。如果翻译的不准确、不到位，戏曲艺术的独特魅力与价值理念很难传播出去。戏曲文化的翻译者不仅要有相当高的中外文水平，能比较透彻地理解戏曲中蕴藏的哲学和文化内涵，熟悉戏曲艺术的内在规律及表现形式，而且还要对相应国家的历史文化传统及特点，特别是该国的戏剧艺术理论、呈现形式等有相当深入的了解和理解。耿济之是中国俄罗斯文学最早、最著名、成就最辉煌的翻译家和研究者，他于1917年入北平俄文专修馆学习，1918年开始翻译俄国文学作品，1919年以全校第一名的优异成绩毕业后，被分配到中国驻苏联赤塔领事馆工作（时任赤塔领事馆总领事），并着手进行俄罗斯文学的翻译和研究。至1935年，耿济之翻译了列夫·托尔斯泰的《复活》《克莱采尔奏鸣曲》和《家庭幸福》、屠

---

[1] 《赴俄期中的梅兰芳》，《大美晚报》1935年1月23日。

格涅夫的《猎人日记》和《父与子》、陀思妥耶夫斯基的《罪与罚》，以及契诃夫、果戈理、高尔基等俄苏众多著名作家的小说。他还翻译了《艺术论》，该书记录了大文豪列夫·托尔斯泰的艺术感悟，其最核心的观点触及了艺术的本质问题。特别是他还翻译了众多的剧本，如屠格涅夫的《村中之月》、奥斯特洛夫斯基的《雷雨》、高尔基的《蒲雷曹夫》、安德列夫的《人之一生》等。耿济之性格温和、办事认真，颜惠庆认为他是翻译的最佳人选，遂报请外交部。耿济之亲自为梅兰芳剧团担任翻译，对于访问的成功发挥了重要的作用。

4. 为出访营造良好的舆论氛围

1934年5月28日，上海《大晚报》登载了苏联邀请梅兰芳访苏演出的消息，该文谈到徐悲鸿等在莫斯科举办的中国绘画展览的写意特征受到了苏联艺术界的高度评价，他们想到中国戏剧同样是写意的，所以非常愿意邀请梅兰芳来苏联演出，这篇文章着重介绍了苏联对于梅兰芳的钦佩之情。该报道引起了激烈的争论，6月7日，鲁迅发表在《中华时报》上的文章《拿来主义》中谈道："中国一向是所谓'闭关主义'，自己不去，别人也不许来。自从给枪炮打破了大门之后，又碰了一串钉子，到现在，成了什么都是'送去主义'了。别的且不说罢，单是学艺上的东西，近来就先送一批古董到巴黎去展览，但终'不知后事如何'；还有几位'大师'们捧着几张古画和新画，在欧洲各国一路的挂过去，叫作'发扬国光'。听说不远还要送梅兰芳博士到苏联去，以催进'象征主义'，此后是顺便到欧洲传道。我在这里不想讨论梅博士演艺和象征主义的关系，总之，活人替代了古董，我敢说，也可以算得显出一点进步了。"当时的众多媒体提出了不同的看法，一些人认为男旦艺术会让外国人对中国文化产生鄙视心理，认为苏联打算让男旦去传播东方艺术文化简直是中国国家的一种耻辱。也有人认为"平剧（当时指京剧——笔者注）在今日之下已落伍了，在中国上演根本已是多余的事，何况还要到国外去。"[1] 中国驻苏联记者戈

---

[1] 刘春华《梅兰芳赴俄》，《新闻报》1935年1月22日。此论为刘春华列举出的批驳的观点之一。

公振谈道:"梅兰芳这一次到苏联来演剧,颇引起许多国人的忧虑,以为像这样陈旧而简单的皮黄,是否为艺术精湛而新颖的国家所欢迎。"[1] 苏联方面也关注到了这一舆论氛围,2014 年,俄罗斯学者 A.切普尔诺娃在《旦角巨擘》一文中谈道:"1935 年梅兰芳及其剧团到苏联巡演,……当时在中国的报刊出现了一些争论,反对巡回演出的人试图证明,梅兰芳高超的艺术在苏联不可能得到肯定。"[2] 1935 年 1 月 19 日,中国驻苏使馆致外交部电:"惟国内一部分报纸反对梅氏,俄外部亦接有报告。窃意此事在未定以前,国内意见容有见仁见智之不同。现梅氏为友邦敦请、政府资助出国奏艺之人,事关全国戏剧毁誉,已非梅氏个人得失,国内各派似应以对外为重,勉抑异议,共襄其成。可否会商中央宣传委员会劝令反对报纸停载攻击文字,勉予友邦热心此事者以难堪。"[3] 26 日,中国外交部致驻苏使馆电:"取缔反对梅兰芳赴俄演剧事,经函准中央宣传委员会复称,已转饬各报及各新闻检查所遵照矣。"[4]

1935 年 3 月 12 日,梅兰芳剧团抵达莫斯科后的当天下午,中国驻苏使馆即举办招待会,招待梅剧团及旅莫华人,充分发挥华人在宣传中的作用。戈公振记载:"我国大使馆的茶会,于三月十九日下午五时起举行。……绍介梅兰芳与苏联各界之前。参加者有外交人民委员会的委员长李维诺夫夫妇,副委员长克列斯丁斯基,苏联政府各部要人,各国大使公使及代表,苏联的名作家、名美术家、名戏剧家、名电影家及旅俄的华侨及中外记者等。"[5] 使馆大厅设临时舞台,梅兰芳剧团演出了《盗丹》和《刺虎》两出短剧。开演前张彭春做简单说明,据中国政府外交部档案记载,演出"获得巨大成功,演毕鼓掌之声数分钟不停云。为梅君到莫后初

---

[1] 戈公振《从东北到苏联》,湖南人民出版社 1984 年版,第 234 页。
[2] Анна Чепурнова, Корифей, игравший красавиц, 《МИТ-инфо》, 2014, № 5-6. Корифей, игравший красавиц rusiti.ru»magazine/detail/stati/korifej_igravshij……
[3] 纪清彬编选《梅兰芳访苏档案史料》(二),参见《民国档案》2001 年第 4 期。
[4] 纪清彬编选《梅兰芳访苏档案史料》(二),参见《民国档案》2001 年第 4 期。
[5] 戈公振《从东北到苏联》,湖南人民出版社 1984 年版,第 221 页。

次试演,来宾印象甚佳,对于梅君艺术均有佳评。"[1]

此外,中国驻苏使馆联络梅兰芳等提供资料,协助苏联对外文化关系协会提早就在莫斯科、列宁格勒张贴了剧照海报。演出之前印出了有关中国文化和演出剧目介绍的宣传小册子,在剧院出售,以帮助苏联观众理解不符合其欣赏习惯的舞台艺术。

可见,中国政府及其驻苏联大使馆从开始运作到资金的支持、关键人员的配备、良好舆论氛围的营造及中国戏曲文化介绍等方面做了大量的工作,可以说没有中国政府的推动、支持和运作,梅兰芳剧团访问苏联很难成行,更不可能取得如此好的效果。

(二)苏联政府的推动、支持和运作

1931年"九一八"事变后,苏联方面意识到:"日本军队侵入东北后,其政策指向已经表明,把俄罗斯从这一地区,包括中东铁路排挤出去","满洲成为日本进攻苏联,也包括中国的桥头堡,在远东地区出现了第一个世界大战的策源地"[2]。1933年初,日本经常从中国东北向苏联边境寻衅。当时,透过德国政府一系列的不友好行动,苏联政府认为,纳粹德国向东扩张、征服苏联的领土已成为既定国策,莫斯科明显地感到来自西方的威胁急剧增加了。苏联政府忧虑,如果"日本帝国主义侵入因为国内政治斗争而受到削弱的中国,……苏联将处于两面夹击之中,即来自西方的希特勒德国和来自东方的极其强大而顽强的日本"[3],于是,"莫斯科决定把蒋介石政府作为中国最重要的反日力量来加以支持"[4]。因此,苏联政府重视梅兰芳剧团访苏,其支持、推动和运作主要体现在以下几个方面:

---

[1] 纪清彬编选《梅兰芳访苏档案史料》(二),参见《民国档案》2001年第4期。

[2] Щупленков Н. О, Советско-китайские отношения в 1920—1930-е гг.—《Мировая политика》,1914,No 2.

[3] И. В. Волкова "Советско-китайские отношения в период японской агрессии 1925—1945 гг." История/Краеведение/p9d24tln166668/.

[4] 〔俄〕亚·弗·卢金《俄国熊看中国龙》,刘卓星等译,重庆出版集团2007年版,第190页。

1.苏联政府诚挚邀请、周密安排

1934年3月2日,乞尔略夫斯基等人从吴南如处得知,梅兰芳将往欧洲多国游历并考察戏剧。吴南如谈到苏联方面将如何招待,"乞尔略夫斯基等人表示:梅氏的艺术举世闻名,若能一现身于庶联的舞台,那必定能受到热烈欢迎的"[1]。在后来招待杨杰军事考察团的宴会上,苏联外交人民委员会东方司帮办鲍乐卫表示:"梅兰芳如能在赴欧之前,先来庶联表演,则我方将毫不迟疑,立缮请书,并可保证其表演必大获成功。"[2]随后,苏联对外文化关系协会托人转给梅一封电报,内容是欢迎梅先生来苏演出:"在苏联境内食宿招待,可由苏方承担……",梅兰芳还接到戈公振一封急电:"苏联热烈欢迎梅兰芳,请将表演节目、酬劳及其他一切条件详细函告。"[3] 1934年12月,苏联对外文化协会代理会长库里斯科向梅兰芳发出了正式邀请函。

为了更好地运作梅兰芳访苏之事,苏联对外文化关系协会成立了接待梅兰芳委员会,主席为苏联对外文化关系协会会长 А.Я.阿罗舍夫、中华民国政府驻苏联特命全权大使颜惠庆,成员包括:共和国人民演员 К.С.斯坦尼斯拉夫斯基、В.И.聂米罗维奇-丹钦科、В.И.梅耶荷德、А.Я.泰伊罗夫、剧作家 С.М.特列季亚科夫、功勋艺术活动家 С.М.爱森斯坦和国家音乐、杂技、杂剧企业联合公司〔简称戈梅茨(ГОМЭЦ),专门为管理音乐会、杂剧及马戏等而设立的机关——笔者注〕总经理 Я.С.卡涅斯基,委员会秘书为 Ц.К.拉宾斯和 Я.О.博亚尔斯基。[4] 列宁格勒演出筹备组的成员有:共和国人民演员和导演 Б.М.苏什克维奇、电影导演和编剧 Л.З.特劳贝格、共和国人民演员 Н.Ф.莫纳霍夫、诗人 Н.С.吉洪诺夫等。[5]

---

[1] 戈公振《从东北到庶联》,湖南人民出版社1984年版,第212页。

[2] 戈公振《从东北到庶联》,湖南人民出版社1984年版,第213页。

[3] 吴开英《澄清关于梅兰芳访苏的一个误传》,《中国文化报》2012年12月6日。

[4] 关于接待梅兰芳委员会成员的组成国内有多种说法,笔者采用的是当时苏联对外文化关系协会编辑出版的《梅兰芳与中国戏剧》中的内容。

[5] 见本书中叶可佳的论文。

东西文化的对话

1935年2月21日,苏联政府特派"北方号"专轮到上海迎接梅兰芳一行。2月27日,轮船抵达海参崴,戈梅茨派专员罗加支基到码头迎接。3月2日下午,梅兰芳等在西伯利亚乘火车向莫斯科进发,特列季亚科夫代表接待梅兰芳委员会、苏联驻中国大使馆秘书鄂山荫代表Д.В.鲍格莫洛夫大使,先行到达离莫斯科数小时行程的前一站亚历山大罗夫站迎接。3月12日,中国大使馆吴南如等官员、苏联对外文化关系协会的代表、接待梅兰芳委员会的成员、外交人民委员会的官员及戈梅茨的负责人,以及戏剧界的代表、苏联和中国新闻媒体的记者在北方车站迎接梅兰芳一行。在爱森斯坦的指挥下,联盟电影制片厂拍摄了抵达及欢迎场面的新闻纪录片。抵达莫斯科后,梅兰芳发表讲话:"今天早晨,我们怀着无比激动的心情来到了苏联的伟大首都,半年前我就预感到了这一快乐的时刻,我们应贵方盛情之邀来到此地感到无比地高兴。鉴于必须精心地准备,方敢进行这样一次重要的行程,我们不得不几次推迟启程日期。这次行程让我确信了贵方真挚的友谊。从上海来到莫斯科的长途旅行,苏联政府代表一路自始至终的悉心关照使我们感到非常愉快。"[1] 据梅兰芳回忆:"我们梅剧团到苏联访问演出,与前几次赴日、美旅行演出的性质是不同的。苏联人民和政府以欢迎文化代表团的热情来接待我们。"[2] "虽然当时苏联全国人民节衣缩食、为提早完成第二个五年计划而奋斗,但对我们这批远客的款待是十分丰盛的。"[3]

2. 为演出营建良好的舆论氛围

戈公振记载:"苏联这一次邀请梅兰芳,事先曾作过有系统的宣传。当梅兰芳由上海出发时,莫斯科的街头巷口,就发现许多很简单的,印有'梅兰芳'三个中国大字的招贴,旁边有几排俄国字,是'自三月二十三日至二十八日,在音乐厅表演中国戏剧六天'。色彩鲜丽,甚引人注目。

---

1 Мэй Лань-фан, Мой привет, —《Известия》, III / 14, M, 1935.
2 梅兰芳《我的电影生活》,《梅兰芳全集》(第四集),河北教育出版社2000年版,第123页。
3 梅兰芳《我的电影生活》,《梅兰芳全集》(第四集),河北教育出版社2000年版,第123页。

同时像彼特洛夫卡街一带大商店的玻璃橱窗内,也陈列着放大的梅兰芳的本来面目或是戏装的照片。""梅兰芳一入苏联国境之后,街头巷口又发现了许多印有在莫斯科表演六天的戏目的大招贴。""消息报馆屋顶上的流通电灯新闻,则逐日报告关于梅氏的消息。"[1]

当时人们获取信息的主要渠道是阅读报刊,在笔者所查到的资料中,1934年12月17日,《苏维埃艺术》上登载了《邀请中国演员》的消息,提到了梅兰芳的成就及其在美国演出的影响;1935年2月7日,《真理报》发表了《中国演员梅兰芳即将来到苏联》,2月20日发表了《上海送别梅兰芳》等消息。从3月2日起,《莫斯科晚报》开始刊登售票广告,《真理报》和《莫斯科晚报》的售票广告上明确写着"所有座位的票价均高于平时"。《莫斯科工人报》从3月14日开始刊登广告,此外《消息报》和《列宁格勒真理报》也都刊登了演出公告。梅兰芳剧团访苏前后,苏联的《真理报》《共青团真理报》《消息报》《莫斯科晚报》《莫斯科工人报》《共产主义教育报》《文学报》《劳动报》《列宁格勒真理报》《接班人报》《红色报》《少年真理报》《莫斯科日报》(英、法文版),还有很少刊登艺术类消息的《工业化报》等几十种报纸和《苏维埃艺术》《苏维埃戏剧》《莫斯科》《工人与戏剧》《星火》《明星》等十多种杂志连续不断地登载消息和文章。如3月3日《莫斯科晚报》刊登了《中国剧团要来了》的报道,3月6日《消息报》刊登了梅兰芳演出剧照,3月11日《共青团真理报》刊登了《梅兰芳的戏剧》等长篇文章,其他的如《梅兰芳——我们的客人》《梅兰芳在莫斯科》《梅兰芳戏剧的舞台装置》《五亿观众》《几千年历史的戏剧》《两种文化的相遇》《古老的中国讲述现代的中国》《梅兰芳来到了莫斯科》《梅兰芳来到了列宁格勒》《梅兰芳来了》《中国剧团来到了莫斯科》《中国剧团来了》《中国演员的艺术——迎接梅兰芳的巡回演出》《中国舞台表演大师梅兰芳》《梨园魔法师》等。当时的报纸几乎每天都有报道、评论和文章刊出,不仅介绍梅兰芳剧团的活动、梅兰芳个

---

[1] 戈公振《从东北到庶联》,湖南人民出版社1984年版,第223—224页。

人的经历及艺术魅力，而且对中国戏曲文化做了比较全面的介绍。在关键的时间节点，如梅兰芳抵达莫斯科和列宁格勒，或者是首场演出之后，有时一份报纸四个版面中三个版面涉及梅剧团。如《莫斯科晚报》在梅兰芳抵达的第二天，一版刊登长篇文章《梅兰芳来了》并配有梅兰芳、张彭春及余上沅的合照；三版有梅兰芳的剧照，四版刊登演出广告。"在梅剧团演出期间，苏联有塔斯国家通讯社（TASS）尽量地发出消息；新闻电影制片厂则将梅氏演剧时的情形摄成影片；无线电台则请梅氏播音，其盛况可想而知。"[1] 新闻媒体具有左右舆论的力量，直接影响着社会公众的认知和评价，在一段时间里大量的有吸引力的题目和不间断的报道、介绍，加深了苏联观众对梅兰芳和中国戏曲的关注、了解和理解。在严格的新闻管制下，如此大规模的宣传显然是得到了苏联政府的支持。

因此，苏联政府在经费、交通、接待、舆论宣传等方面精心运作、周密安排也是梅兰芳剧团访问苏联成功的重要原因之一。

二、中苏艺术界的共同努力和密切配合

1935年梅兰芳剧团访问苏联符合中苏戏剧艺术发展阶段的现实需要，是两国戏剧界期盼的一次交流活动，因此双方都是精心准备、精心运作。

（一）梅兰芳等的精心准备和运作

1930年访美演出成功后，梅兰芳等希望到世界戏剧大国苏联演出，以进一步确立中国戏曲艺术的价值与地位，因此，他们对此次出访进行了多方面精心的准备：

1. 精心备办服饰和砌末

关于服饰和砌末的备办，梅兰芳等认为："服饰的置办也分为两部分：

---

[1] 戈公振《从东北到庶联》，湖南人民出版社1984年版，第225—226页。

一部分是属于舞台上的,一部分是团员日常的服饰。舞台上用的,如行头、布景、道具等,都是委托齐如山先生就近在北平督制的。齐先生从前也曾同兰芳一同去过美国,他对于国剧颇有研究,此项工作委托他来办再合适也没有了。内中有一部分绣品,是特地派人到苏州定绣的。例如台前面悬挂的一幅黄绸帐幔尺寸极大,上绣代表国花的梅花,一株兰花,鲜艳夺目,光彩照人,一开幕,便使观众对东方艺术之花的中国刺绣,产生一种惊奇赞羡的感觉。其他如布景,画成宫殿式样,雕梁画栋、富丽堂皇,显示了东方建筑艺术的伟观。还有定织、定制的台毡、宫灯等物,这些都是我国久负盛名的工艺品。再如行头、道具等物,也无不再三修改,精益求精,小至装置行头的箱笼等物,皆髹以红漆,描以金字,表面既求其美观,质地更求其坚固耐用。对服饰的筹备很下了一番心思,因为这些东西,都要给人家看的,处处要显露出东方的色彩和我国特有的美术价值。"[1] "至于团员们日常的服饰,尤要求其整齐一律。……剧团的徽章是以梅花形式为地,中嵌一古写'梅'字,很觉庄严美观。关于服饰,全用国货,所费不赀,但求有益于国际观瞻,经济消耗非所计也。"[2] 关于砌末的呈现,戈公振有详细的介绍和分析:"舞台的布景,是仿照颐和园戏台的图案而绘成的,能充分表现出东方建筑的美,一开幕时,就给观众以一个很好的印象。帐幕服装等物,全系新制,而且是丝织或是丝绣的,轻柔光泽,经电光一射,则更为悦目。"[3]

2. 精心选择和准备推介戏曲艺术的宣传资料

关于宣传材料的准备,梅兰芳介绍:"因为语言、文字、风俗、习惯种种的不同,所以我们特别注意做好宣传工作。事先把拟定的几种剧目说明译成英文,寄到苏联去,再译成俄文,以广宣传。同时为使苏联人

---

[1] 梅兰芳遗稿,许姬传整理《梅兰芳游俄记》,参见《文史资料选编》(第27辑),北京出版社1986年7月版。

[2] 梅兰芳遗稿,许姬传整理《梅兰芳游俄记》,参见《文史资料选编》(第27辑),北京出版社1986年7月版。

[3] 戈公振《从东北到庶联》,湖南人民出版社1984年版,第235页。

东西文化的对话

民明了中国戏剧艺术起见，另编印了三种英文书籍带去赠送给他们。其一为《梅兰芳与中国戏剧》，封面为黑色，印有英文题名及畹华二字的篆印一方，全为金色。书中印有我的化装相片同我的小传，还有张彭春先生写的《中国戏剧艺术之特色》及美国大戏剧评论家史托克扬所写的《梅兰芳艺评》等文。最后一篇是齐如山先生所写，专论中国戏剧表演时的姿势、歌唱、台词，以及舞台上所用的象征道具、服装、乐器及脸谱等，里面还附有服装、道具、乐器及脸谱等彩色的插图多帧，印刷颇为美观。其二是《梅兰芳在苏联所表演之六种戏及六种舞之说明》，此书全为中式装订，封面用黄绫制作，用红丝线装订，很觉古雅可爱。内容分为两部，前部论剧，后部论舞。剧目六个，即《汾河湾》《打渔杀家》《刺虎》《虹霓关》《贵妃醉酒》及《宇宙锋》。舞蹈片段也是六个，即《西施》《红线盗盒》《木兰从军》《麻姑献寿》《抗金兵》及《思凡》。其三是《梅兰芳在美国所得之评论集》，这本书是把我在美国演剧时，美国报纸及杂志中所载对于中国戏之评论集印而成。本来在美国所得的评论不止这几篇，因限于篇幅，仅将较为重要的几篇选入。此外，还印了许多化装相片，先寄到苏联去，以资宣传。"[1]

3.精心选择、编排演出剧目

在剧目的选择方面，梅兰芳等考虑到了苏联观众的欣赏习惯："关于剧本的选择，着实费了一番心思，也曾经征求了许多学者如张彭春、余上沅、欧阳予倩、谢寿康、徐悲鸿诸先生的意见，各有各的见解，各有各的议论。因为苏联是社会主义国家，与资本主义的欧美国家，固属迥然不同，就是与我们中国也不无扞格。但是在中国现代戏剧尚未见萌芽的时候，所能代表中国戏剧的恐怕只有以忠孝节义为中心的旧剧了。忠孝节义、礼义廉耻，本是我中华民族历史上遗留的美德，为什么不能宣扬到国外去呢？所以这次剧本的选择，仍以旧剧为目标，其中偶有离时代较远

---

[1] 梅兰芳遗稿，许姬传整理《梅兰芳游俄记》，参见《文史资料选编》（第27辑），北京出版社1986年7月版。

的，或者在昔曾为一己之宣传品的，则一概删去，这样或不致贻人以落伍之讥。"[1]1930年梅兰芳剧团访美时，梅兰芳、王少亭合演的《打渔杀家》《刺虎》就非常受欢迎，张彭春当时就认为："《刺虎》这出戏，非演不可，因为他不但是演朝代的兴亡，并且贞娥脸上的神气，变化极多，就是不懂话的人看了，也极容易明了。"[2]苏联有着深厚的戏剧传统，对戏剧的理论认识明显高于美国，梅兰芳还特地加了一出《宇宙锋》，这出戏是梅兰芳的代表作，是他一生中下功夫很深的一出戏，也是"梅派"戏中人物刻画最深刻，最多面，具有深厚文化内涵的一出戏。梅兰芳比较喜欢《汾河湾》，他认为这出戏剧情比较细致、曲折、生动，而且老生和青衣，只要会做戏，就容易找"俏头"。柳迎春因鞋奚落薛仁贵，薛仁贵赔礼、迎春不允，等到相当时候才答应，深合一般妇女心理。梅兰芳把这出戏定为在苏联正式演出的第一个剧目。就所选剧目刻画的人物来看，在《宇宙锋》中，赵艳蓉佯装疯癫，在金殿上临危不惧、嬉笑怒骂，是敢于反抗父权和君权的大家闺秀；《打渔杀家》中的萧桂英是不堪苛政、走向反抗的质朴的渔家女儿；《汾河湾》中的柳迎春是苦守寒窑、痛失爱子、忠贞爱情的贤妻良母；《刺虎》中的费贞娥是舍生忘死、代主出嫁、忠烈机警的复仇宫女；《虹霓关》中东方氏是武艺高强、被爱所伤的痴情女子；《贵妃醉酒》中的杨玉环是天生丽质、一度失宠的宫怨妃子。在杨盛春主演的《盗丹》中，展现的是勇敢幽默、藐视天庭的神猴孙悟空的形象。

关于演出的形式，梅兰芳谈道："从前赴美演出，美国人的注意力，大都集中在演员的技术方面，这是语言不通所必然的结果。所以这次赴苏，对于技术上的注重尤甚于剧本的内容，……这次所选择的戏剧，除每晚表演两出正剧外，还表演几段副剧，当年在美国演出时，也是这样做的。在国外表演与国内不同，因为时间的限制，仅能把每出戏中最精彩的一节拿来表演，除我个人所表演的正剧较为吃重需时较多外，其余副剧以

---

[1] 梅兰芳遗稿，许姬传整理《梅兰芳游俄记》，参见《文史资料选编》（第27辑），北京出版社1986年7月版。

[2] 齐香、齐如山《梅兰芳游美记》，辽宁教育出版社2005年版，第35页。

东西文化的对话

片断歌舞或武技为重。杨盛春同朱桂芳的武技,都是很有功底的,邀他们同去,也就是要显扬中国旧剧技术的特长。"[1] 即所选的演出剧目注重展示戏曲表演艺术的四功五法,尽量囊括其重要功夫和绝活。唱功是京剧乃至中国戏曲中最重要的呈现方式,在所选的剧目中,大都有精彩的唱段,比如《打渔杀家》《汾河湾》《虹霓关》里的【西皮】唱段,《宇宙锋》里的【反二黄】唱段,《刺虎》里的昆曲曲牌,《贵妃醉酒》里的【四平调】唱段,等等。梅兰芳等希望把京剧的演唱之美呈现给苏联观众。在以唱功为主的前提下,又有丰富的念白,特别是集中展示了戏曲表演丰富的呈现方式,包括一些经典的舞蹈、武打片段,如《红线盗盒》《麻姑献寿》《西施》《木兰从军》《青石山》《思凡》等剧目中的剑舞、水袖舞、羽舞、走边、拂尘舞、舞大刀、单刀枪等。[2] 吴玉玲、朱桂芬等演出的《盗仙草》中有戏曲表演的特技"打出手"。戏曲是一门"角儿"的艺术,在选择剧目时,更是突出地、全面地展示梅兰芳表演的中国戏曲旦角演员肢体语言的呈现方式、念白等美感特色,体现他的擅长和技艺。梅兰芳分别以青衣、花衫、花旦、刀马旦、刺杀旦等行当的演技格式来塑造角色,如《打渔杀家》中的行舟与武打、《刺虎》中的舞蹈身段与刺杀表演、《虹霓关》中刀马旦的舞蹈及念白、《宇宙锋》中的装疯表演、《贵妃醉酒》的醉态表演等。仅在《贵妃醉酒》中,梅兰芳就表演了卧鱼、衔杯、鹞子翻身、执扇子,以及醉酒时台步的姿势、抖袖的各种程式、看雁时的云步、未醉之前的身段与酒后改穿宫装的步法等。手部动作在中国戏曲表演中十分重要,在舞台上,除了唱词语意、身段动作表达外,演员同时会配合手部动作共同完成表演。在苏联演出时,梅兰芳呈现了丰富的手部动作,如赵艳蓉装疯时,反复用并蒂"拍手式",唱"抓花容"时用露滋"自指颊式",说"皇帝万岁"时,用门芳"拱手式";柳迎春说"奴柳迎春"时用蝶

---

[1] 梅兰芳遗稿,许姬传整理《梅兰芳游俄记》,参见《文史资料选编》(第27辑),北京出版社1986年7月版。

[2] 此部分内容参考田志平《梅兰芳访苏演出实现的审美传递》,参见《东西文化的对话——纪念梅兰芳访苏演出八十周年国际学术研讨会论文集》,学苑出版社2019年5月版,第253页。

姿"自指式"（通名时用），持金印时用吐蕊"持细物式"，说"郎请"时用逗花"小拱手式"；红线女盗盒时用拂云"提物兼指式"，将盒盗到手后，用掬云"持盒式"，托茶上场时用弄姿"托盘式"；东方氏常用伸尊"持马鞭式"，赞美王伯党时用含香"手屈一指式"；杨玉环持扇时有滴露"持扇式"；等等。此外，《虹霓关》中的王伯党，赴日本演出时由姜妙香扮演，考虑到苏联观众对小生表演可能会不习惯，访苏时改为武旦朱桂芳用大嗓演唱。

关于演出的时间分配，戈公振记载："这次梅兰芳在苏联演剧的情形，是和国内所常见的不同。第一，每天自晚间八时起，至十一时止，共演戏五出，中间还有一次休息，一、三、五三出由梅氏本人主演，其他两出，则由其他配角担任。时间既不长，而剧情又精彩，不致使观众精神涣散。第二，这次所演的各剧，是从许多有意义的旧剧中挑选出来的，表演的时间既然缩短，而歌唱及对白又重新编制过，如《虹霓关》一剧，在一小时之间即可演完。时间虽短，但其中仍包含有唱做、说白、短打多种表演，这是西剧中所不易见者。"[1]

4. 宣传推介的演讲尊重西方观众的接受习惯

在宣传策略方面，张彭春、梅兰芳等考虑了西方观众的接受习惯，如3月20日在艺术家俱乐部的晚会上，张彭春先讲了两个小故事，其中之一："一农妇听说邻村要演戏了，抱起还在吃奶的孩子抬腿就走，为了能够看到戏的开头，农妇走得很急，过西瓜地时，她被绊倒了，孩子摔到地上，她赶紧抱起来接着跑，还好在开演前及时赶到了戏园子，戏演了一整天，农妇看戏像着了魔一样，快到傍晚时，她猛然想到，孩子怎么这么安静，甚至连吃的都不要，她不安地看一看双手，原来一整天自己抱着的是一个西瓜。"[2] "张彭春博士以这样幽默的故事在演员之家开始介绍中国戏剧的报告。有丰富思想内容的和巧妙机智的报告成了著名的梅兰芳率领的中

---

[1] 戈公振《从东北到庶联》，湖南人民出版社1984年版，第235页。

[2] Встреча Мэй Лань-фана с артистами, —《Комсомольская правда》, Ⅲ / 22, М, 1935.

东西文化的对话

国剧团演出的开场白。"[1] 配合讲解梅兰芳等进行示范演示,介绍和展示京剧表演的特征和规律,"这些小的片段展示,虽然还不足以评价梅兰芳超凡的才能,但观众就已经给予他热烈的掌声。毫无疑问,明天将要开始梅兰芳剧团的演出是最卓越的文化事件,这些演出将使苏联观众通过戏剧了解中国文化的崇高价值。"[2]

此外,由中国剧团提供资料,苏联对外文化关系协会、俄罗斯联邦教育人民委员会与戈梅茨联合发行了两本俄文小册子,其一为《著名演员和导演梅兰芳领导的中国剧团演出之剧情介绍》[3],其二为张彭春帮助修改、编辑的《梅兰芳博士领导的中国剧团最后一场演出之剧情介绍》[4]。以上两种宣传品在剧院发售,帮助苏联观众了解剧情,学会欣赏戏曲艺术。

1935年梅兰芳剧团访问苏联时,梅兰芳等人既借鉴了访日、访美的经验,又充分考虑到了苏联国情的特殊性,在服饰和砌末的备办、剧目的选择、演出时间的安排等诸多方面进行了精心的准备,特别是在推介戏曲艺术的演讲中更是考虑到了欧洲观众的接受心理和习惯,充分的准备和运作,为成功地传播戏曲文化创造了必要条件。

(二)苏联艺术家的推介和宣传

1930年梅兰芳访美巡演成功后,苏联戏剧界已经清晰地认识到了中国戏曲艺术的理论和实践价值[5],而梅兰芳在苏联早已是中国乃至东方戏剧艺术的杰出代表。苏联艺术界希望观摩、学习、研究中国传统的戏曲文

---

1 Встреча Мэй Лань-фана с артистами,—《Комсомольская правда》,Ⅲ / 22,М,1935.
2 Встреча Мэй Лань-фана с артистами,—《Комсомольская правда》,Ⅲ / 22,М,1935.
3 即前面所提到的《梅兰芳在苏联所表演之六种戏及六种舞之说明》的小册子。
4 即中国文献资料中常提到的《大剧院所演三种戏之对白》的小册子。
5 对于梅兰芳剧团访苏演出成功的原因,戈公振认为,"这种成功不是偶然的,一来,中国的戏剧在世界上是另成一个系统,既然和西方的戏剧不同,当然即有研究的价值;二来,梅兰芳在中国的戏剧界,已有很高的地位,而且曾应聘到日本和美国表演,则其表演的艺术必有一定的价值。三来,庶联的新戏剧,颇趋象征主义,中国戏剧的表演、舞台的布置,大有供参考的价值,所以这次庶联邀请梅氏表演,就存有研究的态度。"见戈公振《从东北到庶联》,湖南人民出版社1984年版,第234—235页。

化，他们在为梅兰芳剧团巡演的推介方面也做了大量的工作。

1. 介绍中国戏曲艺术广泛的民间基础

俄国十月革命使"旧的社会秩序颠倒过来了，过去的被压迫者成为新的社会支配者。用列宁的话说，从前'供奉着饱食终日的女太太，和郁闷的、苦于脂肪过多的上流绅士'的戏剧，现在是'供奉着国家的活力及其将来的千百万勤劳民众'"[1]。列宁认为："艺术是大众的。艺术得把它那深远的根植入于劳动大众之中。艺术得为此等大众所理解、所喜爱。艺术得统一大众底感情、思想、意志而提高之。"[2]1931年4月，在苏联文学团体再组织的大会上，文艺理论家契尔波丁谈道："戏剧是最民主的、最接近大众的艺术。戏剧比小说更容易到观众里面去，撼动他们，激励他们，留下某种再教育的痕迹。假使小说有几万几十万人读，那么戏剧通过周密的剧场网，通过俱乐部，到达几十万几百万的观众。"[3]在梅兰芳访苏演出之前，苏联文化界大量地介绍了戏曲艺术在中国广泛而深远的影响，强调了它的道德教化功能。特列季亚科夫在《五亿观众》一文开头即写道："中国的戏曲艺术影响着地球上一半居民的精神生活。"在中国，"在农村的寺庙里，供奉着祖先牌位的对面是戏台子，每逢节日，传统的祭祀仪式之后，参加者就到对面去看戏。""中国戏剧的全民性是特别惊人的。一百个中国人中也许五个人会读结构复杂的方块字，毫无疑问的是，他们中九十五个人都能弄明白难懂的戏剧语言。戏剧对白早就成了家喻户晓的谚语和俗语，孩子们和同龄人玩儿打仗的游戏，在额头上绑上角色的奇异的标志，像剧中演员那样走路，用剧中角色那样的假嗓子声喊出命令。那些希望得到爱慕的姑娘们，仔细观察演员的步态，模仿旦角演员，……青年朋友之间也是说着古典戏剧舞台上朋友之间说的话。当演员，也是有些农民农闲时候的谋生手段。但中国戏剧不仅仅在舞台上演出，还渗透到日常

---

[1] 转引自《田汉文集》（十四集），中国戏剧出版社1987年版，第444—445页。
[2] 转引自《田汉文集》（十四集），中国戏剧出版社1987年版，第354页。
[3] 转引自《田汉文集》（十四集），中国戏剧出版社1987年版，第378页。

生活的最细微之处，家里生小孩、举办婚礼，都要请两三位演员演出哑剧和剑舞。流浪歌手在闹市和饭馆唱着最喜欢的一些戏剧的著名唱段。流动木偶戏艺人露天或者在集市上搭起围挡，用小棍指挥着木偶表演军事将领、中堂、皇帝、英雄、和尚和神灵。在小饭馆、集市或娱乐场所临时搭起的戏台上，在白色的幕布上，表演者展示着用晃动的光照出的人物的影子，变模糊后逐渐消失的技艺。仿照戏里的道具做的斧、钺等古代兵器，王冠等玩具摆在集市上，吸引着男孩子们。过年的时候，上面有神和戏剧角色的五颜六色的招贴画贴到家里的门或者墙上。几百万份印有演员肖像的明信片、有著名演员照片的识字卡片在售卖。这种戏剧以极其丰富的作品产生了巨大的影响。"[1] 3月20日《共产主义教育报》的文章介绍了在中国戏曲"演出是从早晨一直到深夜，在汉口、成都、北平、芝加哥、纽约的剧院里，戏剧家族的传人们演着一千多年前创作出来的熟悉的剧目。"[2] 其他一些报纸的文章也介绍了戏曲艺术在中国广泛的影响力："的确，剧场是广大群众最常去，也是最喜欢去的地方，在中国有五百多固定剧场和数量庞大的临时戏台子，为数众多的草台戏班的演员在临时戏台子上演出。……在整个中国演员的数量有三十万人，其中在北平大概有二千人左右，在上海还要多一些。"[3] "在中国就其广泛而深厚的影响力来说，没有哪种艺术可以和戏剧相较。在戏园子里，演出可以从早晨八点一直持续到深夜，每一座农村的寺庙都有自己的戏台子，草台戏班和请来的专业剧团在那里演出。流浪歌手唱着戏剧里的经典唱段，市民把演员请到家里唱上一两段，来为自己的节日助兴。"[4] "刚学走路，还完全不认字的时候，中国人就已经开始在戏剧情节中认字了。"[5] 评论家A.布鲁斯托夫分析说："中国的

---

[1] Третьяков С, Полмиллиарда зрителеи, Литературная газета, Ⅲ / 15, л, 1935.

[2] руманский. П, Театр тысячлетней кулътулы, —《За комунистическое просвещение》, Ⅲ / 20, М, 1935.

[3] Васильев Б.А, Китайский классический театр-на спектаклях Мэй Лань-фана, —《Рабочий и театр》, 1935, № 8.

[4] Третьяков С, Театр, которому тысячи лет, —《Труд》, Ⅲ / 15, М, 1935.

[5] Третьяков С, Театр, которому тысячи лет, —《Труд》, Ⅲ / 15, М, 1935.

文字是那样的复杂，要想学会它不是一般的困难，需要多年的辛勤付出。你看，它有四万五千个结构复杂的方块字，对于中国的劳动人民来说，要学习这些数量庞大结构复杂的方块字难死了。差不多所有的图书文献资料对他们来说都是异己的，戏剧就是鲜活的中国文字。因此，在中国戏剧的作用是相当大的。戏剧就是活着的文字、活着的图书文献资料。"[1] "要解释戏剧在中国惊人的普及程度，首先在于戏剧的普及是群众内心深处的需要，戏院对他们来讲不仅仅是喜欢的娱乐场所，而且是社会生活的中心，是学习的学校。因此，在中国的戏园子里，从早晨演到深夜不是偶然的。"[2]

2.介绍戏曲表演独特的舞台装置

在梅兰芳剧团巡演前，苏联的戏剧界就对此次演出从多个角度进行了介绍，如特列季亚科夫在文章中专门介绍了舞台布景和道具："梅兰芳剧团在北京专门制作了舞台装置，该装置精确复制了三十四年前帝国主义侵略者镇压义和团起义时肆意毁坏的北京颐和园的戏楼。舞台的后墙是传统的门，两侧是画着格栅图案的丝质薄纱墙，在那半透明墙的后面隐藏着乐队。在舞台的顶部依然是繁复的画满了精致的木质彩绘的人字梁和长方形的格栅。舞台颜色的色谱从下面的黄红色渐变到上面的蓝绿色。梅兰芳的舞台布景与我们的不同，因为在舞台上演员要表演室内片段和城堡下打斗的场景。事件发生场景的变更是借助于道具来实现的。舞台被传统的低矮的暗红色配金色的栅栏围住。丝绸绣制的道具格外精美，门帘、两个门之间可替换的图画、桌子和椅子上都盖着的鲜红的桌围椅帔，所有这些都是手工绣制的最精细的丝织品。所有的，甚至包括一些最细小的东西都是剧团自己带来的，这不仅包括舞台布景和格栅，还有桌子、椅子，甚至是铺满整个舞台的灰蓝色的北京地毯。在地毯的正中是绣制的象形文字

---

[1] Брустов.А，Фонг-хоанг，—《Литературный ленинград》，Ⅳ / 1，Л，1935.

[2] Брустов.А，Фонг-хоанг，—《Литературный ленинград》，Ⅳ / 1，Л，1935.

'梅',因为'梅花'是'李子树开花'[1]的意思,是春天到来的象征,带花的树枝一直织到了毯子的边缘。同样手工绣制的开着花的树枝贯穿着两块巨大丝质帷幕,这两块帷幕直到开演前还合拢着,遮住了舞台。独特风格的帷幕是著名演员梅兰芳的名片,在李子颜色的底子上绣着他的名字和姓的象形文字,这是该演员的标志。"[2]

3. 介绍梅兰芳在中国及世界上广泛的影响力

苏联报刊上的许多文章突出地介绍了梅兰芳在中国及国际上的广泛影响:"大概,除了苏联外,世界上的任何一个国家,戏剧都没有像中国那样的普及程度。著名演员的名字在中国家喻户晓,梅兰芳居首,在中国他享有'明星'的美誉。"[3] "如果您问别的演员,他想怎样表演,毫无疑问会得到这样的回答:'像梅兰芳一样'。"[4] "他的名字可以召集起成千上万的观众,精通戏曲的人和鉴赏家们从中国偏远的地区赶来欣赏这位大有前途的年轻演员的表演,这一时期对梅兰芳评价的俗语是'一笑万古春,一啼万古秋'。"[5] "梅兰芳表演的行当是女性角色,也被称为'正旦'和'青衣',意思是穿着深蓝色服装表演的角色,是正派的女主角的形象。梅兰芳扮演女性的角色是如此的出色,以至于一些评论家肯定地说,很少能够找到如梅兰芳般优秀的表演女性角色的女演员,像他那样具有超常的控制节奏的能力,嗓音和手势的精妙表演才能。不仅在中国,梅兰芳在日本、欧洲、美洲的演出均取得了巨大的成功。"[6] 爱森斯坦的文章在开头就谈道:"我第一次是从查理·卓别林那儿听到梅兰芳的,他热情洋溢的赞誉,让我知道了梅兰芳卓越的演技。"[7] 为了让观众对中国戏曲及剧情能够了解,苏联对

---

[1] 此处"梅"和"梅花"为俄语的译音,笔者认为俄文原文中误认梅花为李子树开的花。

[2] Третьяков С,Декорации театра Мэй Лань-фана,—《Правда》,Ⅲ / 18,М,1935.

[3] Васильев Б.А,Мэй Лань-фан и китайский театр,—《Известия》,Ⅲ / 12,М,1935.

[4] Третьяков С,Мэй Лань-фан—наш гость,—《Правда》,Ⅲ / 12,М,1935.

[5] Васильев Б.А,Мэй Лань-фан и китайский театр,—《Известия》,Ⅲ / 12,М,1935.

[6] Приезд китайского театра,—《Вечерняя москва》,Ⅲ / 3,М,1935.

[7] Эйзенштейн С,Театр Мэй Лань-фана—《Комсомольская правда》,Ⅲ / 11,М,1935.

外文化关系协会编印了三种俄文书籍在剧院发售，其中在《梅兰芳与中国戏剧》一书中，包括了接待梅兰芳委员会的组成名单、阿罗舍夫的开篇致辞《向伟大的演员致敬》、瓦西里耶夫的《梅兰芳——中国舞台上的表演艺术大师》、爱森斯坦的《梨园魔法师》。当时苏联著名的艺术家从不同的角度介绍梅兰芳，这本身就是对梅兰芳本人的肯定和宣传。

按照传播学的一般规律，富有思想和行动的文化艺术界的精英阶层和主流媒体左右着公众舆论和民众意愿，影响民众的思想和行为。苏联艺术界的精英们了解当时本国戏剧发展的现实需要和观众心理，他们对戏曲艺术介绍的角度和内容具有很强的针对性，也更容易在短期内取得良好宣传和传播效果。

因此，1935年梅兰芳剧团访问苏联切合了两国戏剧艺术发展阶段的现实需要，中苏艺术界的精心准备和运作及其紧密配合成为此次文化交流活动能够取得成功的重要原因之一。

三、结语

1935年梅兰芳剧团访问苏联的成功，表明中国戏曲艺术既有表层的审美，又蕴含着深层次的价值理念，其表演的重要特征——程式化和虚拟性等符合观众的生活经验，而其愉悦性和现场表演的亲和力易于为大众所理解和接受。观众诉诸感性认识，进而引发理性的思考，符合人的认识规律，印象深刻而长久，而以歌舞演故事的特点又使得它可以向世界以润物细无声的方式展示博大精深的中华文化、中华民族的历史传统及富足的精神追求。戏曲艺术的对外交流在构建和提升国家软实力中可以发挥重要而独特的作用，今天探讨1935年梅兰芳剧团访问苏联成功的原因，总结内在规律，对今后戏曲艺术的对外交流在政府参与度、政策制定、艺术界的责任和作为、具体操作等方面可以提供诸多的借鉴，从而为在世界上更有效地展示戏曲艺术的独特魅力、完整体系及丰富的思想内涵提供重要的参考。

附录一

东西方文化的对话——纪念梅兰芳访苏演出八十周年国际学术研讨会综述

李 菁（中国戏曲学院戏曲研究所教师）

2015年4月10日至11日，由中国戏曲学院主办的"纪念梅兰芳1935年访苏演出八十周年国际学术研讨会"在北京成功举行。来自中国内地（大陆）和香港、台湾以及俄罗斯、法国、丹麦等国家的30余位相关专家学者参加了会议，梅兰芳先生之子、著名京剧表演艺术家梅葆玖，中国戏曲学院副院长赵伟明，莫斯科大学、俄罗斯国立电影艺术学院副教授库普佐娃·欧尔加[1]在开幕式中致辞，与会的专家学者从不同的角度做了相关的精彩报告，会议最后由中国戏曲学院学术委员会主任、戏曲研究所所长傅谨教授做总结发言。

中国戏曲学院副院长赵伟明代表巴图院长对梅葆玖先生和远道而来的俄罗斯专家以及来自各地的专家学者表示衷心的感谢和热烈的欢迎。赵院长认为当年梅兰芳先生用京剧艺术敲开了苏联的大门，作为一次成功的访问交流活动，为两国的艺术家和观众都留下了深刻的印象，谱写了一段佳话，我们今天的研讨会也要延续这种精神，发表、碰撞彼此的观点，预祝

---

[1] 即《梅兰芳在苏联：1935年的巡演及其在苏联媒体上的反响》的作者О.Н.库普佐娃（О.Н.Купцова）。

研讨会取得圆满的成功。梅葆玖先生在开幕式致辞中说到梅兰芳访美演出的成功使西方人重新认识了中国戏剧，而访苏演出成功的意义则不仅仅在于传播，更在于使京剧艺术有了理论的系统阐述，当年梅兰芳在苏联演出时极受欢迎的《虹霓关》更是被斯坦尼斯拉夫斯基、布莱希特等当作京剧表演基本元素的典型来解读。他还介绍了纪念梅兰芳"双甲诞辰"巡演活动在俄罗斯和美国的演出情况、当地观众热烈的反响以及媒体对于演出的关注和报道。梅兰芳及其艺术作为中国优秀传统文化的代表在世界范围内都有着成功的交流和传播，作为一种艺术形式，它消弭了国家间、党派间的界限，为不同地域不同种族的人民所共同接受、欣赏和喜爱。来自莫斯科大学的欧尔加副教授在致辞中表示这次的活动不仅仅是官方的一个学术活动，同时也是两个国家戏剧专业之间的一次非常重要的交流，她提到会前与俄罗斯代表团参观了中国戏曲学院，中俄两国在学生培养方式上既有相同也有差异，希望这次学术活动对两国之间的戏剧交流起到一定的积极意义。

诸位与会专家学者在为期一天半的研讨会中围绕梅兰芳访苏进行了深入的交流，对于相关文献的整理解读方面也有突破性的创获，更从梅兰芳访苏对于东西方文化交流上的意义和作用进行了拓展性的分析，整体上加深了对于梅兰芳访苏这一文化交流活动的研究，使得这一课题有了更丰富更具有时代性的收获。

一、对梅兰芳访苏相关文献资料的整理、收集与解读

对梅兰芳的访苏活动进行研究，离不开相关的文献材料，这些文献资料对于完善中俄两国对梅兰芳访苏的认识有很重要的帮助，也拓展了对于梅兰芳访苏研究的视野。莫斯科大学的库普佐娃·欧尔加副教授的报告题目为《"他"和"自己"的文化互动——苏联戏剧评论界论梅兰芳》，她所关注的一个问题即苏联的戏剧评论家都是以怎样的方式，用什么样的语言表达出他们对于京剧的理解。她认为梅兰芳的表演艺术对当时的苏联无论是专业的戏剧评论家还是普通的观众来说无异于是新鲜而又陌生的。对

于苏联评论家而言，要把京剧放置在所熟悉的领域中，最后通过这个过程创造一个新的观念模式或者价值体系从而能够判断新的不熟悉的文化现象，当时的戏剧评论家就是拿熟悉的欧洲的审美标准对梅兰芳的表演做一些比较。他们所用的标准不仅仅来自戏剧方面的研究比较，还涉及美术、电影等诸多领域的探索和对比，原因则在于当时无法用其他熟悉的观念对新认识的现象做出描述和评价。苏联当时的一位评论家拿梅兰芳手指的动作去跟另外一位非常有名的意大利演员的手指动作做比较，他承认梅兰芳手指动作的含义只有熟悉京剧的中国观众才能理解，但在某种程度上，也能让一些不熟悉京剧的观众看得懂其表演，他的表演中有体现得很完美并且能为各国观众所共同接受欣赏的内涵。另外一位当时比较有名的文学家、戏剧家则把梅兰芳与卓别林联系了起来，他觉得梅兰芳先生的表演中可以看到和卓别林表演的一些共同性，梅兰芳先生在不同戏剧中表演的都是同一个女性，如同与卓别林在他所有的电影中好像都是演同一个人一样，因此他认为这两位演员的表演可以理解为在一个人物类型或者是角色类型的环节当中创造了自己个人的演员面具。

武汉大学的邹元江教授从一个新的角度对相关的传世文献档案解读并且提出了自己的看法。他以梅兰芳在1935年3月23日在莫斯科音乐厅演出以后巴奇里斯发表在《普罗列塔里报》的《梅树荫下的清歌妙舞》为例子，就中文翻译者对原文进行了怎样程度的删改，这些删改又有什么样的用意，起到了什么样的作用等问题进行了解读与分析。他认为，这篇文章的主旨从表面上看是肯定梅兰芳，但实际上是否定中国戏曲当时还是活着的。邹教授关注的是翻译者所持的观点或者改译者对当时发表在苏方的报道进行翻译的过程中所进行的删改现象以及这个删改的过程所起到的作用。中文的改译者出于对中国戏曲的维护和对梅兰芳艺术的热爱对文章进行了删改，这样的删改行为就导致了我们对于西方戏剧界怎样认识评论中国戏剧造成了极大的偏颇。邹教授就这篇文章的原作者、中文的翻译者、中文的改译者以及这篇文章披露报道的相关情况等问题同俄罗斯专家进行了交流和探讨，专家们商讨后也给出了相应的解释并对文章做出了适当的补充说明。

中国戏曲学院图书馆馆长海震教授根据几份不同的关于梅兰芳访苏的文献资料做了报告，这几份资料分别是梅兰芳访苏之前的外交电文、梅兰芳演出期间苏联举办的艺术家参加的座谈会记录、梅兰芳纪念馆的手抄本《梅兰芳游俄记》。辨析了梅兰芳访苏的经费问题，梅兰芳访苏的经费是由杜月笙等人赞助了10万块钱，国民政府行政院补助5万，梅兰芳自筹3万。根据梅兰芳访苏电文指出国内有部分媒体言论曾反对梅兰芳访苏演出，后来被国民政府所禁止，在三段电文中的最后一段说到取缔反对梅兰芳赴俄演剧的事，经函准中央宣传委员会复称，已转饬各报及各新闻检查所遵照。

二、东西方文化的对话

台湾"国立清华大学"助理教授叶可佳做了题为《梅兰芳与列宁格勒文学艺术界交流在苏联期刊中的反应》的报告，她在报告中对苏联对外文化交流协会在列宁格勒筹备组的成员和梅兰芳在列宁格勒的演出和文艺交流活动的安排等情况做了介绍，并且重点提到了苏联汉学家王希礼两篇文章中的观点。例如王希礼把京戏定义为一套精致的表演手段所形成的一种复杂的体系，他认为梅兰芳先生的革新改变了角色的原理和表演规则，但是不会去侵犯或改变程式化的现实主义。在这篇文章中也对梅兰芳先生的表演做了很多详细的介绍，认为梅兰芳先生具备非常出色的节奏感和动作协调能力，从而使他的表演成为京剧的经典。此外还提到苏联的民众尊重并欣赏其他民族的文化艺术，尽量去理解与探索的精神。

梅兰芳纪念馆馆长秦华生讨论了梅兰芳访苏对中国戏曲及梅兰芳自身的影响。首先他认为此次演出对国外戏剧家在戏剧创作及戏剧理论思考方面都起到了影响，梅兰芳的演出震撼了苏联及欧洲的戏剧家如梅耶荷德、爱森斯坦、布莱希特等，给他们多方面的启发。秦华生认为梅兰芳的精湛表演对布莱希特戏剧观的形成起了画龙点睛的作用。其次梅兰芳访苏不仅确立了独树一帜的中国戏曲的国际地位，使之傲然自立于世界戏剧之林，更在中外戏剧比较中确立了中国戏曲理论的国际影响。

中国戏曲学院教授田志平的报告题目是《梅兰芳访苏演出实现的审美传递》，他认为梅先生所带去的剧目运用中国京剧的艺术形式，呈现出中国古代一部分女性的舞台形象，反映出了中国古代社会对于女性形象的一种认知、认可的态度，这些认知被中国的儒家文化归纳为孝悌忠信礼义廉耻，京剧乃至中国戏曲把中国传统的社会价值观深植其中，这对当时苏联的观众来说是难以在一时间体会理解的。但是梅兰芳先生的表演中舞台肢体表现的部分和舞台场景安排等内容对当时西方的戏剧家、电影界的大师的艺术思考产生了启发。田志平教授结合俄罗斯专家所播放的梅耶荷德的元素训练和剧目片断，指出其中跟中国戏曲的表演有一定程度的内在节奏感的合一性，如人物表演时情感或感觉的放大和夸张，以及动作完成讲究开头、中间和结束的过程，他认为梅耶荷德的元素训练和剧目片段展示出跟中国戏曲异曲同工之处。

莫斯科爱森斯坦中心主任克雷曼·瑙姆教授因故未能到场，由欧尔加教授代为宣读了他的报告《梅兰芳与爱森斯坦》。他认为写于1935年梅兰芳到达莫斯科之前的一篇文章《梨园仙子》，是爱森斯坦对表演艺术的一个转折点，即由此前迷恋日本美术转而对中国文化和艺术的了解。这篇文章里提到两个重要的概念，即表象和形象，他利用中国传统戏剧特别是梅先生的表演艺术来讨论这两个概念。

香港浸会大学博士生、香港公开大学翻译科讲师汪卿孙以翻译学的跨学科角度来研究戏曲，比较并介绍了梅兰芳访美、访苏的前期工作，就梅兰芳在美、苏表演的前期工作中语言文化差异的处理进行了研究和探讨。汪老师从翻译学科的角度来研究戏剧，主要探讨梅兰芳在表演前期使用的是什么手法来处理语言与文化差异以及如何引导观众去理解表演内容，在指出了传统戏曲词汇的西方翻译用词的同时，也指出这样的翻译方式可能会让西方观众对中国戏曲的理解产生偏差。

武汉大学博士生耿余的发言选择的角度是由肢体表现力展开的中西审美的对话。她认为1935年梅兰芳访苏这一事件推动了中西方戏剧之间的审美交流，拓展了在这一问题讨论探索上的纵深，而这种纵深性不仅体现在从梅兰芳表演艺术中获得了启示,更重要的是对西方围绕着梅兰芳和中国戏曲艺术展开了深入的探讨和研究产生的深远影响,这些理论的认知对于西方导演来说是发现东方,可以作为他们反观自己的一个重要参照;对我们而言,西方关于梅兰芳和中国戏曲形成的认知同样可以作为我们研究梅兰芳表演美学的一个重要视角。此外,耿余还介绍了布莱希特和梅耶荷德对梅兰芳艺术的讨论,以梅兰芳在舞台上展示的身体控制力和表现力为切入点来探讨中国戏曲独特的程式化审美表现形式是与演员的身体之间有一种本质性的关联。布莱希特指出中国戏曲的表演背离了欧洲特定的幻觉,而这种特定的幻觉正是斯坦尼理论体系下形成的说法。梅兰芳所呈现的表演向西方导演展示的是由身体来掌控舞台,东方演员在西方导演面前展示的是与整个身体有关的艺术,而这个身体必须是一个自幼接受训练的身体。而关于梅耶荷德,耿余指出梅兰芳向他证明了他的戏剧美学的理想是有可能实现的或者说他的方向应该是正确的。

三、对梅兰芳访苏背景的探讨

中国戏曲学院戏文系教授颜全毅将梅兰芳赴苏演出的特色归纳为第一次京剧带有官方背景的出访演出。颜全毅教授论述了梅兰芳访苏的官方背景和访苏期间苏联方面的活动。苏联方面成立了专门的梅兰芳招待委员会招待梅兰芳参观社会主义的建设成就,并且梅兰芳在莫斯科做首演的时候驻苏大使颜惠庆专门做了中国文化的忠孝节义的介绍,召开了著名的座谈会,最后就梅兰芳从欧洲转赴苏联的原因进行了挖掘。

中国戏曲学院教授周丽娟查找了大量史料,从三个方面论述了梅兰芳访苏演出成功的原因。其一是两国政府的推动和支持,梅兰芳访苏符合中苏两国当时的国家利益。当时中苏两国在边境、外交上都有一定的分歧,由于日本对苏联的威胁,使中苏两国对立的立场发生改变。政府的推动和支持为访苏成功创造了良好的条件。其二是双方戏剧界共同努力,当时苏联的戏剧界对东方戏剧有浓厚的兴趣,为了迎接梅兰芳访苏,发表了相当数量的文章。这些文章借助于《打渔杀家》等一些剧目详细生动地描述了戏曲艺术的起源、发展、特征及在中国的广泛影响，还介绍了中国剧场的格局以及中国人欣赏演出的场景，对中国戏曲文化做了比较全面的介绍。梅兰芳为了访苏演出从演出时间、剧目选择、舞台布景、服装道具上都做了精心的安排。其三是中苏双方出色的宣传与运作。当然，访苏成功最重要的原因还是梅兰芳精湛的演技，这一点从苏联报刊的报道中可以看出。周老师查到的38篇文章中，篇名含梅兰芳的就有27篇。总之，1935年梅兰芳剧团访苏演出于国有益，于世界戏剧界来说也是一次成功的交流。

梅兰芳纪念馆研究部副主任梅玮在报告中讲述了梅兰芳访苏演出前国内外的舆论影响。他结合当时复杂的政治外交环境把梅兰芳访苏的背景引向了更加深广的层面。他指出，如果从历史的角度来看，梅先生在1935年去苏联参加访问演出时中国与苏联的关系正由于满蒙铁路归属权的问题而处于一种交恶的状态，因此苏联方面对梅兰芳的邀请文章一经在国内发表，马上就引起了激烈争论，很多媒体开始对苏联邀请梅兰芳演出的动机、意义以及梅兰芳出访对中国文化的影响展开了激烈的辩论。梅玮还指出，梅先生访苏与访美、访日有不同之处，访苏是苏联直接跟当时中国国民党政府进行合作，应该算是一种官方的访问，当时国民党政府在经济上和政治上对梅兰芳的访苏之行予以了资助和支持，除拨出专门的经费外，还由官方直接下达禁止报刊刊发任何反对梅先生访苏的公开言论的命令。当时的时局背景极为复杂，牵扯到了中苏日三方间的政治经济纠葛。另一方面，作为一种掺杂了缓和双方政治与外交分歧目的的文化交流活动，梅兰芳在苏联的演出超越了政治范畴，尽管国内对其访苏演出的看法一直存在着意见和分歧，但不可否认的是，梅兰芳的出访仍旧是一次令人欢欣鼓舞的成功之行。梅玮认为梅兰芳能够在苏联演出并且获得极大成功的原因正是因为梅先生对艺术的追求、对艺术本身严格的自律，梅先生的艺术是不沾政治的，他最终的目的就是把自己的艺术完美地呈现给台下观众。

会议即将结束前，中国戏曲学院新媒体艺术系主任谭铁志介绍了纪念梅兰芳访苏80周年的创作计划。他介绍到，中国戏曲学院新媒体系将与俄罗斯的列宾美术学院合作，以梅兰芳访苏期间的人、景、物包括视觉档

东西文化的对话

案各方面的信息为线索来进行系列的美术创作，展现中俄两国艺术家不同的视觉文化，运用美术和视觉设计的语言来进行戏曲文化的传播。

傅谨教授最后进行了精彩的总结发言，他概括指出本次学术研讨会有三个方面的重要收获。首先，在资料的整理、收集和挖掘上有很大的收获和突破，几位与会的中外专家学者如俄罗斯的库普佐娃·欧尔加副教授、爱森斯坦中心主任娜塔莉娅·玛克罗娃、武汉大学邹元江教授以及梅兰芳纪念馆研究部副主任梅玮等所找到的提供探讨的资料都是以前未曾注意到的。其次，梅兰芳访苏引起了苏联当时高度的关注，激发了东西方文化的碰撞，推动了世界当代戏剧艺术的发展，在傅谨教授看来，这样大规模的和深入的文化交流活动并不多见。同时，爱森斯坦、梅耶荷德等苏联不同领域的专家来讨论一个不同民族的表演艺术家的艺术，这在世界文化交流史上同样是少见的，彰显出了梅兰芳表演艺术的魅力和俄罗斯民族对于艺术的包容与探索。再次，本次研讨会对梅兰芳访苏时复杂的政治、外交和文化背景进行了深入的探讨，有关专家学者的报告也从不同的角度把关于梅兰芳访苏时政治外交背景的探讨引向了更深入的层面。傅谨教授指出，我们不是抽象的在谈政治和艺术的关系，而是在这样复杂具体的语境中去讨论艺术如何在各种复杂的政治环境下永远存在，以及如何产生不朽的魅力。

在为期一天半的会议中，与会专家从各个不同的角度围绕梅兰芳访苏这一具有历史性意义的活动进行了深度的挖掘和探讨，在与俄罗斯等其他国家学者的交流过程中，我们不仅获知了国外专家对梅兰芳的研究成果，也使得我们补充了在文献资料方面的遗漏和空白。本届学术研讨会是一次令双方专家满意的卓有成效的会议。会议期间还安排了中俄两国专家前往长安大戏院观看传统京剧《四郎探母》，使俄罗斯学者们更加近距离直观地感受到了京剧艺术愈久弥新的魅力。相信这次会议的成功举办会将"梅兰芳访苏"这一课题的研究推向一个更深更广的层面。

（原文发表于《戏曲艺术》2015年第2期，收入本书中略有改动）

附录二

中外学者在京纪念梅兰芳访苏演出 80 周年

（新华网 2015 年 4 月 11 日）

新华网北京 4 月 11 日电（记者周雯 耿锐斌）"纪念梅兰芳 1935 年访苏演出八十周年国际学术研讨会"10 日至 11 日在北京举行。来自俄罗斯、法国、丹麦和中国的 30 多名专家学者会聚一堂，共探梅兰芳访苏演出这一成功的对外文化交流范例。

本次研讨会由中国戏曲学院戏曲研究所主办。在为期两天的议程中，与会者对梅兰芳剧团访苏演出的历史背景及真实情况进行了还原，并就苏联民众对中国京剧的了解和理解，访苏前后他们对中国戏曲艺术、中国文化，对梅兰芳本人及对中国人看法的变化等进行了深入系统的探讨和交流。

1935 年 3 月至 4 月，应苏联对外文化协会的邀请，京剧大师梅兰芳率团赴莫斯科和列宁格勒演出，在当地掀起"中国京剧热"。梅兰芳此行尽管时间短暂，但对苏联乃至欧洲戏剧产生了深远影响。业界人士普遍认为，这次访问演出进一步宣传并确立了京剧这种古老的东方戏剧艺术在世界上的地位，是中国戏曲艺术对外传播最成功的范例。

梅兰芳之子、著名京剧表演艺术家梅葆玖在研讨会开幕式致辞中说："如果说梅兰芳访美演出的成功，使西方人重新认识了中国戏剧，那么梅兰芳访苏演出的成功,不仅仅在于传播,更在于使京剧艺术有了理论的系统的阐述。"他认为此次研讨会是继承、弘扬以梅兰芳为代表的中华传统文化的实际行动。

中外专家们在研讨会上相继发言,分享各自最新的研究成果。其中,莫斯科大学副教授库普佐娃·欧尔加发表了关于苏联戏剧评论界论梅兰芳的讲话,梅兰芳纪念馆馆长秦华生作了题为《梅兰芳访苏游欧的深远影响》的发言,来自俄罗斯国家艺术学院的科什诺娃·娜塔莉娅就梅兰芳与苏联芭蕾进行了阐述,中国戏曲学院教授周丽娟发表了题为《1935年梅兰芳访苏演出成功的原因初探》的研究报告。

主办方认为,与会者探讨了梅兰芳访苏演出大获成功背后的原因,总结了内在规律,对当今戏曲艺术对外交流在政策制定和实际操作等方面提出了切实可行的建议和构想,为今后在全球化背景下更有效地展示戏曲艺术的独特魅力、完整体系及丰富的思想内涵总结了宝贵的经验。

俄罗斯网站转载新华网俄文报道

В Пекине отмечается 80-летие гастролей Мэй Ланьфана в СССР в 1935 году[1]

10-11 апреля в китайской столице прошла Международная научная конференция в честь 80-летия гастролей Мэй Ланьфана в СССР в 1935 году, организованная Китайским институтом национальной оперы и музыкальной драмы /КИНОМД/.В мероприятии приняли участие более 30 ученых и специалистов из России, Франции, Дании и Китая.

В марте-апреле 1935 года по приглашению Всесоюзного общества культурных связей с заграницей знаменитый мастер пекинской оперы Мэй Ланьфан приехал на гастроли в Москву и Ленинград.В музыкально-драматических кругах считают, что данная поездка Мэй Ланьфана, которая способствовала популяризации пекинской оперы, и тем самым определила статус этого древнего восточного искусства в мире, служит самым успешным образцом распространения национального музыкально-драматического искусства за границей.

Как отметил на церемонии открытия конференции сын Мэй Ланьфана Мэй Баоцзю, который также является мастером пекинской оперы, если говорить, что Мэй Ланьфан своими успешными гастролями в США позволил Западу заново познакомиться с китайской национальной оперой, то благодаря его выступлению в СССР пекинская

---

[1] 这篇报道原文有图片，收入本书中做了删除。

опера приобрела более теоретический и систематический характер. Он назвал нынешнюю конференцию "практическими действиями по наследованию и развитию китайской традиционной культуры в лице Мэй Ланьфана".

Китайские и зарубежные ученые и специалисты один за другим выступили на конференции, представив последние результаты своих исследований в этой области.В частности, Ольга Купцова из МГУ сделала доклад на тему ""Чужое" через "свое", "свое" через "чужое": Мэй Ланьфан в зеркале советской театральной критики", Наталья Коршунова из московского ГИИ /Москва/ выступила с докладом "Мэй Ланьфан и советский балет", профессор КИНОМД Чжоу Лицзюань выступила с докладом "О причинах успеха гастролей Мэй Ланьфана в СССР".

Организаторы мероприятия считают, что участники конференции проанализировали причины успеха гастролей Мэй Ланьфана в СССР 80 лет назад, обобщили внутренние закономерности и представили реальные и осуществимые предложения и концепции относительно внешних обменов в области музыкально-драматического искусства, подытожили драгоценный опыт для более эффективной демонстрации своеобразной привлекательности, целостной системы и богатого содержания китайской национальной оперы на фоне глобализации.

Статьи, которые представлены на нынешней конференции, будут официально изданы на китайском и русском языках.Источник: Агентство Синьхуа.

中外学者在京纪念梅兰芳访苏演出 80 周年[1]

（新华网　2015 年 4 月 11 日）

4月10日至11日，由中国戏曲学院戏曲研究所主办的"纪念梅兰芳1935年访苏演出八十周年国际学术研讨会"在北京举行。中国及来自俄罗斯、法国等国家的30多名专家学者会聚一堂，共探梅兰芳访苏演出这一成功的对外文化交流范例。1935年3至4月，应苏联对外文化协会的邀请，京剧大师梅兰芳率团赴莫斯科和列宁格勒（今圣彼得堡）演出，在当地掀起"中国京剧热"。（新华社记者 周雯/摄）

---

[1] 这篇报道原文有图片，收入本书中做了删除。

纪念梅兰芳访苏80周年学术研讨会召开

(《光明日报》 2015年4月12日 第4版)

本报北京4月11日电(记者苏丽萍)由中国戏曲学院主办的"纪念梅兰芳1935年访苏演出八十周年国际学术研讨会",近日在京举行。与会学者对梅兰芳剧团访苏演出的历史背景及真实情况进行了还原,并对苏联文艺工作者和普通观众对于中国京剧及不同剧目的了解和理解,访苏前后他们对中国戏曲艺术、中国文化,对梅兰芳本人以及中国人的看法的变化等进行了交流,认为梅兰芳的演出进一步确立了京剧在世界上的地位,是中国戏曲艺术对外传播的成功范例。

文化互动 影响深远——纪念梅兰芳访苏演出80周年国际研讨会侧记

(《中国文化报》 2015年4月16日 第5版)

（本报记者 罗云川）2014年是京剧大师梅兰芳诞辰120周年，2015年又逢梅兰芳访苏演出80周年。人事已远，余音不绝。4月10日、11日，中国戏曲学院戏曲研究所在北京举办了"纪念梅兰芳1935年访苏演出八十周年国际学术研讨会"，来自中国内地（大陆）和香港、台湾以及俄罗斯、法国的30多位专家学者先后发言，交流资料搜集整理的心得，并提出了一些新的观点。

戏曲对外传播的范例值得研究

1935年3至4月，应苏联对外文化协会的邀请，梅兰芳率团赴苏演出。因观众购票空前踊跃，梅兰芳原定在莫斯科和列宁格勒的8场演出，应苏方要求，改为14场，并在莫斯科大剧院加演一场作为临别纪念。被称为"苏联电影艺术最卓越代表"的爱森斯坦专门把梅兰芳演出的京剧《虹霓关》之"对枪"一折拍成电影，并把京剧的许多艺术手段融入他此后的电影艺术创作中。苏联和欧洲其他国家的戏剧家如梅耶荷德、布莱希特等高度赞扬梅兰芳的演出，他们此后对中国戏曲艺术的关注和研究，更促进了欧洲现代戏剧的发展。

从梅兰芳访苏前直至今天，中国、苏联及主要后继者俄罗斯等国都有专家学者关注这一世界文化交流的重要事件，但无论是原始资料的搜集整理还是对事件的研究，均不够系统全面。2014年，在中国戏曲学院北京戏曲文化传承与发展研究基地首席专家傅谨教授的提议和指导下，周丽娟教授等承担了北京市哲学社会科学规划重点项目"梅兰芳1935年访苏演出研究"。为完成该项目，课题组成员专赴俄罗斯查找档案资料和当时的媒体报道，拜访俄罗斯专家学者，推进了相关研究。

"他者"的视角

在研讨会上，国外专家谈了自己多年的研究体会。莫斯科大学的库普佐娃·欧尔加在谈到梅兰芳访苏前后评论界在报刊文章中对京剧艺术的看法时说："面对不熟悉的表演体系时，评论家和戏剧专家只好用'自己'的文化观念来解释'他者'文化的特点，这样才可把陌生的现象放到一种熟悉的语境中。评论者试图一层一层地分析京剧，将其与熟悉的欧洲美术标准比较。""评论者指出，俄罗斯戏剧要借鉴中国戏剧的表演技巧。"俄罗斯国家艺术研究院梅耶荷德遗产研究委员会会员谢尔巴克夫·瓦吉穆说："1935年梅兰芳的表演令先进的苏联导演最敬佩的是精简的演员技能，不仅他们能够完全理解这种特别的表演方式，广大苏联观众也早熟悉了'程式化'戏剧。"

俄罗斯国家艺术学院的科什诺娃·娜塔莉娅在论文《梅兰芳与苏联芭蕾》中谈道："他的表演中的舞蹈和杂技技巧最引人瞩目，苏联观众主要欣赏梅兰芳动作的完美，特别是他的手。以至于，1952年苏联大剧院芭蕾舞团排演的具有中国色彩的芭蕾《红色罂粟花》就带有梅兰芳表演的影子。"

法国学者欧唐·玛铁说："梅兰芳的表演体系引起苏德戏剧导演的兴趣，他们决心学习和应用'程式化'戏剧的手段。"其发言还介绍了梅兰芳和斯坦尼斯拉夫斯基在演员表演技巧方面的一些相似的看法和理解。

附录二　文化互动 影响深远——纪念梅兰芳访苏演出80周年国际研讨会侧记

艺术无国界

在研讨会上，京剧表演艺术家、梅兰芳之子梅葆玖说："如果说梅兰芳访美演出的成功，使西方人重新认识了中国戏剧，那么梅兰芳访苏演出的成功，不仅仅在于传播，更在于使京剧艺术有了理论的、系统的阐述。"2014年，为纪念梅兰芳诞辰120周年，梅葆玖带领剧团和梅派弟子沿着梅兰芳当年世界巡演的路线到国外演出，"到了俄罗斯，极具文化修养的俄罗斯普通老百姓对京剧并不陌生，剧场的秩序、鼓掌的频次，让我相信这和80年前我父亲那次具有学术性的演出有一种承传的联系"。

梅兰芳纪念馆馆长秦华生认为，梅兰芳访苏演出震撼了苏联及欧洲戏剧界，使一批艺术大师级人物多次观看了完全不同于苏联及欧洲的舞台剧表现形式。梅兰芳的演出对外国戏剧家的创作及理论思考的影响，加深了他们对梅兰芳表演体系的认知，进一步确立了独树一帜的中国戏曲的国际地位。同时，访苏演出对国内，对梅兰芳、梅派自身也产生了深远影响。访苏归来，梅兰芳说："中西戏剧是不相同，但是表演却可互相了解，艺术即在于此。所以'艺术是无国界'这句话，诚非虚言。我希望不久将来有新的艺术产生，融汇中西艺术于一炉。"

中国戏曲学院田志平教授结合梅兰芳剧团在苏联演出的剧目进行分析："梅先生分别以青衣、花衫等行当的演技格式，饰演了柳迎春、费贞娥、萧桂英、赵艳蓉、东方氏、杨玉环等众多人物，运用中国京剧的艺术形式，呈现出中国古代一部分女性的舞台形象。在这些女性形象的塑造中，京剧乃至中国戏曲是把中国传统的社会价值观深植其中的。"

中国戏曲学院周丽娟教授结合她在俄罗斯查阅的新闻媒体上的近40篇文章，分析了梅兰芳访苏演出成功的原因。她认为与访日、访美不同的是，1935年梅兰芳的访苏演出得到了中苏两国政府的支持，为迎接、宣传梅兰芳演出，苏联文化艺术界给予了高度的关注并写了大量的文章，不仅介绍了独特的戏曲艺术，而且对中国的戏曲文化进行了比较全面的介绍。这次出访，梅兰芳等人既借鉴了访日、访美的经验，又充分考虑到了苏联国情的特殊性，在剧目的选择、演出时间的安排等诸多方面都进行了精心的准备，特别是在推介戏曲艺术的演讲中更是考虑到了欧洲观众的接受心理和习惯。

中外专家在京交流梅兰芳访苏演出成果

(《中国艺术报》2015年4月15日 第1版)

（本报讯 记者董大汗）80年前，也就是1935年3至4月间，应前苏联对外文化协会的邀请，我国著名京剧大师梅兰芳率团赴莫斯科和列宁格勒演出；80年后的4月10至11日，中国戏曲学院邀请来自中国、俄罗斯、法国等国，以及我国台湾、香港地区的30余位专家学者会聚北京，就梅兰芳80年前访苏演出的来龙去脉及其对苏联乃至整个欧洲戏剧界所产生的重要影响展开了深入研讨，以示纪念。

会上，俄罗斯和法国的专家库普佐娃·欧尔加、娜塔莉娅·玛克罗娃、克雷曼、谢尔巴克夫·瓦吉穆、欧唐·玛铁等分享了他们多年来对梅兰芳访苏演出研究的成果与体会。国内专家学者赵伟明、吴迎、傅谨、颜晓华、谢柏梁、于建刚、黄殿祺、海震、王绍军、谭铁志、邹元江、周丽娟、秦华生等，对梅兰芳访苏演出的相关资料进行了详细解读。大家认为，梅兰芳的访苏演出，震撼了苏联及欧洲戏剧界，使一批艺术大师级人物多次观看了完全不同于苏联及欧洲的舞台剧表现形式，尤其是对外国戏剧家梅耶荷德、泰伊罗夫、爱森斯坦、布莱希特等创作及理论思考产生了深刻影响，加深了他们对梅兰芳表演体系的认知，进一步确立了独树一帜的中国戏曲的国际地位。梅兰芳之子梅葆玖表示，如果说梅兰芳访美演出的成功，使西方人重新认识了中国戏剧，那么梅兰芳访苏演出的成功，不仅仅在于传播，更在于使京剧艺术有了理论的系统的阐述。

"国戏"学术研讨纪念梅兰芳访苏80周年

(《北京青年报》 2015年4月17日 A19版)

（本报讯 记者郭佳）日前，由中国戏曲学院戏曲研究所召开的"纪念梅兰芳1935年访苏演出八十周年国际学术研讨会"在京落幕。来自俄罗斯莫斯科大学、爱森斯坦中心、国家艺术研究院等的30多位专家学者在研讨会上交流了最新搜集整理的资料，首次将舆论界一直集中于梅兰芳访苏所制造的轰动效应提升至学术层面。

研讨会上，学者专家谈了自己多年的研究体会，俄罗斯爱森斯坦中心主任克雷曼称："梅兰芳在莫斯科时，爱森斯坦几乎每天晚上去见他，有时欣赏梅的表演，有时进行交流。爱森斯坦晚期的作品《伊凡雷帝》带有歌舞伎的审美，但笔者认为也可看出京剧的影子。"莫斯科大学教授库普佐娃·欧尔加谈道："面对不熟悉的表演体系，当时的评论家和戏剧专家只好用自己的文化观念来解释其文化特点，这样才能把陌生的现象放到一种熟悉的语境中。还有一位当时很有名的文学家兼戏剧家认为梅兰芳的表演与卓别林有很多共性，他觉得梅兰芳在不同戏剧中表演的都是同一个女性，一如卓别林在他所有的电影中好像都是演同一个人。"

值得一提的是，在对梅兰芳访苏众口一词的褒扬声中，武汉大学教授邹元江则表示："事实上当年苏联报刊的评价并非是完全肯定，最耐人寻味的是梅氏身边的文人对这些评价的译介有意删节所导致的片面引导。1935年苏联的报刊对梅兰芳表演美学的解释显然是按照西方话剧的表现重心对戏曲艺术充满着既偏颇但也具有某些合理性的误读，这主要是中国戏曲艺术'和生活隔离'的内容使舞台上的表演与苏联观众之间发生了'裂痕'。有些歧见是需要加以重新甄别分析的。"

中外学者纪念梅兰芳访苏演出 80 周年

(中新网 2015 年 4 月 11 日)

(北京 4 月 11 日电 记者应妮)中国戏曲学院戏曲研究所 10 日、11 日在京召开了"纪念梅兰芳 1935 年访苏演出八十周年国际学术研讨会",在重忆一段中外文化交流佳话的同时,与会者们也总结了如何在全球化背景下更有效地展示戏曲艺术的独特魅力,并提供了可行性建议和构想。

八十年前的奇迹

1935 年 3 至 4 月间,应苏联对外文化协会的邀请,著名的京剧大师梅兰芳率团赴莫斯科和列宁格勒演出。邀请单位专门成立了接待梅兰芳委员会,主席由协会会长 C. 阿罗舍夫和当时中国驻苏大使颜惠庆担任,委员包括斯坦尼斯拉夫斯基、聂米罗维奇-丹钦科、梅耶荷德、爱森斯坦等文化艺术界著名人士。因观众购票空前踊跃,梅兰芳等原定在莫斯科和列宁格勒 8 场的演出,应苏方要求,改为 14 场,并在世界久负盛名的莫斯科大剧院加演一场作为临别纪念。

被称为"苏联电影艺术最卓越代表"的爱森斯坦专门把《虹霓关》之"对枪"一折拍成电影,并把京剧的许多艺术融入了他此后的电影艺术的创作中。苏联和欧洲其他国家的著名戏剧家如梅耶荷德、布莱希特等高度赞扬梅兰芳的演出,他们此后对中国戏曲艺术的关注和研究,更促进了欧洲现代戏剧的发展,这次访问演出进一步宣传并确立了京剧这种古老的东方戏剧艺术在世界上的地位，是中国戏曲艺术对外传播最成功的范例。

两位大师的交流

梅兰芳之子梅葆玖说："如果说梅兰芳访美演出的成功，使西方人重新认识了中国戏剧，那么梅兰芳访苏演出的成功，不仅仅在于传播，更在于使京剧艺术有了理论的系统的阐述。"他表示："著名导演爱森斯坦拍了他认为是典型京剧的电影《虹霓关》，留传至今。当天苏联《真理报》文章的标题就是《伟大的爱森斯坦拍了伟大的梅兰芳》。"

俄罗斯爱森斯坦中心主任克雷曼介绍，梅兰芳在莫斯科时，爱森斯坦几乎每天晚上见梅兰芳，有时欣赏梅的表演，有时进行交流。而爱森斯坦晚期的作品《伊凡雷帝》带有歌舞伎的审美，也可看出京剧的影子。

俄罗斯国家艺术研究院梅耶荷德遗产研究委会员谢尔巴克夫·瓦吉穆表示，1935年梅兰芳的表演中令先进的苏联导演最敬佩的是精简的演员技能，不仅他们能够完全理解这种特别的表演方式，广泛的苏联观众也早熟悉了"程式化"戏剧。

助力京剧"走出去"

中国戏曲学院教授周丽娟结合其在俄罗斯查阅的新闻媒体上报道的近40篇文章，分析了梅兰芳访苏演出成功的原因。

她认为，与访日、访美不同的是，1935年梅兰芳的访苏演出得到了中苏两国政府的支持，为迎接、宣传梅兰芳演出，苏联文化艺术界给予了高度的关注并写了大量的文章，不仅介绍了独特的戏曲艺术，而且对中国的戏曲文化进行了比较全面的介绍。这次出访，梅兰芳、张彭春等既借鉴了访日、访美的经验，又充分考虑到了苏联国情的特殊性，在剧目的选择、演出时间的安排等诸多方面都进行了精心的准备，特别是在推介戏曲艺术的演讲中更是关注到了欧洲观众的接受心理和习惯。

但与此同时，歧见亦在所难免。武汉大学的邹元江教授指出，虽然苏联报刊对戏曲艺术的价值何在的评价也是比较一致的，把梅兰芳的"绝技"视作是"伟大的中华民族文化的一部分"，但仍认为"这满覆着粉红花瓣的古老梅树已经不能再结（果）实了"，只能寄希望于中国人民伟大的"解放运动"才能将这棵梅树"重新灌注些新鲜的树汁"，这才是"充满新生命的艺术"。"显然，对于这些歧见是需要加以重新甄别分析的"，他说。

作为本次会议的倡导者，中国戏曲学院教授傅谨表示：实践证明，戏曲艺术的对外交流可以展示中华文化的独特魅力，与其他的艺术形式相比，其在传播价值理念方面更是有着独特的优势。与会者们探讨了这一成功的对外文化交流案例背后的原因，总结了内在规律，对当今戏曲艺术对外交流在政策制定和实际操作等方面提出了切实可行的建议和构想，为今后在全球化背景下更有效地展示戏曲艺术的独特魅力、完整体系及丰富的思想内涵总结了宝贵的经验。

纪念梅兰芳1935年访苏演出80周年国际学术研讨会在京举行

（中国戏曲学院宣传部 2015年4月13日）

4月10日至11日，由我院戏曲研究所与基础部共同主办的"纪念梅兰芳1935年访苏演出八十周年国际学术研讨会"在京举行。来自俄罗斯、法国、丹麦和中国的30多名专家学者会聚一堂，共探梅兰芳访苏演出这一成功的对外文化交流范例。

我院赵伟明副院长在研讨会开幕式上致辞。他代表巴图院长对远道而来的国内外专家学者表示热烈欢迎。他说，80年前梅兰芳大师用精妙的京剧敲开了前苏联的大门，两国艺术家与观众相互对话、相互欣赏、共同交流，谱写了一段历史佳话。前有先行者，后有再来人。80年后的今天，我们在北京共同研讨交流，相信研讨一定会有成果、有收益。

梅兰芳之子、著名京剧表演艺术家梅葆玖在研讨会上表示，梅兰芳访苏不仅在京剧艺术的传播上取得成功，而且使京剧艺术有了理论上的系统阐述。他介绍了父亲在前苏联演出《虹霓关》的有关情况。

莫斯科大学俄罗斯国立电影艺术学院副教授库普佐娃·欧尔加代表俄方专家发言表示，研讨会不仅是一个学术活动，更是两国戏剧之间的一次重要交流。她介绍了前苏联戏剧评论界对梅兰芳评论的有关情况。

课题组负责人、我院教授周丽娟作了《梅兰芳访苏成功的原因初探》的主题发言。来自俄罗斯、法国、丹麦和我国台湾、香港地区以及我院的专家学者纷纷发言，对梅兰芳访苏演出的历史背景及真实情况进行了还原,并就前苏联民众对中国京剧的了解和理解、访苏前后他们对中国戏曲艺术、中国文化,对梅兰芳本人及中国人看法的变化等进行了深入系统的探讨和交流。

研讨会最后,我院戏曲研究所所长、北京戏曲文化传承与发展研究基地首席专家傅谨教授做了总结发言。他表示,为期一天半的研讨会有三方面的收获。第一,在资料的整理、收集和挖掘上,大家做了很了不起的工作,使我们的研究基础更加坚实。第二,我们深入讨论了关于东西方文化的对话。80年前梅兰芳访苏激发了东西方文化的碰撞,这在世界文化交流史上也是少见的,推动了世界当代戏剧艺术的发展。第三,对梅兰芳访苏当时复杂的政治、外交、文化背景做了深入探讨,讨论了艺术如何在各种复杂的政治环境下产生不朽的魅力。研讨会结束后,将整理出版中、俄两种文字的论文集,期待着各位专家学者给予相关支持,加深友谊与合作。

本次研讨会探讨了梅兰芳访苏演出大获成功背后的原因,总结了内在规律,对当今戏曲艺术对外交流在政策制定和实际操作等方面提出了切实可行的建议和构想,为今后在全球化背景下更有效地展示戏曲艺术的独特魅力、完整体系及丰富的思想内涵总结了宝贵的经验。